应用技术型高等教育"十三五"规划教材
（汽车类专业改革创新系列）

汽车保险与理赔
（第二版）

主　编　赵长利　刘　明

副主编　韩广德　李方媛

参　编　李景芝　马全春　耿　亮　张树兵　吕鹏伟

中国水利水电出版社
·北京·

内容提要

本书系统地介绍保险学基础、汽车保险基础、交强险条款与费率、商业汽车保险条款与费率、汽车保险承保、汽车保险理赔、汽车保险防灾防损、汽车保险法律法规等内容。

本书以了解保险基础知识、熟悉汽车保险产品、开展保险承保与理赔实务、进行防灾防损管理、遵守保险法律法规为主线进行内容组织，在写作风格上，注重内容的实用性，注重保险案例的运用。

本书非常适合作为高等院校汽车类专业汽车保险课程、非汽车类专业选修课程的教学用书，也适合作为汽车保险公司、汽车售后部门、汽车评估部门等员工的培训用书，同时可供广大汽车保险爱好者和车辆使用者学习参考。

本书配有电子教案，读者可以到中国水利水电出版社或万水书苑网站免费下载，网址：http://www.waterpub.com.cn/softdown/或http://www.wsbookshow.com。

图书在版编目（CIP）数据

汽车保险与理赔 / 赵长利，刘明主编. -- 2版. -- 北京：中国水利水电出版社，2016.8
应用技术型高等教育"十三五"规划教材. 汽车类专业改革创新系列
ISBN 978-7-5170-4572-4

Ⅰ．①汽… Ⅱ．①赵… ②刘… Ⅲ．①汽车保险－理赔－中国－高等学校－教材 Ⅳ．①F842.63

中国版本图书馆CIP数据核字(2016)第173841号

策划编辑：宋俊娥　　责任编辑：宋俊娥　　加工编辑：庄晨　　封面设计：李佳

书　名	应用技术型高等教育"十三五"规划教材（汽车类专业改革创新系列） **汽车保险与理赔（第二版）** QICHE BAOXIAN YU LIPEI
作　者	主　编　赵长利　刘　明 副主编　韩广德　李方媛
出版发行	中国水利水电出版社 （北京市海淀区玉渊潭南路1号D座　100038） 网址：www.waterpub.com.cn E-mail: mchannel@263.net（万水） 　　　　sales@waterpub.com.cn 电话：（010）68367658（营销中心）、82562819（万水）
经　售	全国各地新华书店和相关出版物销售网点
排　版	北京万水电子信息有限公司
印　刷	三河市鑫金马印装有限公司
规　格	184mm×260mm　16开本　16印张　400千字
版　次	2010年3月第1版　2010年3月第1次印刷 2016年8月第2版　2016年8月第1次印刷
印　数	0001—3000册
定　价	35.00元

凡购买我社图书，如有缺页、倒页、脱页的，本社营销中心负责调换

版权所有·侵权必究

前言

汽车保险隶属财产保险范畴,是保险业与汽车业结合而产生的一门边缘学科,其发展受保险业大环境的影响,更与汽车工业的发展息息相关。

保险业是现代经济的重要产业和风险管理的基本手段,是社会文明水平、经济发达程度、社会治理能力的重要标志。国务院发布的《关于加快发展现代保险服务业的若干意见》,标志着保险业战略地位实现根本提升,保险业发展从行业意愿上升到国家意志,成为我国经济社会发展总体布局中的重要一环。"十三五"时期,我国经济发展进入新常态,国民经济将保持中高速增长,2020年国内生产总值和城乡居民人均收入将比2010年翻一番;产业迈向中高端水平,服务业比重进一步提高。大好的国内形势,为我国保险业的发展提供了良好的条件。

汽车产业是我国的支柱产业。近年来,我国汽车工业发展迅速,汽车产量、保有量连创新高。2015年,我国汽车产量达到了2450万辆,是2000年的11.8倍;截至2015年底,全国汽车保有量达到1.72亿辆,汽车驾驶人超过2.8亿人。汽车作为一种交通工具,已经渗透到了中国经济、社会生活的方方面面。

在整个保险行业快速发展的大背景下,随着汽车工业的迅猛发展,我国的汽车保险业呈现出突飞猛进的发展态势,其保费收入于2015年底已达到6199亿元,为2000年的16.6倍。汽车保险作为各财产保险公司的支柱险种,其保费收入占财产保险总保费的60%以上,所以,汽车保险经营的好坏直接关系到整个财产保险业的经济效益。

汽车保险业需要大量既懂汽车又懂保险的复合型人才,尤其是车险理赔工作,它对复合型人才的需求更是迫切。全国多所高校,尤其是设有交通运输、汽车服务工程、汽车运用技术、汽车检测与维修、汽车技术服务与营销等专业的院校,都纷纷开设了"汽车保险与理赔"课程,培养汽车保险业需要的专业人才,为从事汽车保险的展业、承保、核保、查勘、定损、核价、核损、核赔、理算等工作打下扎实基础。同时,这对缓解学生就业的压力也是一条有效途径。

从另一角度看,随着我国交强险的实施和汽车的快速普及,许多人士都开始关注汽车保险相关事宜,汽车保险产品有哪些、汽车保险如何购买、汽车保险如何索赔,已成为人们谈论的热点。为此,许多高校都开设了"汽车保险"选修课程,以普及汽车保险知识。

本书是《汽车保险》(赵长利编著)的第二版。本书共分8章,系统介绍保险学基础、汽车保险基础、交强险条款与费率、商业汽车保险条款与费率、汽车保险承保、汽车保险理赔、汽车保险防灾防损、汽车保险法律法规等知识,内容涵盖保险基础知识、汽车保险产品、汽车保险实务、汽车保险管理、保险法律法规等多个方面。

本书是作者在经历多年不同层次、不同专业教学实践的基础上，并根据对外培训的经验总结编写而成，也是高校与保险公司人员根据企业实际联合编写的成果。本书以了解保险基础知识、熟悉汽车保险产品、开展保险承保与理赔实务、进行防灾防损管理、遵守保险法律法规为主线进行内容组织，在写作风格上，注重内容的实用性和语言的通俗性，注重保险案例的运用。

本书由赵长利、刘明担任主编。第1、8章由赵长利编写，第2章由李方媛、刘明编写，第3章由李方媛、吕鹏伟编写，第4章由韩广德、张树兵编写，第5章由韩广德、耿亮编写，第6章由李景芝、马全春编写，第7章由李景芝编写。全书由赵长利统稿。另外，尹明威、王金枝、颜宇、刘恩猛、彭俊杰、李磊、潘欣超、翟雪莲、赵小龙等为本书内容的编写提供了部分材料。在本书编写过程中，除了所列参考文献外，还参考了许多国内出版、发表的报刊、网站等的相关内容，以及部分外文资料的内容，在此对原作者、编译者表示由衷感谢。

由于编者水平有限，书中可能存在某些差错，敬请广大读者、行业从业人员批评指正，我们不胜感激。

编 者

2016年5月

目 录

前言
第1章 保险学基础 ………………………… 1
  1.1 风险与风险管理 …………………… 1
    1.1.1 风险 …………………………… 1
    1.1.2 风险管理 ……………………… 5
    1.1.3 可保风险 ……………………… 6
  1.2 保险的基本原理 …………………… 7
    1.2.1 保险的概念 …………………… 7
    1.2.2 保险要素 ……………………… 12
    1.2.3 保险的分类 …………………… 13
    1.2.4 保险的职能 …………………… 15
    1.2.5 保险监管 ……………………… 16
  1.3 保险合同 …………………………… 17
    1.3.1 保险合同要素 ………………… 17
    1.3.2 保险合同签订 ………………… 18
    1.3.3 保险合同解释 ………………… 20
  1.4 保险原则 …………………………… 21
    1.4.1 保险利益原则 ………………… 21
    1.4.2 最大诚信原则 ………………… 22
    1.4.3 近因原则 ……………………… 24
    1.4.4 损失补偿原则 ………………… 25
  本章小结 ………………………………… 28
第2章 汽车保险基础 ……………………… 31
  2.1 汽车保险的概念与特点 …………… 31
    2.1.1 汽车保险的概念 ……………… 31
    2.1.2 汽车保险的特点 ……………… 32
  2.2 汽车保险发展概况 ………………… 34
    2.2.1 国外汽车保险发展概况 ……… 34
    2.2.2 我国汽车保险发展概况 ……… 35
  2.3 我国汽车保险险种 ………………… 36
    2.3.1 当前险种框架 ………………… 36
    2.3.2 商业险种变革历程 …………… 37
    2.3.3 主险与附加险对应关系 ……… 42
    2.3.4 险种与车辆风险对应 ………… 43
  2.4 我国汽车保险费率 ………………… 44
    2.4.1 费率含义与构成 ……………… 44
    2.4.2 从车费率模式 ………………… 45
    2.4.3 从人费率模式 ………………… 47
    2.4.4 从地域费率模式 ……………… 48
  2.5 我国汽车保险市场 ………………… 48
    2.5.1 保险市场构成要素 …………… 48
    2.5.2 保险市场类型 ………………… 48
    2.5.3 保险市场机制 ………………… 49
    2.5.4 我国汽车保险市场现状 ……… 49
  本章小结 ………………………………… 51
第3章 交强险条款与费率 ………………… 54
  3.1 交强险条款 ………………………… 54
    3.1.1 总则 …………………………… 54
    3.1.2 定义 …………………………… 55
    3.1.3 保险责任 ……………………… 55
    3.1.4 垫付与追偿 …………………… 57
    3.1.5 责任免除 ……………………… 57
    3.1.6 保险期间 ……………………… 57

3.1.7 投保人、被保险人义务 58
3.1.8 赔偿处理 58
3.1.9 合同变更与终止 59
3.1.10 附则 60
3.2 交强险费率 60
3.2.1 交强险费率厘定概述 60
3.2.2 交强险基础费率表及说明 60
3.2.3 拖拉机交强险费率方案 63
3.2.4 费率浮动暂行办法 65
3.2.5 最终保险费计算办法 67
3.2.6 解除保险合同保费计算办法 67
本章小结 67

第4章 商业汽车保险条款与费率 69
4.1 主险 69
4.1.1 机动车第三者责任保险 69
4.1.2 车辆损失保险 77
4.1.3 车上人员责任险 84
4.1.4 全车盗抢险 86
4.1.5 其他主险 89
4.2 附加险与特约条款 90
4.2.1 玻璃单独破碎险 90
4.2.2 车身划痕损失险 90
4.2.3 自燃损失险 91
4.2.4 可选免赔额特约条款 91
4.2.5 新增加设备损失险 91
4.2.6 车上货物责任险 92
4.2.7 不计免赔率特约条款 92
4.2.8 其他 93
4.3 费率表使用 102
4.3.1 费率档次查找及保费计算 102
4.3.2 费率调整系数 113
4.4 机动车商业保险示范条款 115
4.4.1 《2014版示范条款》的试点实施 115
4.4.2 《2014版示范条款》的改进与提升 115
4.4.3 《2014版示范条款》的产品体系和条款体例 116
4.4.4 《2014版示范条款》的解读 118
4.4.5 《2014版示范条款》的保险费率 127

本章小结 133

第5章 汽车保险承保 137
5.1 保险展业 138
5.1.1 做好展业准备 138
5.1.2 开展保险宣传 139
5.1.3 广开展业渠道 139
5.1.4 接触展业对象 139
5.1.5 制定保险方案 141
5.2 客户投保 142
5.2.1 投保单填写 142
5.2.2 投保人权益分析 151
5.2.3 投保方式选择 151
5.3 保险核保 152
5.3.1 核保概念 152
5.3.2 核保机构设置 153
5.3.3 核保人员等级 153
5.3.4 核保手册 153
5.3.5 核保流程 154
5.3.6 核保的主要内容 154
5.4 缮制与签单 155
5.4.1 交强险单证缮制 155
5.4.2 商业险单证缮制 156
5.5 保险合同变更与终止 159
5.5.1 合同变更 159
5.5.2 合同终止 159
5.6 续保 160
5.6.1 续保意义 160
5.6.2 续保办理 160
本章小结 160

第6章 汽车保险理赔 163
6.1 汽车保险理赔概述 163
6.1.1 汽车保险理赔的含义 164
6.1.2 汽车保险理赔特点 164
6.1.3 汽车保险理赔原则 165
6.1.4 汽车保险理赔流程 165
6.2 受理案件 167
6.2.1 报案 167
6.2.2 查核保单信息 169
6.2.3 安排查勘 169

6.3 现场查勘·················169
　6.3.1 现场查勘的准备·········170
　6.3.2 现场查勘的工作内容·····170
6.4 损失确定·················183
　6.4.1 车辆定损···············183
　6.4.2 人身伤亡费用···········189
　6.4.3 其他财产定损···········193
　6.4.4 施救费用确定···········194
　6.4.5 残值处理···············195
6.5 赔款理算·················195
　6.5.1 交强险赔款计算·········195
　6.5.2 商业险赔款计算·········196
6.6 核赔·····················199
　6.6.1 核赔意义···············199
　6.6.2 核赔流程···············199
6.7 结案处理·················200
　6.7.1 结案登记···············200
　6.7.2 单据清分···············201
　6.7.3 理赔案卷管理···········201
6.8 特殊案件处理·············201
　6.8.1 简易赔案···············201
　6.8.2 疑难案件···············202
　6.8.3 注销案件···············202
　6.8.4 拒赔案件···············202
　6.8.5 预付案件···············202
6.9 保险欺诈分析·············203
　6.9.1 保险欺诈成因分析·······203
　6.9.2 保险欺诈表现形式分析···204
　6.9.3 保险欺诈防范措施分析···205
本章小结······················206

第7章 汽车保险防灾防损······209
7.1 防灾防损概述·············209
　7.1.1 防灾防损意义···········209
　7.1.2 防灾防损内容及方法·····210
7.2 交通事故的控制与预防·····212
　7.2.1 道路交通事故的控制·····212
　7.2.2 道路交通事故的预防·····213
7.3 汽车水灾事故的预防与控制···216
　7.3.1 汽车的防水与涉水·······216
　7.3.2 汽车落水后的人员自救···218
7.4 汽车火灾事故的预防与控制···219
　7.4.1 汽车火灾分类···········219
　7.4.2 汽车自燃原因···········221
　7.4.3 汽车起火的预防措施·····222
　7.4.4 汽车起火后的施救·······223
　7.4.5 汽车因火致损后的索赔···224
7.5 汽车盗抢事故的预防与控制···224
　7.5.1 汽车的被盗···············224
　7.5.2 汽车的防盗···············225
本章小结······················227

第8章 汽车保险法律法规······229
8.1 保险合同法律法规·········229
　8.1.1 保险合同的成立与生效···230
　8.1.2 保险合同的变更与解除···230
　8.1.3 保险合同的索赔与理赔···231
　8.1.4 保险合同的解释与争议处理···232
8.2 保险业法律法规···········232
　8.2.1 保险公司的设立·········232
　8.2.2 保险经营规则···········233
　8.2.3 保险业的监督管理·······234
8.3 车险查勘相关法律法规·····235
　8.3.1 车辆改装规定···········235
　8.3.2 对车辆驾驶员的规定·····236
　8.3.3 车辆装载规定···········238
　8.3.4 车辆检验规定···········240
　8.3.5 车辆维修质量规定·······240
　8.3.6 汽车报废规定···········240
8.4 事故处理相关法律法规·····242
　8.4.1 事故报警规定···········242
　8.4.2 事故的自行协商·········243
　8.4.3 酒后肇事的血液检验·····243
　8.4.4 事故责任认定···········243
8.5 人身损害赔偿相关法律法规···244
　8.5.1 人身损害赔偿项目·······244
　8.5.2 伤残等级···············244
本章小结······················245

参考文献······················248

1 保险学基础

知识目标

- 了解风险及风险管理知识
- 掌握保险基本原理
- 掌握保险合同要素(概念、特征、主体、客体、内容)
- 掌握保险合同签订(订立、生效、履行、变更、解除、终止)
- 掌握保险利益原则的含义及规定
- 掌握最大诚信原则的含义及规定
- 掌握近因原则的含义及近因判定
- 掌握损失补偿原则的含义及其派生原则规定

能力目标

- 能简单分析汽车使用风险并制定相应管理方案
- 能按照保险合同规定开展相关工作
- 能运用保险原则分析保险事故

1.1 风险与风险管理

1.1.1 风险

1. 风险的概念

风险是指引致损失的事件发生的一种可能性。"事件"并非特指"不幸事件",因为有些风险不仅与损失相联系,而且与盈利相联系。但保险中的"事件"则是指"不幸事件",此时风险通常包括三层含义：一是风险是一种随机事件，有可能发生也有可能不发生；二是风险一旦发生，其结果是损失，而不可能是获利；三是风险事件发生所造成的损失是不确定的，可能大也可能小。

2. 风险的特征

（1）客观性。风险是独立于人的意识之外的客观存在，是不以人的意志为转移的。比如自然界的地震、台风、洪水、人类社会的瘟疫、战争、意外事故等，无论人们是否意识到，它们都一直存在。还有，人们在社会经济活动中，虽然随着科学技术的进步和经营管理的改进，以及认识、管理和控制风险能力的增强，所面临的自然灾害、意外事故、决策失误等风险可以部分地受到控制，但是从总体上说，风险仍是不可能完全排除的。

正是由于风险的存在具有客观性，所以保险的产生和发展才有其必要性。

不过人们通过对风险事件长期大量的观察，已经找到许多风险的存在方式、发生规律等，从而可在一定时间和空间内改变风险存在和发生的条件，降低风险发生频率和损失幅度，使风险得到一定程度的控制。

（2）损害性。风险与人们的利益密切相关。损害是风险发生的后果，所以，凡是风险都会给人们的利益造成损害，具体表现为人们经济利益的减少。财产损失的经济利益可以用货币直接进行衡量，而人身损害的经济利益一般表现为所得的减少或支出的增多。保险的作用就是保证消除风险发生的后果，对损失的经济利益进行补偿，而不是保证风险的不发生。

（3）不确定性。风险总体表现为客观存在，数量大体确定，但对风险个体来说是一种随机现象，其发生与否、发生时间早晚、发生地点在哪儿、损失数量多少、由谁承担损失等都表现为不确定性。

（4）可测性。风险的不确定性说明风险基本上是一种随机现象，是不可预知的，这是对风险个体而言的，即个别风险的发生是偶然的。就风险总体而言，根据数理统计原理，随机现象一定要服从于某种概率分布。也就是说，人们根据以往发生的一系列类似事件的统计资料，运用概率统计的方法，可对某类风险的发生频率和损失率进行预测、衡量与评估，这体现了风险总体的可测性。

风险的可测性为风险的可经营性（即保险费率的厘定）奠定了基础。

（5）发展性。风险并不是一成不变的，在一定条件下是会发展变化的。尤其是随着人类生产范围的扩大，经济交往的增强，科学技术的发展，风险呈现出空间范围扩大、损失数额增加、风险性质改变、新风险不断出现等变化趋势。比如，建立核电站带来了核污染风险，向太空发射卫星把风险拓展到了外层空间，等等。

风险的发展性为保险的发展创造了空间。

（6）普遍性。风险是无处不在、无时不有的，已渗入到社会经济生活的方方面面，随时威胁着人类的生命和财产安全。古代社会有风险，现代社会也有风险；国外有风险，国内也有风险；大到一个国家，小到一个个人、家庭、企事业单位、机关团体等，都面临着各种各样的风险，因此风险具有普遍性。

风险的普遍性决定了保险需求的普遍性。

（7）社会性。风险是一个社会范畴，社会由人构成。只有风险给人们的生命和财产造成损害时，才称其为风险，否则只是一种普通的现象。

3. 风险的要素

风险一般由风险因素、风险事故、风险损失三要素构成，它们相互作用，共同决定了风险的存在、发展和变化。

（1）风险因素。风险因素是指引起和促使风险事故发生及风险事故发生时致使损失增加、扩大的条件。可见，风险因素是针对产生或增加损失频率和损失程度而言的。例如，对汽车来说，风险因素是汽车技术状况与驾驶人员素质和技术等。

风险因素通常分实质风险因素、道德风险因素和心理风险因素三种类型。

实质风险因素，也称物质风险因素，是指有形的并能直接影响事件的物理功能的风险因素。例如，汽车厂家生产的刹车系统、转向系统，维修企业使用的汽车零配件的质量等，均是实质风险因素。

道德风险因素，是指与人的品行修养有关的无形因素，侧重于人的恶意行为或故意行为。例如，保险诈骗、焚烧汽车、故意撞车等，均属道德风险因素。

心理风险因素，是指与人的心理状态有关的无形因素，侧重于人的疏忽或过失行为。例如，人的疏忽导致失火、驾驶时的判断过失导致交通事故等，均属心理风险因素。

道德风险因素和心理风险因素均与人有关，这两类风险可合称为人为风险因素。

（2）风险事故。风险事故指可能引起人身伤亡或财产损失的偶然事件，是造成风险损失直接的、外在的原因。常见汽车风险事故如图1-1所示。

（a）汽车碰撞事故

（b）汽车火灾事故

（c）汽车水灾事故

（d）车轮被盗事故

图1-1 常见汽车风险事故

区分风险因素和风险事故对确定保险责任有着重要意义。只有当风险事故为保险责任时，所造成的损失才能获得保险赔偿。二者的区别是：风险因素是损失的间接原因，风险事故是损失的媒介物，二者的区分有时并不是绝对的，判定的标准就是看是否直接引起损失。例如，暴雨把汽车给淹了，则暴雨就是风险事故；如果因暴雨造成路面积水、道路泥泞，引起车祸，则暴雨就是风险因素，车祸才是风险事故。

（3）风险损失。风险损失是指非故意的、非预期的和非计划的经济价值的减少，是风险事故的直接结果。

风险损失通常分为两种形态，即直接损失与间接损失。前者指风险事故直接造成的有形损失，即实质损失；后者是由直接损失进一步引发或带来的无形损失，包括额外费用损失、收入损失和责任损失。

（4）三者关系。风险是由风险因素、风险事故和风险损失三者构成的统一体。其关系可概括为：风险因素可能引起风险事故，风险事故可能导致风险损失，但只要出现了风险损失必然存在着风险事故，只要出现了风险事故必然存在着风险因素。它们之间都是必要而不充分的条件，如图 1-2 所示。因此，尽管风险因素客观存在，人们还是有可能减少或避免事故的发生，或当事故发生后尽量减少或避免损失。

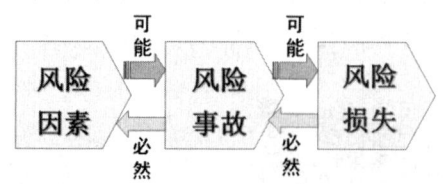

图 1-2　风险因素、风险事故和风险损失三者关系

4. 风险分类

（1）风险按其性质分类，可分为纯粹风险与投机风险。

纯粹风险是指一旦发生风险事故只有损失机会而无获利可能的风险，如自然灾害。纯粹风险所导致的结果只有两种：损失或无损失。纯粹风险的变化较为规则，有一定规律性，可利用数理统计法计算其发生频率、损失程度。保险公司所承保的风险基本上是纯粹风险。

投机风险是指既有损失可能又有获利希望的风险，如赌博。投机风险所导致的结果有三种：损失、无损失和盈利。投机风险一般都是不规则的，无规律可循的，难以利用数理统计的方法加以测算。保险人通常将投机风险视为不可保风险。

（2）风险按其损害对象分类，可分为财产风险、责任风险、信用风险和人身风险。

财产风险是指导致各种财产发生损毁、灭失和贬值的风险，如房屋发生火灾的风险。

责任风险是指由于侵权行为造成他人的财产损失或人身伤害，根据法律规定应承担经济赔偿责任的风险，如汽车肇事导致第三者受伤的风险。

信用风险是指权利人因义务人不履行义务而导致损失的风险，如贷款人因借款人不按期还款而遭受损失的风险。

人身风险是指由于人的生老病死残和自然、政治、军事、社会等原因给人们带来的风险，如人意外伤残的风险。

（3）风险按其产生的原因分类，可分为自然风险、社会风险、政治风险、经济风险。

自然风险是指自然力的不规则变化引起的种种现象所造成的财产损失及人身伤害的风险，如风灾、雹灾、地震、海啸等。在所有风险中，自然风险已成为保险承保最多的风险。

社会风险是指个人或团体的故意或过失行为、不当行为等所导致的损害风险，如盗窃、抢劫、玩忽职守等。

政治风险是指由于政局的变化、政权的更替、政府法令和决定的颁布实施等政治原因导致损失的风险，如对外投资风险。

经济风险是指在生产经营过程中，因各种因素的变化或估计错误，导致经济损失的风险，如市场预期失误、经营管理不善、消费需求变化、通货膨胀、汇率变动等所致的经济损失。

1.1.2 风险管理

1. 风险管理的概念

面对种类繁多、时刻威胁人们自身和财产安全的风险，人们在长期的生活实践中，不断分析、总结，进行了识别风险、控制风险、处理风险的一系列工作，获得了较大的安全保障，这就是风险的管理。

具体地讲，风险管理是指人们对各种风险的认识、控制和处理的主动行为，它要求人们研究风险发生和变化规律，估算风险对社会经济生活可能造成损害的程度，并选择有效的手段，有计划有目的地处理风险，以期用最小的成本，获得最大的安全保障。

2. 风险管理的基本程序

风险管理基本程序包括以下步骤：

首先是风险的识别，即对风险的存在与否、风险的种类、风险的性质等进行判断。风险识别是风险管理的第一步。风险识别的方法有：现场调查分析法、以往事故分析法、专业人士调查法、风险列举法、生产流程法，通常多种方法配合使用更有效果。

其次是风险的估测，即预测风险发生的概率和损失幅度，使风险管理建立在科学的基础上。风险的损失程度通常为平均风险频率与平均风险损失程度的乘积。风险估测可以自己做，也可以由保险公司或专业机构做。

第三是风险管理方法的选择，即根据风险特点在众多的风险管理方法中选择适合的方法，通常是多种方法联合使用。

第四是实施风险管理的决策，即制定风险管理计划，并付诸实施。

最后是风险管理效果的评价，即对风险管理方法的适用性和收益性、风险管理计划的执行情况进行分析、检查、修正和评估，看是否有效地规避了风险，是否达到以最小的风险管理成本实现了最大的安全保障。

3. 风险管理方法

风险管理方法分为控制型和财务型两类。

（1）控制型风险管理方法。它是指采取各种措施避免、防止、排除或减少风险，其目的在于改善损失的不利条件、降低损失频率、缩小损失幅度。常见的控制型方法有风险避免、风险预防、风险抑制、风险集合和风险分散等。

1）风险避免。它是指放弃或根本不去做可能发生风险的事情。这是一种最彻底的风险处理方法，也是一种非常消极的方法，容易失去与该事情相关的利益。另外，在现实经济生活中，绝大多数风险是难以避免的。

采用避免方法通常在两种情况下进行：一是某特定风险所致损失频率和损失幅度相当高时；二是在处理风险时，其成本大于其产生的效益时。

2) 风险预防。它是指在风险发生前为了消除或减少可能引发损失的各种因素而采取的处理风险的具体措施，其目的在于通过消除或减少风险因素降低损失发生频率。风险预防措施可分为工程物理法和人类行为法。工程物理法指在风险单位的物质因素方面设置预防措施，如防盗装置的设置；人类行为法指在人们行为教育方面设置预防措施，如安全教育。

3) 风险抑制。它是指在损失发生时或之后为缩小损失幅度而采取的各项措施，如发生火灾后应及时灭火。它是处理风险的有效技术。

4) 风险集合。它是指集合同类风险的多数单位，使之相互协作，提高各自应付风险的能力。如多条小船连接在一起以抵抗风浪冲击翻船的风险。

5) 风险分散。它是指将企业面临损失的风险单位进行分散，如企业采用商品多样化经营方式以分散或减轻可能遭受的风险。

（2）财务型风险管理方法。它是指采用财务技术来处理风险，目的在于建立财务基金消除损失的成本。常见的财务型方法有风险自留和风险转嫁。

1) 风险自留。它是指企业自行承担一部分或全部风险的方法。风险自留可分为主动自留和被动自留。当风险管理者经过对风险的衡量，考虑各种风险处理方法后，决定不转移风险的，为主动自留；当风险管理者没有意识到风险的存在，没有采取措施处理风险的，为被动自留。

2) 风险转嫁。它是指企业将自己的风险转嫁给他人的方法。风险转嫁可分为保险转嫁和非保险转嫁两种。保险转嫁是指通过购买保险将风险转嫁给保险公司，这是一种最重要、最常用的风险处理方法。非保险转嫁是指通过保险以外的方式将风险转嫁给他人，如出让转嫁等。

不同的风险管理方法，具有不同的特点，应从实际出发，根据最小成本原则，择优选用或组合应用，才能取得最佳的风险管理效果。

1.1.3 可保风险

1. 风险与保险的关系

二者关系为：

（1）风险是保险成立发展的基础，无风险无保险。

（2）保险是风险管理的有效措施之一。

（3）保险经营效益受风险管理技术的制约。

2. 可保风险的概念

可保风险是指保险人愿意并能够承保的风险，是符合保险人承保条件的特定风险。

3. 可保风险的构成条件

风险种类众多，并非任何风险均可向保险公司转嫁，也就是说保险公司所承保的风险是有条件的，具体包括：

（1）风险必须是纯粹风险。

（2）风险必须使保险标的均存在遭受损失的可能，这决定了人们对保险需求的普遍性。

（3）风险必须使保险标的有导致重大损失的可能，这是人们愿意购买保险的动力。

（4）风险不能使大多数保险标的同时遭受损失，这是保险公司能够盈利经营的前提。

（5）风险必须具有现实的可测性，这是保险公司能够经营风险、厘定费率的基础。

1.2 保险的基本原理

1.2.1 保险的概念

可从不同角度阐述保险的概念。

1. 从经济学角度看

保险是分摊意外事故损失的财务安排，也就是说，保险是通过收取保费建立保险基金，然后对个别客户出现的意外事故损失进行赔偿，这也体现了保险"一人为众，众人为一"的保险互助精神。

2. 从法律角度看

保险是保险人同意补偿被保险人损失的一种合同安排，也就是说，保险人根据保险合同对被保险人的经济损失无论多少，都必须按合同规定给予赔偿，这体现了保险合同的严肃性和其所具有法律效力的不容忽视性。

3. 从社会角度看

保险是稳定社会生产和社会生活的一种事物，具有积极的作用。江泽民为《保险知识读本》（马永伟编）的批语中写道：金融是现代经济的核心。保险是金融体系的重要组成部分，它对促进改革、保障经济、稳定社会、造福人民具有重要的作用。保险事业在我国还刚刚起步，必须大力普及保险知识和提高全民的保险意识。可见，保险是社会生产和社会生活的"精巧的稳定器"。

4. 从风险管理角度看

保险是一种具有分散风险、消化损失的非常有效的风险管理方法。每个企业所面临的风险种类众多，同时可采用的风险管理方法也非常丰富，而保险能够把企业不确定的巨额灾害损失化为固定的少量的保险费支出，并摊入企业的生产成本或流通成本，因此，保险是众多风险管理方法中非常有效的风险管理方法之一。

5. 从保险法规定看

《中华人民共和国保险法》（简称《保险法》）第 2 条规定：保险是指投保人根据合同约定，向保险人支付保险费，保险人对于合同约定的可能发生的事故因其发生所造成的财产损失承担赔偿保险金责任，或者当被保险人死亡、伤残、疾病或者达到合同约定的年龄、期限时承担给付保险金责任的商业保险行为。可见，我国保险法是一部商业保险法，其将保险分为财产保险和人身保险两类。

6. 保险相关术语

（1）保险人。保险人是指与投保人订立保险合同，并按照合同约定承担赔偿或者给付保险金责任的保险公司。

保险人与投保人订立保险合同时，享有收取保险费的权利，在保险合同约定的事故或事件发生后，必须承担赔偿保险金的义务和责任。各国法律通常规定保险人必须是法人，在我国它必须是依照《保险法》设立的保险公司以及法律、行政法规规定的其他保险组织，其他单位和个人不得经营保险业务。

1986 年以前，我国保险市场仅有一家保险公司——中国人民保险公司，市场处于垄断状态；1988年平安保险公司成立，1991年中国太平洋保险公司成立，出现了三足鼎立的局面；截至2014年年底，全国共有保险集团公司10家，保险公司149家，保险资产管理公司18家，其他公司3家，市场竞争日趋激烈。部分保险公司名录（简称）见表1-1。

表1-1 我国保险公司名录

序号	资本结构	保险公司——人身险（简称）	保险公司——财产险（简称）
1	中资	国寿股份	人保股份
2		太保寿	大地财产
3		平安寿	出口信用
4		新华	中华联合
5		泰康	太保财
6		太平人寿	平安财
7		建信人寿	华泰
8		天安人寿	天安
9		光大永明	华安
10		民生人寿	永安
11		生命人寿	太平保险
12		国寿存续	民安
13		平安养老	中银保险
14		中融人寿	安信农业
15		合众人寿	永诚
16		太平养老	安邦
17		人保健康	信达财险
18		华夏人寿	安华农业
19		正德人寿	阳光财产
20		信泰	阳光农业
21		农银人寿	都邦
22		长城	渤海
23		昆仑健康	华农
24		和谐健康	国寿财产
25		人保寿险	安诚
26		国华	长安责任
27		国寿养老	国元农业
28		长江养老	鼎和财产
29		英大人寿	中煤财产
30		泰康养老	英大财产
31		幸福人寿	浙商财产

续表

序号	资本结构	保险公司——人身险（简称）	保险公司——财产险（简称）
32		阳光人寿	紫金财产
33		百年人寿	泰山财险
34		中邮人寿	众诚保险
35		安邦人寿	锦泰财产
36		利安人寿	诚泰财产
37		前海人寿	长江财产
38		华汇人寿	富德财产
39		东吴人寿	鑫安汽车
40		珠江人寿	北部湾财产
41		弘康人寿	中石油专属保险
42		吉祥人寿	众安财产
43		安邦养老	华海财产
44		中宏人寿	史带财产
45		中德安联	美亚
46		工银安盛	东京海上
47		信诚	太阳联合
48		交银康联	丘博保险
49		中意	三井住友
50		友邦	三星
51		北大方正人寿	安联
52		中荷人寿	日本财产
53		中英人寿	利宝互助
54	外资	海康人寿	中航安盟
55		招商信诺	安盛天平
56		长生人寿	苏黎世
57		恒安标准	现代财产
58		瑞泰人寿	劳合社
59		中法人寿	中意财产
60		华泰人寿	爱和谊
61		陆家嘴国泰	国泰财产
62		中美联泰	日本兴亚
63		平安健康	乐爱金
64		中航三星	富邦财险
65		中新大东方	信利保险

续表

序号	资本结构	保险公司——人身险（简称）	保险公司——财产险（简称）
66		新光海航	
67		汇丰人寿	
68		君龙人寿	
69		复星保德信	
70		中韩人寿	
71		德华安顾	

（2）投保人。投保人是指与保险人订立保险合同，并按照合同约定负有支付保险费义务的人。

投保人不管是自然人还是法人，都必须具备民事权利能力和民事行为能力。民事权利能力是指民事主体依法享有民事权利和承担民事义务的资格；民事行为能力是指民事主体能够通过自己的行为依法行使权利和承担义务的资格。同时，投保人对保险标的必须具有保险利益，否则，保险合同无效。

（3）被保险人。被保险人是指其财产或者人身受保险合同保障，享有保险金请求权的人。投保人可以为被保险人。可见，被保险人是在保险事件发生时实际受损的人。

被保险人与投保人的关系有两种情况，一是投保人为自己的利益而签订的保险合同，此时投保人即为被保险人。另一种是投保人为他人的利益而签订的保险合同，此时投保人和被保险人为两个不同的人。

（4）受益人。受益人是指人身保险合同中由被保险人或者投保人指定的享有保险金请求权的人。

人身保险的受益人由被保险人或者投保人指定。投保人指定受益人时须经被保险人同意。被保险人或者投保人可以指定一人或者数人为受益人。受益人为数人的，被保险人或者投保人可以确定受益顺序和受益份额；未确定受益份额的，受益人按照相等份额享有受益权。

被保险人或者投保人可以变更受益人并书面通知保险人。投保人变更受益人时须经被保险人同意。

投保人为与其有劳动关系的劳动者投保人身保险，不得指定被保险人及其近亲属以外的人为受益人。被保险人为无民事行为能力人或者限制民事行为能力人的，可以由其监护人指定受益人。

受益人故意造成被保险人死亡、伤残、疾病的，或者故意杀害被保险人未遂的，该受益人丧失受益权。

（5）保险中介。保险中介是指专门从事保险销售或保险理赔、业务咨询、风险管理活动安排、价值评估、损失鉴定等经营活动，并依法收取佣金或手续费的组织或个人。

保险中介的主体形式多样，主要包括保险代理人、保险经纪人和保险公估人。

（6）保险代理人。保险代理人是根据保险人的委托，向保险人收取代理手续费，并在保险人授权的范围内代为办理保险业务的单位或者个人。

开展保险业务的保险公司必须与保险代理人签定代理合同或授权书确定其代理权限，保险代理人在进行业务活动，即推销保险产品时，是以保险公司的名义办理保险业务，保险公司必须对其代理权限范围内的业务或活动承担法律责任。

保险代理人可以分为三类：专业代理人、兼业代理人和个人代理人。

专业代理人是指从事保险代理业务的保险代理公司。在保险代理人中，它是唯一具有独立法人资格的保险代理人。

兼业代理人是指受保险人委托，在从事自身业务的同时，指定专人为保险人代办保险业务的单位。

个人代理人是指根据保险人委托，向保险人收取代理手续费，并在保险人授权范围办理保险业务的个人。

（7）保险经纪人。保险经纪人是基于投保人的利益，为投保人与保险人订立保险合同提供中介服务，并依法收取佣金的单位。

保险经纪人是为投保人参谋购买保险的人。由于保险经纪人了解保险市场行情，同时又熟知保险条件、保险费率等专业知识，因而保险经纪人的参谋，可以帮助投保人设计费用最低、保险保障程度最高的投保方案。

（8）保险公估人。保险公估人是指为保险合同中的保险人或被保险人办理保险标的的查勘、鉴定、估损、赔款理算并予以证明的受委托人。

被保险人和保险人都有权委托保险公估人办理相关事宜。

由于保险公估人通常是由具有专业知识和技术的专家担任的，且处于第三者的地位，与保险合同当事人双方以及保险标的均无经济利害关系，因此，保险公估人能保持公平独立、公正的立场，出具客观公正的公估报告，从而能最大限度地维护保险合同各方当事人的利益，易于为保险合同当事人双方所接受，有利于解决保险争议。

（9）保险费。保险费是投保人为转嫁风险支付给保险人的与保险责任相对应的价金。2000～2014年我国保险行业保费收入、财产保险保费收入、人身保险保费收入见表1-2。

表1-2 2000～2014年我国保险业数据

年份	保费收入（亿元）			保险密度	保险深度
	总保费	财产险保费	人身险保费	（元/人）	（%）
2000	1596	598	998	127.7	1.80
2001	2109	685	1424	162.9	2.20
2002	3054	780	2274	237.6	2.98
2003	3880	866	3014	287.4	3.33
2004	4324	1125	3199	332.0	3.40
2005	4927	1284	3644	379.0	2.70
2006	5641	1580	4061	431.3	2.80
2007	7036	1998	5038	541.2	2.85
2008	9784	2337	7447	736.8	3.09
2009	11137	2993	8144	834.6	3.22
2010	14528	4027	10501	1083.4	3.55
2011	14339	4779	9560	1064.3	2.96

续表

年份	保费收入（亿元）			保险密度（元/人）	保险深度（%）
	总保费	财产险保费	人身险保费		
2012	15488	5530	9958	1143.8	2.90
2013	17222	6481	10741	1265.7	2.93
2014	20235	7203	13031	1479.4	3.18

（10）保险密度。保险密度是指人均保费收入，这是衡量一个国家保险业发达程度的一个重要指标。人均保费收入越高，说明一国保险业相对越发达。2000~2014 年我国保险业保费密度见表 1-2。

（11）保险深度。保险深度是指保费收入占国内生产总值（GDP）的百分比，这是衡量一国保险业发达程度的又一重要指标。保险收入占国内生产总值的比例越大，说明一国保险业相对越发达。2000~2014 年我国保险业保费深度见表 1-2。

（12）保险金额。保险金额是指保险人承担赔偿或者给付保险金责任的最高限额。

保险金额对保险人来说有三项意义：它是收取保险费的计算依据；它是补偿给付的界限和最高额度；它是支付合理费用的最高额度。

保险金额对被保险人来说也有三项意义：它是交费的依据；它是获得保险赔偿的最高额；它是获取预支的合理费用补偿的最高额。

（13）保险标的。保险标的是保险保障的目标和实体，是保险合同双方当事人权利和义务所指向的对象。

（14）保险合同。保险合同是投保人与保险人约定保险权利义务关系的协议。

1.2.2 保险要素

保险要素是指进行保险经济活动所应具备的基本条件。一般来讲，现代商业保险包括以下五大要素：

1. 可保风险

可保风险是保险人可以接受承保的风险。风险虽多，但并非所有破坏物质财富或威胁人身安全的风险保险人都能承保，只有符合保险人承保条件的风险，保险人才可以接受。

2. 多数人同质风险的集合与分散

保险的过程，既是风险的集合过程，又是风险的分散过程。众多投保人将其所面临的风险转嫁给保险人，保险人通过承保而将众多风险集合起来。当发生保险责任范围内的损失时，保险人将少数被保险人发生的风险损失分摊给全部投保人，也就是通过保险的补偿行为分摊损失，将集合的风险予以分散转移。保险风险的集合与分散应具备两个前提：第一是多数人的风险。如果是少数人或个别人的风险，就无所谓集合与分散，而且风险损害发生的概率难以测定，大数法则不能有效发挥作用。第二是同质风险。如果风险为不同质风险，风险损失发生的概率就不同，因此风险也就无法进行集合与分散。此外，由于不同质风险损失发生的频率与幅度是有差异的，倘若进行集合与分散，会导致保险经营的不稳定，保险人将不能提供保险供给。

3. 费率的合理厘定

保险在形式上是一种经济保障活动，实质上是一种商品交换行为。因此，厘定合理费率，即制定保险商品的价格,便构成了保险的基本要素。费率过高,保险需求会受到限制;费率过低,保险供给得不到保障,这都不能称为合理费率。费率厘定应依据概率论、大数法则的原理进行计算。

保险费率由纯费率和附加费率构成,纯费率是根据保险标的所面临的风险程度而厘定的,附加费率是根据保险经营的成本和保险人应得的利润而厘定的。

4. 保险基金的建立

保险基金是保险分摊损失和补偿功能的物质基础,只有建立了雄厚的保险基金,保险才能发挥其损失补偿和经济给付的职能。保险基金的主要来源是保险公司的开业资金和保险费收入,并以保险费收入为主。

5. 订立保险合同

保险是投保人与保险人之间的经济关系,它是通过合同的订立来确定的。保险是专门对意外事故和不确定事件造成的经济损失给予赔偿的,风险是否发生,何时发生,损失程度如何,均具有较大随机性。这一特性要求保险人与投保人应在确定的契约约束下履行各自的权利与义务。假如不具备在法律或合同上规定的各自权利与义务,保险经济关系就难以成立。因此,订立保险合同是保险得以成立的基本要素,它是保险成立的法律保证。

1.2.3 保险的分类

1. 按保险实施方式分类

按保险实施方式分类,可将保险分为自愿保险与强制保险。

自愿保险也称任意保险,是指投保人与保险人在平等自愿的基础上建立的保险关系,如商业汽车保险。

强制保险也称法定保险,是指投保人与保险人根据国家法律或行政命令的要求必须建立保险关系,否则属于违法行为,如交强险。

2. 按合同中是否确定保险价值分类

按合同中是否确定保险价值分类,可将保险分为定值保险与不定值保险。

定值保险是指以保险当事人双方商定的价值作为保险金额,并载明于保险合同的保险形式。定值保险适用于货物运输保险以及财产险中某些贵重物品的保险。定值保险的赔偿,如果是全损,则按保险金额全数赔偿;如果是部分损失,则需确定损失程度,按损失程度比例赔偿。法律允许定值保险,并非默认超额保险是合法的,超额部分仍无效。

不定值保险是指不列明保险标的的实际价值,只列保险金额作为最高赔偿限度,并载明于保险合同的保险形式。不定值保险的赔偿按事故发生时保险标的的实际损失与保险金额比较后的小者确定。财产损失保险多为不定值保险。

例如,有一保险标的,以定值保险的方式投保了保险,投保时按实际价值与保险人约定保险价值为 30 万元,保险金额也为 30 万元,后保险标的发生保险事故,出险时当地完好市价为 25 万元。如果保险标的全损,保险人应按保险金额赔偿,赔款为 30 万元。如果保险标的部分损失,损失程度为 80%,则保险人应按损失程度比例赔偿。因此,赔款=保险金额×损失程度=30×80%=24 万元。

如果该保险标的以不定值保险方式投保了保险,投保时按实际价值与保险人约定保险金额为 30 万元,后保险标的发生保险事故,出险时当地完好市价为 25 万元。如果保险标的全损,保险人应按保险标的实际损失赔偿,赔款为 25 万元。如果保险标的部分损失,损失程度为 80%,则保险人应按比例赔偿。因此,赔款＝实际损失×损失程度＝25×80%＝20 万元。

3. 按风险转嫁方式分类

按风险转嫁方式分类,可将保险分为足额保险、不足额保险与超额保险。

足额保险是指投保时约定的保险金额与保险标的价值相等的保险。当保险标的遭受损失时,如果是全部损失,保险人按保险金额赔偿;如果是部分损失,保险人按保险标的实际损失赔偿。

不足额保险是指投保时约定的保险金额小于保险标的实际价值的保险。当保险标的全损,保险人按保险金额赔偿;当保险标的部分损失,保险人按保险金额与保险价值比例赔偿。

超额保险是指投保时约定的保险金额大于保险标的实际价值的保险。造成超额保险的主要原因有:一是投保人想获得超过保险价值的赔偿;二是投保人在投保时高估了保险标的的实际价值;三是保险标的的市价下跌了。不管出于什么原因,超额保险的超额部分无效。其赔偿同足额保险。

例如,一保险标的的价值为 10 万元,如果所投保险的保险金额为 10 万元,则为足额保险;如果所投保险的保险金额为 5 万元,则为不足额保险;如果所投保险的保险金额为 15 万元,则为超额保险。如果该保险标的因保险事故发生全损,则足额保险将赔偿 10 万元;不足额保险将赔偿 5 万元;超额保险将赔偿 10 万元。如果该保险标的因保险事故发生部分损失,损失 1 万元,则足额保险将赔偿 1 万元;不足额保险将赔偿 1×(5/10)=0.5 万元;超额保险将赔偿 1 万元。

4. 按保险标的分类

按保险标的分类,可将保险分为财产保险和人身保险。

财产保险是指以财产及其相关利益为保险标的,由保险人对保险标的可能遭受的意外损失负赔偿责任的一种保险。此处的财产既包括一些有形财产又包括一些无形财产,所以是一种广义的财产,称为广义的财产保险。

我国将财产保险又分为财产损失保险、责任保险、信用保证保险。

财产损失保险中的财产指有形财产,是狭义的财产,所以财产损失保险有时称为狭义的财产保险,常见种类有火灾保险、海上保险、汽车保险、航空保险、工程保险、利润损失保险、农业保险等。

责任保险是指以被保险人依法应负的民事赔偿责任或经过特别约定的合同责任为保险标的的一种保险,常见种类有公众责任保险、产品责任保险、职业责任保险、雇主责任保险、机动车第三者责任保险等。

信用保证保险是指以信用关系为保险标的的一种保险,它是一种担保性质的保险。按投保对象的不同,信用保证保险可分为信用保险和保证保险两种。信用保险是指权利人(债权人)向保险人投保义务人(债务人)的信用风险的保险,常见种类有国内商业信用保险、出口信用保险等。保证保险是指义务人(债务人)根据权利人(债权人)的要求,请求保险人担保自己信用的保险,常见种类有合同保证保险、产品质量保证保险、诚实保证保险等。无论是信用保险还是保证保险,其被保险人都是权利人(债权人)。

人身保险是指以人的身体或生命为保险标的,以生存、年老、疾病、死亡、伤残等为保险事故,当被保险人在保险期内发生保险事故或生存到保险期满,保险人按合同约定的条件,向被保险人或受益人给付保险金的保险。我国将人身保险分为人寿保险、意外伤害保险和健康保险等，人寿保险分为死亡保险、生存保险、两全保险，近几年，人寿保险领域又开发出许多新型保险业务，如分红保险、投资连结保险、万能保险等。

1.2.4 保险的职能

保险的职能是指保险内在的、固有的功能。保险的职能有基本职能和派生职能之分。

基本职能是反映保险原始与固有的职能，它不以时间的推移和社会形态的不同而改变。

派生职能是在保险基本职能基础上，伴随着保险分配关系发展而产生的。

基本职能包括补偿损失职能和经济给付职能；派生职能包括融资职能和防灾防损职能。

补偿职能具体体现在特定风险损害发生时，在保险的有效期和保险合同约定的责任范围以及保险金额内，按其实际损失数额给予赔付。

给付职能具体体现在人身保险事故的保险保障方面。由于人的价值是难以用货币具体量化的，因此，人身保险责任事故发生造成的损失，难以用补偿实现其保险保障，所以人身保险的保障是通过保险人和投保人双方约定的经济给付行为来实现的。

融资职能具体体现在保险把多个投保人的闲散资金先积累成雄厚的保险基金，然后再利用多种投资形式对其进行有效运用，实现其增值。融资职能的发挥能增强保险人的补偿和给付能力，促进保险基本职能的实现。

防灾防损职能具体体现在整个保险过程中保险双方一直强化防灾防损意识，实施防灾防损的措施，力争降低损失发生的频率；如果真是出现了损失，投保方依据保险合同约定，也会采取有效的施救措施，将风险损失控制在最小的程度内。防灾防损职能可降低保险人所积累的社会资产出现不必要的损失，这对保险保障基本职能的发挥也是一种促进。

保险职能在社会经济生活中所产生的效果，称为保险的作用。在我国社会主义市场经济条件下，其作用表现为宏观和微观两个层次，宏观作用是指保险对全社会以及国民经济在整体上所产生的效果，微观作用是指保险对于企业、家庭、个人所起的保障作用。

【案例1-1】在自然灾害中充分发挥保险的补偿职能

2007年7月18日，济南市及周边地区遭受特大暴雨袭击。降水从17时开始，到20:30减弱，市区1小时最大降水量达151mm，2小时最大降水量达167.5mm，3小时最大降水量达180mm。这次降水时间短、雨量大，为历史上有气象记录以来最大的一次。突如其来的暴雨造成了部分人员的死亡、失踪，大量车辆出险，城市低洼地区积水，部分地区受灾，大部分路段交通瘫痪，财产损失严重。

特大暴雨的袭击，使得济南各保险公司理赔案件激增，客服电话成了真正的"热线"。山东保监局8月20日通报了"7·18"暴雨灾害的保险理赔情况：截至8月17日，山东保险业共支付各类赔款1.26亿元，赔付伤亡人员20人，财产损失案件10544件，结案率达96.2%，保险业充分发挥了经济补偿的职能。

在暴雨灾害面前，山东保险业以快速、优质的理赔服务，帮助受灾客户尽快恢复正常的生产生活秩序，在维护社会稳定、保障经济运行、减少和化解各种社会矛盾和纠纷方面做出了积极贡献，在灾害救助体系中发挥了重要的作用，在抗灾救灾中树立了保险业的良好形象。

【案情分析】保险的补偿职能是一项最基本的职能，它是把参加保险的全体成员建立起来的保险基金用于少数成员因遭遇自然灾害或意外事故所承受损失的经济补偿。补偿损失是保险的最终目的，也体现其"一人为众，众人为一"的保险本质。补偿损失可以抵抗灾害，保障经济活动的顺利进行以及给予受难者经济帮助。通过保险的补偿，企业可得到足够的资金，购买生产资料，支付生产停顿期间所需的费用，从而保证简单再生产的顺利进行；个人可以免除或减轻不幸事故所造成的经济损失，保障本人或家属的物质利益，保障家庭生活的安定；社会是由千千万万的家庭和企业等构成的，家庭的安定和企业的稳定都是社会稳定的重要因素，保险通过对保险责任内的损失的补偿，为社会稳定提供了切实有效的保障。

1.2.5 保险监管

1. 保险监管的概念

保险监管是指政府对保险业的监督和管理，具体指一个国家的金融主管机关或保险监管执行机关，依据现行法律对保险人和保险市场进行监督管理，以确保保险人经营的稳定和维护被保险人的合法权益。

2. 保险监管体系

保险监管体系包括监管法规、监管机构、行业自律三部分。

（1）监管法规。我国保险的监管法规主要是《中华人民共和国保险法》，该法于1995年6月30日第八届全国人民代表大会常务委员会第十四次会议通过，根据2002年10月28日第九届全国人民代表大会常务委员会第三十次会议《关于修改〈中华人民共和国保险法〉的决定》修正，后又经2009年2月28日第十一届全国人民代表大会常务委员会第七次会议修订。现该法于2009年10月1日实施。

（2）监管机构。作为保险的国家主管机关，形式多样，名称不一，不同国家有不同称谓，同一国家不同时期监管机构也不同。

目前，我国保险行业的监管机构是中国保险监督管理委员会（简称中国保监会）。保监会成立于1998年11月18日，是国务院直属事业单位，根据国务院授权履行行政管理职能，依照法律、法规统一监督管理全国保险市场，维护保险业的合法、稳健运行。中国保险监督管理委员会内设16个职能机构和2个事业单位，并在全国各省、自治区、直辖市、计划单列市设有36个保监局，在苏州、烟台、汕头、温州、唐山市设有5个保监分局。其中，16个内设部门为办公厅（党委办公室）、发展改革部、政策研究室、财务会计部（偿付能力监管部）、保险消费者权益保护局、财产保险监管部（再保险监管部）、人身保险监管部、保险中介监管部、保险资金运用监管部、国际部（港澳台办公室）、法规部、统计信息部、稽查局、人事教育部（党委组织部）、监察局（纪委）、党委宣传部（党委统战群工部）。2个事业单位为：培训中心、机关服务中心。计划单列市为深圳、大连、宁波、青岛、厦门。

（3）行业自律。保险行业的自身监管又称为保险行业自律，是指保险人基于共同的权益组织起来，在遵守国家对保险业管理的法律、法规的前提下，通过行业内部协作、调节和监督，采取自我约束和自我管理的行为。保险行业的自身监管是通过保险行业组织实现的，它是在保险及其相关领域中从事活动的非官方组织，是保险人自行组织和自愿参加的组织。

中国保险行业协会成立于2001年3月12日，是经中国保险监督管理委员会审查同意并在国家民政部登记注册的中国保险业的全国性自律组织，是自愿结成的非营利性社会团体法人。保险行业协会的基本职责为自律、维权、服务、交流。

1.3 保险合同

1.3.1 保险合同要素

1. 概念

法律规定：《保险法》第 10 条规定：保险合同是投保人与保险人约定保险权利义务关系的协议。

2. 特征

保险合同除具有一般合同的法律特征外，还具有一些特有特征。

（1）保险合同是有偿合同。有偿合同是指合同双方当事人的权利取得是需要花费一定代价的。在投保人和保险人订立保险合同时，投保人是以向保险人支付一定的保险费为代价，取得了当约定的保险事件出现时投保人能从保险人那里得到赔偿的权利；而保险人所具有的收取投保人保险费的权利，也是以保险标的发生保险事故后自己给予经济补偿的承诺为代价的。所以保险合同是一种有偿合同。

（2）保险合同是双务合同。双务合同是指双方当事人相互享有权利，并且相互承担义务的合同。保险合同对双方当事人都是法律约束，双方当事人都有义务履行合同，所以是双务合同。投保人在承担支付保险费的义务后，合同生效；被保险人在保险标的发生保险事故时，依据合同享有请求保险人补偿损失的权利。同样，保险人在收取投保人保险费以后，就必须履行保险合同所规定的赔偿损失的义务。

（3）保险合同是附和合同。附和合同是指合同双方当事人不充分商议合同的重要内容，而是由一方提出合同的主要内容，另一方只能取与舍，即要么接受对方提出的合同内容，签订合同，要么拒绝。保险合同中，其主要内容一般是由保险人事先拟定好，供投保人或被保险人选择，投保人没有变更或修改的余地。

（4）保险合同是射幸合同。射幸是指偶然或不确定的意思。射幸合同是指当事人双方在签订合同时不能确定履行内容的合同。保险合同即为此种合同，比如，保险标的发生保险事故，那么保险人必须依照合同赔偿被保险人的经济损失，并且赔偿额度往往超过投保人所付保费，而若保险标的在保险期内没有发生保险事故，则保险人只收取保费却无任何赔偿。

（5）保险合同具有个人性。保险标的的出险概率往往与被保险人的年龄、性别、职业、习惯等有一定的相关性，所以当保险标的转让时，需考虑被保险人的相关情况，经保险人同意后，方可办理保险的变更手续。

3. 主体与客体

（1）保险合同主体。保险合同主体是指在保险合同订立、履行过程中享有合同赋予的权利和承担相应义务的人。根据在合同订立、履行过程中发挥的作用不同，保险合同的主体分为当事人和关系人两类。当事人包括保险人和投保人，关系人包括被保险人和受益人。

（2）保险合同客体。保险合同客体是投保人对保险标的的保险利益，表现为因保险标的的完好无损而使其受益，因保险标的的遭受损坏而使其蒙受经济损失。

4. 内容与形式

（1）保险合同内容。它是投保人、被保险人与保险人之间所约定的权利与义务及其他有关事项，用条款的方式写在保险合同中，是双方履行合同义务、承担法律责任的依据。当保险合同生效后，双方都必须遵守合同的内容。

保险合同的内容分为基本内容和约定内容。基本内容是《保险法》规定必须列明的、涉及合同双方当事人权利义务的内容，是保险合同必不可少的组成部分。约定内容是指当保险合同的基本内容不能完全表达当事人双方的意愿时，当事人双方可以通过协商约定其他内容。

法律规定：《保险法》第 18 条规定："保险合同应当包括下列事项：保险人名称和住所；投保人、被保险人名称和住所，以及人身保险的受益人的名称和住所；保险标的；保险责任和责任免除；保险期间和保险责任开始时间；保险金额；保险费以及支付办法；保险金赔偿或者给付办法；违约责任和争议处理；订立合同的年、月、日。投保人和保险人可以约定与保险有关的其他事项。"

（2）保险合同形式。主要有投保单、保险单、保险凭证、暂保单和批单等五种。

投保单是投保人向保险人申请订立保险合同的书面要约。投保单是保险人承保的依据，保险合同成立后，投保单是保险合同的重要组成部分。

保险单是保险人和投保人之间订立保险合同的正式书面文件，是保险人向被保险人履行赔偿或给付义务的依据。

保险凭证是保险人签发给投保人或被保险人证明保险合同已经订立的书面凭证，是一种简化的保险单，与保险单具有同等的法律效力。

暂保单是保险人或保险代理人向投保人出具保险单或保险凭证之前签发的临时保险凭证。暂保单的法律效力等同于保险单或保险凭证。暂保单的有效期限较短，一般只有 30 天，且当保险单或保险凭证出具后，暂保单将自动失效。保险人可以在保险单出具前终止暂保单，但必须提前通知被保险人。

批单是保险合同双方当事人对于保险单的内容进行修改或变更的证明文件。批单是保险合同的重要组成部分。批单的内容与原保险合同内容冲突的，以批单为准；多次批改签发的批单，应以最后批改的批单为准。

1.3.2 保险合同签订

1. 订立

保险合同的订立是指投保人和保险人在意思表示一致时双方订立保险合同的行为。合同的订立包括要约阶段与承诺阶段。要约阶段是投保人向保险人提出保险要求的意思表示。承诺阶段是保险人同意投保人提出的保险要求的意思表示。在保险实务中，由于保险合同是附和合同，所以投保人的要约为书面要约形式，即填写投保单，而保险人接到投保单，经审核没有异议后签字盖章，并出具保险单或保险凭证，保险合同即告成立。

2. 生效

保险合同的生效是指保险合同对当事人双方发生约束力，即合同条款产生法律效力。在保险实践中，保险合同往往约定在合同成立后的某一时间生效，所以保险合同的成立和生效往往不一致。保险合同即使已经订立，但生效前发生的保险事故，保险人不承担赔偿责任。

法律规定：《保险法》第 13 条第 3 款规定："依法成立的保险合同，自成立时生效。投保人和保险人可以对合同的效力约定附条件或者附期限。"

3. 履行

保险合同的履行即合同双方各自履行应尽的义务，分为投保人义务履行和保险人义务履行两种。

（1）投保人义务的履行。投保人作为合同的当事人之一，其应尽的义务包括：

1）投保人必须按约定的缴费期限、保险费数额、缴纳方式履行自己的缴费义务。及时缴纳保险费是合同生效的必要条件。

2）保险合同生效后，投保人或被保险人应当遵守国家有关消防、安全、生产操作、劳动保护等方面的规定，维护保险标的的安全。如果投保人或被保险人未履行上述义务，保险人有权要求增加保险费或解除合同。

3）当保险标的危险程度增加时，投保人或被保险人应及时通知保险人，否则，因保险标的危险程度增加而发生的保险事故，保险人不承担赔偿责任。

4）当发生保险合同约定的保险事故后，被保险人应当及时通知保险人。否则，由此造成的损失扩大，保险人将不承担扩大部分的保险责任。

5）当保险事故发生后，被保险人应当积极采取各种施救措施，防止损失程度的扩大。否则，对保险标的因此而扩大的损失，保险人有权拒绝承担赔付责任。施救费用在保险金额外另行计算，不得超过保险金额。

（2）保险人义务的履行。

1）在订立保险合同时，保险人有义务向投保人详细说明保险合同的各项条款及含义，尤其是对责任免除条款必须明确说明，否则，该条款不产生效力。

2）保险合同成立后，保险人应及时签发保险单证。

3）保险事故发生后，保险人应积极查勘、准确定损、及时支付赔偿金。否则，由此造成被保险人或受益人损失的，保险人除赔付保险金外，还要承担违约责任。

4）保险人应赔偿被保险人合理的施救费用及其他费用，如核定事故性质和评估保险标的损失的费用、仲裁费用、诉讼费用等。

5）保险人应为在订立和履行保险合同的过程中所知晓的投保人、被保险人的秘密、隐私以及其他不愿公开的事项保密。

4. 解除

保险合同的解除是指保险合同有效成立之后，有效期届满之前，保险合同当事人双方协议或一方行使合同解除权，使合同关系归于消灭的法律行为。保险合同的解除分为投保人解除和保险人解除。

（1）投保人解除保险合同。一般情况下，投保人有随时解除保险合同的权利，可在合同生效前解除，也可在合同生效后解除。合同生效前解除的，投保人应当向保险人支付一定的手续费，保险人应当退还保险费。合同生效后解除的，保险人按短期费率收取自保险责任开始之日起至合同解除之日止期间的保险费，并退还剩余部分保险费。

但有特殊规定的保险合同，投保人是不得解除的，比如货物运输和运输工具航程等保险合同保险责任开始后不允许解除，强制险的保险合同不允许解除等。

（2）保险人解除保险合同。一般情况下，保险人不得随意解除保险合同。但当投保人、被保险人有违约或违法行为时，保险人也可以解除保险合同。《保险法》规定的保险人可以解除保险合同的情形有：

1）投保人故意隐瞒事实，不履行如实告知义务，或者因过失而未履行如实告知义务，足以影响保险人决定是否同意承保或提高保险费率的，保险人有权解除保险合同。

2）被保险人或受益人在未发生保险事故的情况下，谎称发生了保险事故，向保险人提出赔偿或给付保险金请求的，保险人有权解除保险合同，并不退还保险费。

3）投保人、被保险人或受益人故意制造保险事故的，保险人有权解除保险合同。

4）投保人或被保险人未按照约定履行其对保险标的安全应尽的责任的，保险人有权要求增加保险费或解除合同。

5）在合同有效期内，保险标的危险程度增加的，被保险人按照合同约定应当及时通知保险人，保险人有权要求增加保险费或解除合同。

5．终止

保险合同的终止是指保险合同双方当事人消灭保险合同确定的权利和义务的行为。常见的导致合同终止的原因有：

1）当法律规定或合同约定的事由出现时，当事人通过行使解除权使保险合同效力终止。

2）保险合同因保险期限到期而终止，又称自然终止，这是最常见的一种方式。

3）在保险合同有效期内，保险事故发生后，保险人依合同规定履行了赔付保险金的全部责任后使合同终止，即保险合同因义务履行而终止。

4）保险标的发生部分损失，在保险人赔偿后，合同的双方当事人都可以行使终止权使合同效力终止。

5）因非保险事故引起保险标的全部灭失而导致保险合同终止。

1.3.3 保险合同解释

1．解释原则

在保险实践中，保险双方当事人由于种种原因对保险合同往往有不同的理解，经常引发保险纠纷，此时必须依据一定的原则作为准绳，正确解释合同的含义，并使双方均认同。解释保险合同的常用原则有文义解释、意图解释、有利于被保险人或受益人的解释、尊重保险惯例的解释。

文义解释是指对保险合同中所使用的文字词句用最通常含义进行解释。它是解释保险合同的最主要方法。

意图解释是指用文义解释原则解释保险合同时，如果所使用的文字词句或者某些条款可能作两种及以上解释，此时应根据双方当事人订立合同时的真实意图进行解释。

有利于被保险人或受益人的解释是指当保险合同某些条款出现一词多义时，并且各种解释都有一定道理时，应当作有利于被保险人或受益人（即合同非起草人）的解释。

尊重保险惯例的解释是指在对保险业专业用语和行业习惯用语做解释时，应考虑其在保险业中的特别含义，能为保险经营者所承认和接受。

2．争议处理

当保险合同双方对合同内容的解释产生异议，又无法达成妥协时，即产生了保险合同的争议。其处理方法通常有协商、调解、仲裁和诉讼四种。

1.4 保险原则

汽车保险业务运行必须遵循一定的原则，主要包括保险利益原则、最大诚信原则、近因原则、损失补偿原则。

1.4.1 保险利益原则

1. 保险利益原则的含义

保险利益原则是指在签定或履行保险合同的过程中，投保人或被保险人对保险标的必须具有保险利益。如果投保人或被保险人对保险标的不具有保险利益，签订的保险合同无效；如果保险合同生效后，投保人或被保险人对保险标的失去了保险利益，保险合同也随之失效。

所谓保险利益是指投保人或者被保险人对保险标的具有的法律上承认的利益。

保险利益原则在财产保险和人身保险中运用时略有区别，财产保险重在强调事故发生时被保险人必须对保险标的具有保险利益，而人身保险重在强调保险合同订立之时，投保人对保险标的必须具有保险利益。

法律规定：《保险法》第12条规定："人身保险的投保人在保险合同订立时，对被保险人应当具有保险利益。财产保险的被保险人在保险事故发生时，对保险标的应当具有保险利益"。

2. 保险利益的构成条件

投保人或被保险人对保险标的所拥有的任何利益并非都可成为保险利益，保险利益的构成必须具备下列条件：

（1）保险利益必须是合法利益。合法利益是指投保人或被保险人对保险标的的利益必须是法律上承认的利益，即能得到法律认可和保护的利益。违法行为所产生的利益，不能成为保险利益。例如，投保人以盗窃、诈骗、走私等手段所获取的汽车即为非法利益，不能成为保险合同的标的物。

（2）保险利益必须是经济利益。经济利益是指可以用货币估算其价值的利益，又称金钱上的利益。保险实质是对被保险人遭受的经济损失给予补偿。如果不能用货币衡量其价值的损失，就无法计算其损害程度大小，也就难以确定对其损失补偿的标准。因此，只有经济利益才能构成保险利益，其他利益如政治利益、精神创伤等不能构成保险利益。

（3）保险利益必须是确定利益。确定利益包括已经确定利益和即将确定利益。已经确定利益指事实上的利益，即现有的利益。即将确定利益指客观上可以实现的利益，即预期利益。预期利益是基于现有利益于未来可以实现的利益，其必须具有客观标准，不能凭当事人主观预测或想象可能会获得。现有利益比较容易确定，预期利益容易引起争议。对于汽车保险，其保险利益多偏重于现有利益。

3. 保险利益的来源

（1）财产保险。在财产保险中，保险利益来源于投保人对保险标的所拥有的各种权利，如财产所有权、经营权、使用权、承运权、保管权、抵押权、留置权等。

（2）人身保险。在人身保险中，保险利益来源于投保人与被保险人之间所具有的各种利害关系，如人身关系（自己的生命和身体）、婚姻关系、血缘关系、抚养关系、赡养关系、雇佣关系等，对没有上述关系的，若被保险人同意投保人为其订立合同的，视为投保人对被保人具有保险利益。

【案例 1-2】抵押权人对抵押物拥有保险利益

王某与赵某为朋友，2007 年 10 月，王某从工作单位辞职后进行个体经营。开业之初，由于缺乏流动资金，王某向赵某提出借款，并愿意将自己的汽车作为抵押，并保证按时还款。赵某觉得对方以汽车作为抵押，自己的债权较有保证，同时为以防万一，赵某要为汽车购买保险，王某表示同意，2007 年 10 月，双方到保险公司投了保，并且投保人和被保险人一栏中，都写了赵某的名字。2008 年初，王某驾驶不慎出险，汽车全损，王某也身受重伤。得知事故后，赵某向保险公司提出索赔，认为该事故属于保险责任，保险公司应当赔偿。保险公司认为尽管该汽车的损失属于保险责任，但是汽车并非赵某所有或使用，赵某对于汽车没有保险利益，根据《保险法》第 12 条的规定，保险合同无效，保险公司应退还赵某所交的保费，不承担赔偿责任。经过几次交涉未果，赵某将保险公司告上了法庭。法院审理认为，赵某作为债权人，抵押物是否完好关系到抵押权能否实现，最终决定债权能否得到清偿，因此，发生保险事故后，赵某对汽车拥有保险利益，保险公司应当进行赔偿。

【案情分析】 本案争议的焦点在于，抵押权人对抵押财产是否拥有保险利益。根据《保险法》第 12 条的规定，保险利益指投保人对保险标的具有的法律上承认的利益，具体而言指保险事故发生时，投保人可能遭受的损失或失去的利益。实际中，保险利益的形态是多种多样的。就本案而言，赵某为保证自己的抵押权获得实现，以自己为投保人为汽车购买了保险，汽车若损毁，赵某的抵押权随之消灭，其利益是受到影响的，因此，赵某因对汽车具有抵押权而对汽车拥有保险利益，保险合同有效，赵某有权向保险公司要求赔偿。

1.4.2 最大诚信原则

1. 最大诚信原则的含义

最大诚信原则是指保险合同的双方当事人在保险合同的签订和履行过程中，必须以最大的诚意，履行自己的义务，互不欺骗和隐瞒，恪守合同的约定，否则保险合同无效。

诚信是指诚实和守信。讲诚信是进行任何民事活动都必须遵循的。与一般民事活动不同的是，在保险活动中，对当事人的诚信要求更为严格，必须具有"最大诚信"。

2. 最大诚信原则的内容

最大诚信原则的内容包括告知、保证、弃权与禁止反言。

（1）告知。告知分为投保人告知和保险人告知两种。

投保人告知是指将保险标的的相关事项和被保险人的有关信息如实陈述给保险人。

投保人告知的形式有无限告知和询问回答告知两种。

无限告知是指法律对告知的内容没有具体的规定，只是要求投保人或被保险人自行尽量将保险标的的风险状况及其有关重要事实如实告知保险人。

询问回答告知是指投保人或被保险人对保险人询问的问题必须如实告知，对询问以外的问题视为非重要事实，不需要告知。

无限告知对投保人要求非常严格，大多数国家采取询问回答告知形式，我国保险法即规定采用此种形式。

投保人违反告知义务的法律后果是：投保人故意隐瞒事实，不履行如实告知义务的，或者因重大过失未履行如实告知义务，足以影响保险人决定是否同意承保或者提高保险费率的，保险人有权解除保险合同；投保人故意不履行如实告知义务的，保险人对于保险合同解除前发生的保险事故，不承担赔偿或者给付保险金的责任，并不退还保险费；投保人因重大过失未履行如实告知义务，对保险事故的发生有严重影响的，保险人对于保险合同解除前发生的保险事故，不承担赔偿或者给付保险金的责任，但可以退还保险费。

保险人告知是指保险人应当向投保人据实说明保险合同条款内容。

保险人告知形式有明确列明和明确说明两种。

明确列明是指保险人只需将保险的主要内容明确列明在保险合同中，即视为已告知投保人。

明确说明是指保险人不仅应将保险的主要内容明确列明在保险合同中，还必须对投保人进行明确的提示和正确的解释。

在国际上，通常只要求保险人采用明确列明的告知形式。我国为更好地保护被保险人的利益，要求保险人采用明确说明的告知形式。

保险人违反告知义务的法律后果是：未明确说明的保险合同中规定的有关保险人的责任免除条款，该条款不产生效力。

【案例1-3】营运车以家庭自用车名义投保

2008年初，某城镇的王某买来一辆长安面包车跑客运。同年2月，王某到保险公司以家庭自用车名义，为长安面包车购买了1年期的保险。同年12月2日下午，王某驾面包车装载13人从城镇开往赵庄乡，因操作不当，翻到河沟中致1人死亡，6人受伤，车辆严重受损。事故发生后，王某共对死伤人员给予了9万余元的赔偿，并要求保险公司按双方签订的保险协议予以赔偿。保险公司则以车辆改变了使用性质为由拒赔。由于协商未果，他将保险公司告上法庭。法院判决：保险公司不承担赔偿责任。

【案情分析】王某将家庭自用性质的投保车辆用于营运，擅自改变了保险车辆用途，应属保险标的发生了重大变化，违背了保险诚信原则，因而其诉讼请求缺乏依据，所以法院判定保险公司不承担赔偿责任。

营运车辆以家庭自用车辆投保，这是一种很常见的投保人不履行诚信原则的现象，投保人隐瞒实情的目的就是为了节省保费。殊不知这违背了保险的诚信原则，出险后会导致保险公司的拒赔。

（2）保证。保证是指投保人或被保险人根据保险合同的规定，在保险期间内对某一投保事项的作为或不作为，或某种事态的存在或不存在向保险人作出的承诺。

保证分为明示保证和默示保证。

明示保证是以语言、文字和其他习惯方式在保险合同内说明的保证。明示保证按事项内容又可以分为确认保证和承诺保证。确认保证是指投保人对过去或现在某种事态存在或不存在的保证，其所保证的事项不涉及将来。承诺保证是指投保人对将来某一特定投保事项的作为或不作为。违反确认保证的，保险合同自始无效，故意违反的，不退还保险费，过失违反的，可退还保险费；违反承诺保证的，自违反之时起保险合同归于无效，并不退还保险费。

默示保证是指在保险单中，虽没有文字明确列出，但在习惯上已经被社会公认为是投保人或被保险人应该遵守的规则，如要求被保险的车辆必须有正常的行驶能力等。

对于保证条款，包括明示保证和默示保证，投保人或被保险人应严格遵守，一旦违反，无论是否给保险人造成损害，保险人均有权解除合同，并不承担赔偿或给付保险金的责任。

(3) 弃权和禁止反言。弃权是指保险合同的当事人放弃他在保险合同中可以主张的权利。

禁止反言是指保险合同的一方当事人既然已经放弃了这种权利，当保险合同生效后，就不得反悔再向对方主张这种权利。

在保险活动中，弃权与禁止反言主要是用以约束保险人的。

1.4.3 近因原则

1. 近因原则含义

近因原则是指造成保险标的损失的近因是保险责任范围的，保险人承担损失赔偿责任；造成保险标的损失的近因不属于保险责任范围的，保险人不承担损失赔偿责任。在保险业务中，近因原则是认定保险责任的一个重要原则，对判定事故损失是否属于保险赔偿范围具有重要的意义。

所谓近因是指造成保险标的损失的最直接、最有效、起主导作用或支配性作用的原因，而不是指在时间上或空间上与损失最接近的原因。

2. 近因的判定

任何一起事故的理赔都必须坚持近因原则，所以对事故的近因判定非常关键。事故的近因判定可分为以下几类：

(1) 单一原因造成的损失。该种情况下，造成损失的原因唯一，该原因即为近因。若这一原因符合条款的保险责任范围，则保险人应赔偿事故损失；否则，保险人不应赔偿事故损失。例如，一投保了车辆损失保险的车辆，若因雹灾导致车辆受损，则雹灾为近因，且雹灾属于车辆损失险的保险范围，所以保险人负责赔偿车辆损失；若因地震导致车辆受损，则地震为近因，而地震不属于车辆损失险的保险范围，所以保险人不负责赔偿车辆损失。

(2) 多种原因同时发生造成的损失。该种情况下，造成损失的多种原因均为近因。若这些原因均符合条款的保险责任范围，则保险人应赔偿事故损失；若这些原因均不符合条款的保险责任范围，则保险人不应赔偿事故损失；若这些原因中既有符合保险责任范围的，也有不符合保险责任范围的，且损失比例划分清楚，则保险责任范围内的原因导致的损失保险人负责赔偿，而保险责任范围外的原因导致的损失，保险人不负责赔偿；如果损失比例难以划分清楚，则保险人不予赔偿或保险双方协商后按比例赔偿。

(3) 多种原因连续发生造成的损失。该种情况下，要分析前因与后因之间有无因果关系。若有因果关系，那么最先发生并造成一连串事故的前因为事故损失的近因。此时，只需要判断最先的原因是否属于保险责任范围即可。若无因果关系，只是时间有先后，则后因为事故近因。若后因属于保险责任范围，则保险人应负赔偿责任，否则，不负赔偿责任。如保险车辆暴雨中行驶时熄火，强行启动后导致发动机受损的案例，用近因原则分析可知：发动机受损的过程是"暴雨——强行启动——发动机受损"，有暴雨的前因，有强行启动的后因，但后因与前因之间没必然联系，因此，该起事故的近因是强行启动发动机。

(4) 多种原因间断发生造成的损失。在一连串间断发生的原因中，有一项新的独立的原因介入，导致损失。若新的独立的原因为保险责任，保险人应负赔偿责任；反之，保险人不负赔偿责任。

1.4.4 损失补偿原则

1. 损失补偿原则的含义

损失补偿原则是指当保险标的发生保险责任范围内的损失时,保险人按照合同规定,给予被保险人一定的保险赔偿,使被保险人恢复到受灾前的经济原状,但不能因损失而获得额外利益。损失补偿是保险的基本职能,通过保险补偿,避免被保险人因保险事故造成的损失而影响生产或生活的稳定。

2. 损失补偿的方式

保险人履行损失赔偿责任的方式有现金给付、重置和维修三种。

现金给付是财产保险的最常见的损失补偿方式,它简单方便,结案迅速,深受欢迎,如机动车第三者责任险中的人身伤害的赔偿。

重置是指保险人重新购置与保险标的相同或相似的物品给予被保险人作为补偿,如汽车玻璃破碎的赔偿。

维修是指当保险标的受损时,保险人采用维修的办法,将保险标的的性能恢复到未受损时的状况,如车辆损失的赔偿。

3. 损失补偿的限度

保险人履行损失赔偿责任时,必须把握三个限度,以保证被保险人既能恢复失去的经济利益,又不会由于保险赔款而额外受益。具体如下:

(1)以实际损失为限。即保险赔偿金额不能超过保险标的损失时的市价。

(2)以保险金额为限。即保险赔偿金额不得高于保险金额。

(3)以保险利益为限。即被保险人获得的赔款,不得超过对被损财产所具有的保险利益。

例如,某房屋价值 50 万元,房主投保了半年的火灾保险,保额 50 万元。由于市场波动,1 月后该房市价变为 40 万元,如果此时发生火灾,房屋全损,那房主可从保险公司获得 40 万元的赔偿,这是以实际损失为限。2 月后该房市价又变为 60 万,如果此时发生火灾,房屋全损,那房主可从保险公司获得 50 万元的赔偿,这是以保险金额为限。9 月后该房市价又变为 50 万元,此时,房主向银行贷款 30 万元,并以房屋做抵押,银行为安全起见,将该房屋投保为期 1 年的火灾保险,保险金额 50 万,如果刚买了保险后发生火灾,房屋全损,那银行可从保险公司获得 30 万元的赔偿,这是以保险利益为限。可见,保险的补偿以保险金额、实际损失、保险利益中最小的一个为赔偿限度。

4. 代位原则

代位原则是损失补偿原则的派生原则。

(1)代位原则的含义。代位原则是指保险人依照约定,对被保险人遭受的损失进行赔偿后,依法取得向对损失负有责任的第三者进行追偿的权利,或取得被保险人对保险标的的所有权。其中,依法取得向对损失负有责任的第三者进行追偿的权利,为权利代位,又称代位追偿;依法取得被保险人对保险标的的所有权,为物上代位。所以代位原则包括权利代位和物上代位两部分。

(2)权利代位(代位追偿)。

1)代位追偿权产生的条件。产生代位追偿权,必须具备三个条件:

首先,保险标的的损失必须是由第三者造成的,依法应由第三者承担赔偿责任。

其次，保险标的的损失是保险责任范围内的损失，根据合同约定，保险公司理应承担赔偿责任。

第三，保险人必须在赔偿保险金后，才能取代被保险人的地位与第三者产生债务债权关系。

2）保险人在代位追偿中的权益范围。保险人通过代位追偿得到的第三者赔偿额度，只能以保险人支付给被保险人的实际赔偿额为限，超出部分的权利属于被保险人，保险人无权处理。如保险人在支付了5000元的保险赔款后向有责任的第三方追偿，追偿款为6000元，则将多余的1000元退还给被保险人。

保险人向负民事赔偿责任的第三者行使代位请求赔偿的权利，不影响被保险人就未取得赔偿的部分向第三者请求赔偿的权利。

3）保险人取得代位追偿权的方式。权益取得的方式有两种，一是法定方式，即权益的取得无须经过任何人的确认；二是约定方式，即权益的取得必须经过当事人的磋商、确认。《保险法》第60条第1款规定："因第三者对保险标的的损害而造成保险事故的，保险人自向被保险人赔偿保险金之日起，在赔偿金额范围内代位行使被保险人对第三者请求赔偿的权利。"可见，我国保险人取得代位追偿权的方式为法定方式，无须经过被保险人的确认。

但被保险人的一些不当做法，有可能会影响保险人代位追偿权的实施，所以《保险法》第61条规定："保险事故发生后，保险人未赔偿保险金之前，被保险人放弃对第三者请求赔偿的权利的，保险人不承担赔偿保险金的责任。保险人向被保险人赔偿保险金后，被保险人未经保险人同意放弃对第三者请求赔偿的权利的，该行为无效。被保险人故意或者因重大过失致使保险人不能行使代位请求赔偿的权利的，保险人可以扣减或者要求返还相应的保险金。"

4）代位追偿的对象及其限制。代位追偿的对象是负民事赔偿责任的第三者，既可以是法人、自然人，也可以是其他经济组织，但保险人不得对被保险人的家庭成员或者其组成人员行使代位追偿权利，除非被保险人的家庭成员或者其组成人员为故意造成保险事故。

（3）物上代位。保险事故发生后，保险人已支付了全部保险金额，并且保险金额相等于保险价值的，受损保险标的的全部权利归于保险人；保险金额低于保险价值的，保险人按照保险金额与保险价值的比例取得受损保险标的的部分权利。

物上代位实际上是一种物权的转移，当保险人在处理标的物时，若得到的利益超过赔偿的金额，应属保险人所有。

5. 分摊原则

分摊原则是损失补偿原则的另一派生原则。分摊原则适用于重复保险。

（1）分摊原则的含义。分摊原则是指在重复保险的情况下，当保险事故发生时，各保险人应按一定的方式分摊被保险人的损失，使被保险人既能得到充分的补偿，又不会获得超过实际损失以外的不当利益，从而避免引发道德风险。

所谓重复保险是指投保人对同一标的、同一保险利益、同一保险事故分别与两个以上保险人订立保险合同，其保险金额总和超过保险标的实际价值的保险。重复保险原则上是不允许的，但事实上却是存在着的。保险法规定重复保险的投保人应当将重复保险的有关情况通知各保险人。重复保险的各保险人赔偿保险金的总和不得超过保险价值。

（2）分摊方式。在重复保险的情况下，当发生保险事故时，保险标的所遭受的损失由各保险人分摊，分摊方式有三种：比例责任分摊、限额责任分摊、顺序责任分摊。

1）比例责任分摊。这是将各保险人的保险金额相加，除以各个保险人的保险金额，得出每个保险人应分摊的比例，然后按比例分摊损失金额。即：

$$赔款 = 损失金额 \times \frac{该保险人的保险金额}{各保险人保险金额总和}$$

例如，某人将一批财产先后向 A、B、C 三家保险公司投保，保额分别为 60 万元、50 万元和 40 万元。如果保险财产发生保险事故损失 45 万元，A、B、C 三两家保险公司应分别赔付多少？

按比例责任分摊：

A 保险公司的赔偿额＝60÷（60+50+40）×45＝18 万元

B 保险公司的赔偿额＝50÷（60+50+40）×45＝15 万元

C 保险公司的赔偿额＝40÷（60+50+40）×45＝12 万元

即 A、B、C 三家保险公司各承担 18 万元、15 万元、12 万元，赔款总额为 45 万元，正好等于被保险人的实际损失。

比例责任分摊方式在各国保险实务中应用最多。《保险法》第 56 条第 2 款规定："重复保险的各保险人赔偿保险金的总和不得超过保险价值。除合同另有约定外，各保险人按照其保险金额与保险金额总和的比例承担赔偿保险金的责任。"

2）限额责任分摊。这是假定在没有重复保险的情况下，由各保险人单独应负的责任限额比例分摊损失金额。即：

$$赔款 = 损失金额 \times \frac{该保险人责任限额}{各保险人责任限额总和}$$

如上例，在没有重复保险的情况下，A 保险公司应承担 45 万元的赔偿责任，B 保险公司应承担 45 万元的赔偿责任，C 保险公司应承担 40 万元的赔偿责任。现按照限额责任分摊方式计算：

A 保险公司的赔偿额＝45÷（45+45＋40）×45＝15.6 万元

B 保险公司的赔偿额＝45÷（45+45＋40）×45＝15.6 万元

C 保险公司的赔偿额＝40÷（45+45＋40）×45＝13.8 万元

即 A、B、C 三家保险公司各承担 15.6 万元、15.6 万元、13.8 万元，三家保险公司的赔款总额也为 45 万元。

限额责任分摊方式与比例责任分摊方式的共同点是各保险人都是按照一定的比例分摊赔款责任；二者的区别是计算分摊比例的基础不同，前者以赔偿责任为计算基础，后者以保险金额为计算基础。

3）顺序责任分摊。这是根据多个保险合同生效的先后顺序，由先出立保单的保险人首先负责赔偿，第二个保险人只负责赔偿超出第一保险人保险金额的部分，如果仍有超出部分，即依次由第三、第四个保险人负责赔偿。

仍以上例为例，采用顺序责任分摊方式，先出单的 A 保险公司应承担赔款的 45 万元，后出单的 B、C 两家保险公司则不必承担赔偿责任。可见，三家保险公司的赔款总额仍为 45 万元。

因顺序责任分摊方式不符合公平原则，所以目前很少使用。

本章小结

1. 风险具有的特征：客观性、损害性、不确定性、可测性、发展性、普遍性、社会性。
2. 风险由风险因素、风险事故、风险损失三要素构成。
3. 风险按其性质分为纯粹风险与投机风险；风险按其损害对象分为财产风险、责任风险、信用风险和人身风险。
4. 风险管理方法分为控制型和财务型两类。常见的控制型方法有风险避免、风险预防、风险抑制、风险集合和风险分散等。常见的财务型方法有风险自留和风险转嫁。
5. 现代商业保险包括五大要素：可保风险、多数人同质风险的集合与分散、费率的合理厘定、保险基金的建立、订立保险合同。
6. 保险按保险实施方式分为自愿保险与强制保险；按合同中是否确定保险价值分为定值保险与不定值保险；按风险转嫁方式分为足额保险、不足额保险与超额保险；按保险人承担保险责任的次序分为原保险和再保险；按保险标的分为财产保险和人身保险。
7. 保险监管是指政府对保险业的监督和管理，保险监管体系包括监管法规、监管机构、行业自律三部分。
8. 保险合同特有特征：有偿合同、双务合同、附和合同、射幸合同、具有个人性。
9. 保险合同主体分为当事人和关系人两类。当事人包括保险人和投保人，关系人包括被保险人和受益人。保险合同客体是投保人对保险标的的保险利益。
10. 保险合同的内容分为基本内容和约定内容。保险合同形式主要有投保单、保险单、保险凭证、暂保单和批单等五种。
11. 保险利益构成条件：保险利益必须是合法利益、经济利益、确定利益。
12. 最大诚信原则的内容包括告知、保证、弃权与禁止反言。
13. 近因是指造成保险标的损失的最直接、最有效、起主导作用或支配性作用的原因，而不是指在时间上或空间上与损失最接近的原因。
14. 保险人履行损失赔偿责任的方式有现金给付、重置和维修三种。保险人履行损失赔偿责任时，必须把握三个限度：以实际损失为限、以保险金额为限、以保险利益为限。
15. 代位原则是损失补偿原则的派生原则。代位原则包括权利代位和物上代位两部分。分摊原则是损失补偿原则的另一派生原则。分摊原则适用于重复保险。

1. 填空题

（1）风险一般由_____、_____、_____三要素构成，它们相互作用，共同决定了风险的存在、发展和变化。

（2）只有损失机会而无获利可能的风险是_____风险。

（3）保险合同的当事人包括_____和_____，关系人包括_____和_____。

（4）风险管理技术分为_____和_____两类。

（5）保险利益存在必须具备的条件有_____、_____、_____。

（6）某一风险的发生具有_____，大量风险发生具有_____。

（7）订立保险合同要经历两个法定程序，即_____和_____。

（8）保险赔偿方式主要有_____、_____、_____三种。保险人履行损失赔偿责任时，必须把握三个限度，具体为_____、_____、_____。

（9）保证按其存在形式分为_____和_____。

（10）保险中介的主体形式多样，主要包括_____、_____、_____。

（11）保险深度是指_____，保险密度是指_____。

（12）保险监管体系包括_____、_____、_____三部分。

（13）保险合同的争议处理方法通常有_____、_____、_____和_____四种。

（14）在最大诚信原则中，告知的形式为：投保人告知的形式有_____和_____两种；保险人告知形式有_____和_____两种。

（15）重复保险的分摊方式有三种，分别为_____、_____、_____。

2．简答题

（1）什么是风险？风险的特征有哪些？

（2）风险管理的方法有哪些？

（3）可保风险应具备哪些条件？

（4）《保险法》对保险的概念是如何规定的？

（5）保险的要素包括哪些内容？

（6）比较足额保险、不足额保险与超额保险在损失赔偿时的区别。

（7）保险有哪些职能？

（8）根据身边人员因遭受事故而债台高筑、生活困难的实例，谈谈保险的作用。

（9）到某一保险公司，调查投保单、保险单、批单、暂保单等的式样及包含内容。

（10）近因如何判定？

（11）代位追偿权的产生条件包括哪些？

（12）何谓重复保险？

能力训练

1．赵某为妻王某投保了人身保险，其中死亡保险金额为 50 万元，王某指定其女小玉为受益人，未指明受益份额。09 年 1 月赵某又指定其父老赵为受益人，但未获得王某的同意。王某也指定其外甥小王为受益人，但忘记通知保险公司。09 年 9 月，王某出车祸死亡。试问：

（1）有权向保险公司申请给付保险金的人是（　　）。

  A．小玉　　　　　B．赵某　　　　　C．老赵　　　　　D．小王

（2）小玉的受益份额为（　　）。

  A．50 万元　　　　B．25 万元　　　　C．16.67 万元　　　D．12.5 万元

（3）若王某指定外甥小王为受益人时，通知了保险公司，则小玉的受益份额为（　　）。

  A．50 万元　　　　B．25 万元　　　　C．16.67 万元　　　D．12.5 万元

（4）若赵某指定其父老赵为受益人时获得王某的同意，王某指定其外甥小王为受益人时也通知了保险公司，则小玉的受益份额为（　　）。

　　A．50万元　　　　B．25万元　　　　C．16.67万元　　　D．12.5万元

2．若李某2009年6月10日购买一栋别墅，价值120万元，同月15日，李某向A保险公司购买了房屋保险，保险期限为1年，保险金额为120万元，并于当日交清了保险费。2009年12月10日，李某将该别墅以150万元的价格卖给周某，李某并没有经A保险公司办理批单手续，2010年3月10日，因意外发生巨大火灾，房屋全部被烧毁。问：

　　（1）若李某向A保险公司索赔，保险公司是否赔偿？为什么？

　　（2）若周某向A保险公司索赔，保险公司是否赔偿？为什么？

3．某投保人将财产分别向甲、乙、丙、丁、戊五家保险公司投保同一险种，保额分别为10万元、15万元、5万元、7万元、8万元，已构成重复保险。若因一事故使该财产损失额为9万元，则按《保险法》规定，五家保险公司通常采用何种分摊方式？赔偿额分别为多少？

4．有一批货物出口，货主以定值保险的方式投保了货物运输保险，按投保时实际价值与保险人约定保险价值240万元，保险金额也为240万元，后货物在运输途中发生保险事故，出险时当地完好市价为200万元。问：

　　（1）如果货物全损，保险人如何赔偿？赔款为多少？

　　（2）如果部分损失，损失程度为80%，则保险人如何赔偿？其赔款为多少？

2 汽车保险基础

知识目标

- 掌握汽车保险概念
- 了解汽车保险特点
- 了解国内外汽车保险发展概况
- 熟悉汽车保险险种框架、变革历程
- 掌握费率的含义与构成以及费率厘定模式
- 了解汽车保险市场构成要素及现状

能力目标

- 能向客户准确说明汽车保险作用
- 能根据车辆风险选择相应保险险种
- 能说出影响车险费率的相关因素
- 能简单分析汽车保险市场状况

2.1 汽车保险的概念与特点

2.1.1 汽车保险的概念

汽车保险以汽车为保险标的，其保障范围包括汽车本身因自然灾害或意外事故导致的损失，及汽车所有人或其允许的合格驾驶员因使用汽车发生意外事故所负的赔偿责任。

汽车本身损失常见原因有碰撞、倾覆、坠落、被外界物体砸、火灾、水灾、雹灾、爆炸、自燃、盗窃、抢劫、玻璃破碎、车辆停驶损失、车身划痕等。保障以上风险的保险险种属于损失类保险，可归为财产损失保险范畴。

汽车在使用过程中常引发的责任有：因车辆发生碰撞、倾覆、坠落、火灾等意外事故导致第三者人员或财产损害的赔偿责任，车上人员或财产损害的赔偿责任；因车载货物掉落而引起的第三者人员或财产损害的赔偿责任等。保障以上风险的保险险种属于责任类保险，可归为责任保险范畴。

因此，汽车保险既属于财产损失保险范畴，又属于责任保险范畴，是综合性保险。

2.1.2 汽车保险的特点

1. 汽车保险是各财产保险公司支柱险种

表2-1为我国近几年财产保险保费收入与汽车保险保费收入的情况。可见，历年我国汽车保险保费收入均占财产保险总保费收入的60%以上，车险已成为各财产保险公司的支柱险种，其经营的好坏，直接关系到整个财产保险业的经济效益。

表2-1 我国2000～2014年财产保险保费收入与汽车保险保费收入情况

年份	2000	2001	2002	2003	2004	2005	2006	2007
财产保险保费收入（亿元）	598	685	778	866	1090	1230	1509	2086
汽车保险保费收入（亿元）	373	422	472	545	744	855	1108	1484
汽车保险保费收入占财产保险保费收入的比例（%）	62.4%	61.6%	60.5%	62.9%	66.1%	66.6%	70.1%	74.3%
年份	2008	2009	2010	2011	2012	2013	2014	
财产保险保费收入（亿元）	2446	2992	3896	4779	5330	6212	7203	
汽车保险保费收入（亿元）	1702	2155	3004	3504	4005	4721	5516	
汽车保险保费收入占财产保险保费收入的比例（%）	72.9%	72.0%	77.1%	73.3%	75.1%	76.0%	76.6%	

2. 汽车保险损失频率非常高

表2-2所示为我国近几年道路交通事故的次数和直接经济损失，平均每年发生事故40万多次，每1分钟发生0.76次事故，每次事故损失4400多元。除道路交通事故外，属于汽车保险赔偿的汽车事故还有很多，如盗抢事故、火灾事故、水灾事故、雹灾事故、玻璃破碎事故等，因此，汽车保险损失频率非常高。但同时可以看出，汽车保险每次事故的赔付额与其他保险险种相比，却比较低，此种情况下，就要求精细化管理，降低单次事故的查勘、定损、理算等理赔成本。

表2-2 2000～2014年我国道路交通事故数据统计

年份	2000	2001	2002	2003	2004	2005	2006	2007	2008
事故次数（次）	616971	754919	773137	667507	517889	450254	378781	327209	265204
直接经济损失（亿元）	26.33	30.88	33.24	33.69	23.91	18.84	14.90	12.00	10.10
年份	2009	2010	2011	2012	2013	2014			
事故次数（次）	238351	219521	210812	204196	198394	196812			
直接经济损失（亿元）	9.14	9.26	10.79	11.75	10.39	10.75			

3. 汽车保险需有一个全天候的庞大的服务网络

汽车作为运输工具，经常处于运动状态。保险标的所处状态直接影响其面临的风险大小，这也导致了汽车出险地点不可预知，有可能在本地，有可能在外地，有可能在境内，还有可能境外出险，无论何时、何地出险，保险人都应积极提供查勘、定损、赔款等服务，这就要求有一个全天候的非常庞大的服务网络。

4. 汽车保险的标的车种类多、差异大、发展快

作为保险标的的汽车，按用途可分为客车、货车、特种车、摩托车、拖拉机，而它们又可根据不同依据进一步细分，如客车可按座位多少细分、货车可按载重量细分、特种车可按用途细分、摩托车可按排量细分、拖拉机可按使用性质与功率细分。

汽车按性质可分为营业车辆和非营业车辆，营业车辆又可分为出租租赁、固定路线运输、公路运输，非营业车辆又可分为家庭自用、企业非营业、机关非营业。

种类、性质、座位、载重量、用途、排量、功率不同的汽车，其结构、性能、零件、材料等也有很大差异，其风险状况也不同。对保险人而言，经营汽车保险要从多方面增强风险控制，不同的汽车，收费要有所差别。同时，还要调整承保政策、软件系统，以适应新车的出现。

5. 汽车保险对理赔人员的素质要求高

汽车行业发展速度非常快，新技术、新结构、新材料不断运用于汽车上，加快了汽车的更新换代。汽车厂家从经营角度考虑，也会不断调整产品结构、增减汽车配置等。此种汽车发展环境下，做好理赔工作的关键是，应拥有一支懂汽车专业、知识结构不断更新的理赔队伍为保险标的的查勘定损工作服务。

另外，根据公安部的统计，截至2015年底，全国机动车保有量达到2.79亿辆。数量巨多的汽车分布于民族、地域、学历、素质、风俗习惯等方面存在不同的众多被保险人手中，可见，汽车保险的被保险人人数众多且差异非常大，而汽车保险业务需要和每个投保人接触，需要和发生事故并索赔的每个被保险人接触，要融洽的处理好与众多接触对象的关系，需要汽车保险行业的从业人员素质高、能力强、见识广。

6. 汽车保险是保险业运用新技术的试验田

由于汽车保险具有面广、量大、品种单一等特点，便于新技术的推广。风靡全球的网上销售和电话销售，就是首先在汽车保险产品的销售上被应用的，并取得了良好效果。目前，我国许多财产保险公司都推出了电话车险业务，公布了销售电话，如中国平安保险公司的4008000000、中国人民保险公司的4001234567、中国太平洋保险公司的10108888等。车主可直接拨打电话，即可省去购买车险的中间环节，较其他渠道而言，电话车险可使车主享受更为优惠的保险费率，体会省钱更省心的车险服务。

7. 汽车保险是各财产保险公司业务竞争的焦点

随着我国汽车工业的迅猛发展和人民生活水平的提高，汽车保有量呈逐年上升趋势，且上升速度较快，这对保险公司来说，汽车保险是一保源相对稳定，且快速扩大的行业，所以各财产保险公司集中精兵强将，展开竞争。

另一方面汽车保险能使保险公司接触到社会各界，可让社会各界通过车险这个窗口直接领略自己的承保是否热情、理赔是否真诚，进而树立良好的企业形象，吸引客户购买其他财产保险产品，因此，各公司对此倍加重视。

8. 汽车保险市场发展潜力巨大

截至 2015 年底，全国机动车保有量达到 2.79 亿辆，其中汽车保有量达到 1.72 亿辆，机动车驾驶人 3.27 亿人，其中汽车驾驶人超过 2.8 亿人。我国目前人口已超过 13 亿，人均汽车持有率远远低于美国、日本的水平。正因为差距大，才有潜力可挖，表 2-3 为我国近几年的汽车产量，从中可以看出我国汽车工业发展迅猛，这对汽车保险市场的扩大是一个极大的促进。

表 2-3 我国 2000～2015 年汽车产量

年份	2000	2001	2002	2003	2004	2005	2006	2007
产量（万辆）	207	234	325	444	509	570	728	889
年份	2008	2009	2010	2011	2012	2013	2014	2015
产量（万辆）	931	1380	1827	1842	1928	2212	2372	2450

另外，随着汽车的增多和我国交强险的施行，人们购买保险的主动性大大增强。交通事故的存在、自然灾害的影响，使得多数有车者愿意通过购买保险把自己的用车风险转嫁于保险公司。如何购买汽车保险、如何索赔已成为多数车辆使用者讨论的话题，应该说，汽车保险成为诸多保险中人们保险意识最强的一个险种。

2.2 汽车保险发展概况

2.2.1 国外汽车保险发展概况

1886 年德国人卡尔·本茨获得了世界上第一项汽车发明专利，汽车问世了。汽车作为交通工具后，由于汽车设施简陋、工艺粗糙、操纵性能一般、安全性能较差，驾驶人员的驾驶经验比较欠缺，再加之道路状况不好，所以驾驶汽车是非常容易出事故的，事故除了造成车辆自身损坏外，还经常导致他人财产损失和人身损害。汽车的这种使用风险，被精明的保险商瞅准，认为驾驶汽车存在财产损失和人身损害的可能，这是保险产生的商机。

在 1895 年，英国的法律意外保险有限公司签发了世界上最早的汽车保险单——汽车责任险保单，保险费为 10～100 英镑，于是汽车保险诞生了。

1898 年，美国的旅行者保险公司签发了美国历史上第一份汽车人身伤害责任保险。

1899 年，英国将汽车保险范围扩大到与其他车辆碰撞所造成的损失。

1901 年，英国将汽车保险范围又扩大到盗窃和火灾等引起的损失。

1902 年，美国第一张汽车损失保险单问世。

1903 年，英国成立了第一家专门经营汽车保险的公司，即"汽车综合保险联合社"。

1906 年，英国成立了"汽车保险有限公司"，该公司有专门工程技术人员，负责每年对保险汽车免费检查一次，这与目前我国对汽车保险的"验标核保"、提供风险控制建议等基本相同，所以这种成功的运作经验极大地推进了汽车保险的发展。

1927 年，美国的马萨诸塞州首先将汽车造成他人的财产损失和人身伤害视为社会问题，于是公布实施了汽车强制保险法，成为世界上首次将汽车的第三者责任规定为强制责任保险的地区。

第一次世界大战后，英国汽车的流行加重了公路运输的负担，事故层出不穷，有些事故中的受害者不知道应找哪一方赔偿损失。针对这种情况，政府发起了汽车第三者强制保险的宣传，并在《1930年公路交通法令》中纳入强制保险条款。1931年英国开始实施强制汽车责任保险。

1936年，英国国会成立了强制责任保险调查小组，该小组于1937年提交了著名的"卡斯奥报告"，报告讨论了在实行强制汽车责任保险后，如果部分车辆所有人未依法投保责任险或者保险单失效时，受害人将无法得到保险人的赔偿，对此应如何处理的问题。但由于第二次世界大战于当年爆发，所以"卡斯奥报告"的建议当时没有付诸实施。

1945年底（二战结束后），英国根据"卡斯奥报告"的建议成立了汽车保险人赔偿局，规定当事故受害人因肇事者未依法投保责任险，或者保险单失效而无法得到赔偿时，由该局承担赔偿责任，受害人获得赔偿后，须将其向肇事者索赔的权利转移给汽车保险人赔偿局。目前，对肇事者逃逸，受害人无法得到保险赔偿的情况，也由该局负责赔偿。

日本于1956年实施强制汽车责任保险。法国于1959年实施强制汽车责任保险。德国于1965年实施强制汽车责任保险。目前，世界绝大多数国家或地区都实行了强制汽车责任保险制度。

总之，汽车保险是伴随着汽车的出现而产生的，在财产保险领域中属于一个相对年轻的险种。汽车保险的发展过程是先出现汽车责任保险，后出现车辆损失保险。汽车责任保险是先实行自愿方式，后实行强制方式。车辆损失保险一般是先负责保障碰撞危险，后扩大到非碰撞危险，如盗窃、火灾等。

2.2.2 我国汽车保险发展概况

我国的汽车保险业务的发展经历了一个曲折的历程。

汽车保险进入我国是在鸦片战争以后，但由于我国保险市场处于外国保险公司的垄断与控制之下，加之旧中国的工业不发达，我国的汽车保险实质上处于萌芽状态，其作用与地位十分有限。

1949年10月20日，中国人民保险公司成立，开始开办汽车保险，不久后出现了争议，认为汽车保险以及第三者责任保险对于肇事者予以经济补偿，会导致交通事故的增加，对社会产生负面影响，于是中国人民保险公司在1955年停办了汽车保险。

20世纪70年代，随着我国对外关系的开展，各国纷纷与我国建立友好关系，为满足各国驻华使领馆汽车的保险需要，70年代中期，开始办理以涉外业务为主的汽车保险业务。

1980年我国全面恢复国内保险业务，汽车保险也随之恢复。

1983年11月我国将汽车保险更名为机动车辆保险，使其具有了更广泛的适用性。

在此后的近30年的发展过程中，汽车保险在我国保险市场，尤其在财产保险市场中始终发挥着重要的作用。到1987年，汽车保险的保费收入超过了20亿元，占财产保险保费收入的37.6%，第一次超过了企业财产保险（35.99%），从此以后，汽车保险一直是财产保险的第一大险种，并保持高增长率，我国的汽车保险业务进入了高速发展的时期。

2004年5月1日实施的《道路交通安全法》在法律上明确了我国实施强制汽车责任保险，该法第17条规定，国家实行机动车辆第三者责任强制保险制度，设立道路交通事故社会救助基金。但是，《道路交通安全法》只是做了一个原则性的规定，确定实施交强险，但究竟如何实施，相关配套规定未同时推出。

2006年3月21日，国务院总理温家宝签署了第462号国务院令颁布了《机动车交通事故责任强制保险条例》，自2006年7月1日起施行。《条例》的公布是我国汽车保险发展进程中迈出的一大步，标志着我国正式施行了交强险。

伴随着交强险的实施，2006年7月1日我国推出了商业车险的ABC条款，统一了车辆损失险和第三者责任险两个主要险种；2007年4月1日，又推出了商业车险的新ABC条款，统一了车辆损失险、第三者责任险、车上人员责任险、盗抢险、玻璃单独破碎险、车身划痕损失险、可选免赔额特约条款、不计免赔率特约条款等8个险种；2009年10月1日，为适应《保险法》的第二次修改，各保险公司纷纷修订了商业汽车保险条款。

为促进保险业的持续健康发展，中国保险行业协会于2012年3月14日，对外发布了《机动车辆保险示范条款》。后对2012年版商业车险示范条款进行修订完善，形成《中保协机动车辆商业保险示范条款（2014版）》。这是我国商业车险产品发展进程中的一次重要创新，对我国车险市场持续、健康发展意义重大。2015年3月24日，保监会发布了《深化商业车险条款费率管理制度改革试点工作方案》，确定自2015年4月1日起，在黑龙江、山东、青岛、广西、陕西、重庆等六个地区为商业车险改革试点地区。2016年1月1日起，启动商业车险改革第二批试点工作，包括天津、内蒙古、吉林、安徽、河南、湖北、湖南、广东、四川、青海、宁夏、新疆等12个区域。

2.3　我国汽车保险险种

2.3.1　当前险种框架

当前我国汽车保险险种分为交强险和商业汽车保险两类。

交强险必须投保。《道路交通安全法》《机动车交通事故责任强制保险条例》等法律规定机动车所有人、管理人必须投保机动车交通事故责任强制保险，否则公安机关交通管理部门将扣留在道路上行驶的机动车，并通知机动车所有人、管理人依照规定投保，同时处依照规定投保最低责任限额应缴纳保费的2倍罚款。因此交强险作为车辆上道路行驶的必备条件，是必须购买的险种，这也是客户遵守法律的良好表现。

商业汽车保险应量力而行。交强险只是对第三者损害的基本保障，对车辆损失、车上人员受伤等不予保障，即使对第三者的赔偿许多情况下交强险也不能完全补偿。商业险种很多，不同的险种对应不同的保险范围，投保险种越多，保障越全面，但需交保费越多，所以客户为获得保险的充足保障，对商业险应根据自身风险状况和经济实力综合考虑后选择购买。

商业汽车保险险种分主险和附加险两部分。主险是对车辆使用过程中大多数车辆使用者经常面临的风险给予保障。附加险是对主险保险责任的补充，它承保的一般是主险不予承保的自然灾害或意外事故。附加险不能单独承保，必须投保相应主险后才能承保。随着汽车保险业的发展，主险险种、附加险险种都不断进行补充丰富或改革创新，使险种数量及其保障内容都大大增加。

当前我国汽车保险险种框架如表2-4所示。

表 2-4　当前我国汽车保险险种框架

序号	险种名称	分类	险种名称列举	特点
1			交强险	强制购买，险种单一，无选择余地
2	商业险种	主险	车辆损失险　第三者责任险　车上人员责任险 机动车盗抢险　摩托车、拖拉机保险　特种车保险 机动车提车保险	种类丰富，数量众多，根据需要，量力而行
		附加险	玻璃单独破碎险　车辆停驶损失险　自燃损失险 车上责任险　新增设备损失险 车载货物掉落责任险　不计免赔特约条款等	

交强险与商业险一般有两种实施方式：混合实施（见图 2-1）和分离实施（见图 2-2）。我国的交强险和商业汽车保险采用分离实施方式。

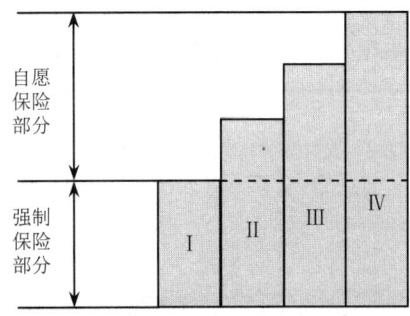

图 2-1　强制汽车责任保险与一般汽车责任保险的混合实施

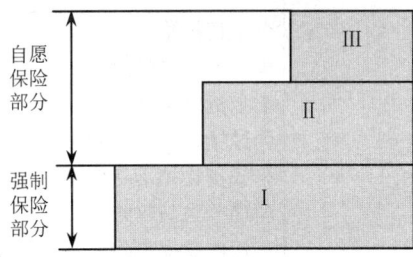

图 2-2　强制汽车责任保险与一般汽车责任保险的分离实施

混合实施是指在保险模式设计时，分多个层次，投保哪个层次的保险，由投保人自由决定。各个层次类型的保险中，以只能提供最基本保障的强制汽车责任保险为最低层次，其他的层次都包括最低层次，即都包括强制汽车责任保险。

分离实施是指强制汽车责任保险与一般汽车责任保险分别实施，前者按照法律规则设计，后者按照一般商业保险的原则设计，投保人分别办理。

2.3.2　商业险种变革历程

1. 2000 版统颁条款

2003 年前，我国采用严格的汽车保险条款管理制度，各保险公司统一实行 2000 年由保监会颁布的条款，其险种数量非常有限，具体如表2-5所示。

表2-5 2000版条款的险种

主险	车辆损失险	第三者责任险			
附加险	盗抢险	玻璃单独破碎险	车辆停驶损失险	自燃损失险	车上责任险
	无过失责任险	新增设备损失险	车载货物掉落责任险	不计免赔特约条款	

2. 2003年个性化条款

为促进我国机动车辆保险业务的发展，提高保险公司经营管理水平和服务质量，保监会于2002年3月4日发布《改革机动车辆保险条款费率管理办法有关问题的通知》，规定机动车辆保险条款费率不再由保监会统一制订，而是由各保险公司自主制订、修改和调整，经保监会备案后，向社会公布使用，个性化的条款自2003年1月1日起在全国范围内实施。人保、平保、太保三大公司的个性化车险险种如表2-6所示。

表2-6 2003年1月1日施行的人保、平保、太保三大公司的个性化车险险种

险别	中国人民财产保险股份有限公司	中国平安财产保险股份有限公司	中国太平洋财产保险股份有限公司
主险	车辆损失险 第三者责任险 家庭自用汽车损失险 非营业用汽车损失险 营业用汽车损失险 特种车辆保险 摩托车保险 拖拉机保险	车辆损失险 第三者综合责任险 第三者人身伤亡责任险	车辆损失险 第三者责任险
附加险	盗抢险 玻璃单独破碎险 车辆停驶损失险 自燃损失险 车上人员责任险 车上货物责任险 无过失责任险 不计免赔特约条款 火灾、爆炸、自燃损失险 车身划痕损失险 救助特约条款 起重、装卸、挖掘车辆损失扩展条款 特种车辆固定设备、仪器损坏扩展条款	全车盗抢险 车上人员责任险 车上货物责任险 无过错损失补偿险 车载货物掉落责任险 玻璃单独破碎险 车辆停驶损失险 自燃损失险 新增设备损失险 代步车费用险 交通事故精神损害赔偿险 他人恶意行为损失险 全车盗抢附加高尔夫球具盗窃险 指定驾驶员特约条款	全车盗抢险 玻璃单独破碎险 车辆停驶损失险 自燃损失险 新增设备损失险 车上责任险 无过失责任险 车载货物掉落责任险 基本险不计免赔 沿海气象灾害险 地陷险 地质灾害险 冰雪灾害险 过渡险 可选免赔额特约条款 里程变额特约条款 换件特约条款 价值损失特约条款

续表

险别	中国人民财产保险股份有限公司	中国平安财产保险股份有限公司	中国太平洋财产保险股份有限公司
			指定部位赔偿特约
			救援费用特约条款
			代步车特约条款
			附加险不计免赔条款
			指定行驶区域特约
			法律服务特约条款

3. 2006年A、B、C三套条款

经过几年的放开之后,为规范汽车保险行业,促进其有序竞争和良性发展,我国在2006年7月1日开始施行由保险行业协会统一制定的A、B、C三套条款,各保险公司任选其一(天平汽车保险公司除外),A、B、C三套条款只是对车辆损失保险和第三者责任保险两个主要险种的条款进行了统一,其他险种的条款由各保险公司自己制订,报保险监督管理部门备案即可。2006版A、B、C三套条款的险种构成如表2-7所示。

表2-7 2006版A、B、C三套条款的险种构成

A款险种构成	B款险种构成	C款险种构成
机动车第三者责任保险	商业第三者责任保险	机动车损失保险
家庭自用汽车损失保险	车辆损失险	机动车第三者责任保险
非营业用汽车损失保险		
营业用汽车损失保险		
摩托车、拖拉机保险		
特种车保险		

4. 2007版A、B、C三套条款

2007年4月1日起,正式启用由中国保险行业协会牵头开发的2007版A、B、C三套条款,国内经营车险的保险公司都必须从这三套条款中选择一款经营(天平汽车保险公司除外)。2007版A、B、C条款与2006版相比,2007版条款涵盖险种增多,包含车辆损失保险、第三者责任保险、车上人员责任险、全车盗抢险、不计免赔率特约险、玻璃单独破碎险、车身划痕损失险和可选免赔额特约险等8个险种。2007版A、B、C三套条款的险种构成如表2-8所示。

表2-8 2007版A、B、C三套条款的险种构成

A款险种构成	B款险种构成	C款险种构成
机动车第三者责任保险	商业第三者责任保险	机动车损失保险
家庭自用汽车损失保险	车辆损失险	机动车第三者责任保险
非营业用汽车损失保险	全车盗抢险	机动车车上人员责任险
营业用汽车损失保险	车上人员责任险	机动车全车盗抢损失险
特种车保险	摩托车、拖拉机保险	摩托车、拖拉机保险
摩托车、拖拉机保险	玻璃单独破碎险条款	玻璃单独破碎险

续表

A 款险种构成	B 款险种构成	C 款险种构成
机动车车上人员责任保险 机动车盗抢保险 玻璃单独破碎险 车身划痕损失险 可选免赔额特约条款 不计免赔率特约条款	车身划痕损失险条款 基本险不计免赔率特约条款	车身油漆单独损伤险 车损免赔额特约条款 基本险不计免赔特约条款

5. 2009 年 10 月 1 日后为适应新保险法而修订的车险条款

2009 年 2 月 28 日第十一届全国人民代表大会常务委员会第七次会议通过对《中华人民共和国保险法》修订，这是我国对《保险法》的第二次修改。修订版于 2009 年 10 月 1 日实施。为适应新保险法，各保险公司纷纷修订商业汽车保险条款。人保、平保、太保三大公司的车险险种如表 2-9 所示。

表 2-9　2009 年 10 月 1 日我国人保、平保、太保三大公司施行的商业险种

名称	中国人民财产保险股份有限公司	中国平安财产保险股份有限公司	中国太平洋财产保险股份有限公司
主险	第三者责任保险 家庭自用汽车损失保险 非营业用汽车损失保险 营业用汽车损失保险 特种车保险 摩托车、拖拉机保险 机动车车上人员责任保险 机动车盗抢保险 机动车提车保险 "幸福康庄"农用机动车车载人员安全责任保险 "尊贵人生"机动车保险 安徽江淮汽车集团有限公司专用货车提车保险 广东、深圳分公司免税机动车关税责任险	商业第三者责任保险 车辆损失险 全车盗抢险 车上人员责任险 机动车单程提车保险 摩托车、拖拉机保险	机动车损失保险 第三者责任保险 车上人员责任险 全车盗抢损失险 单程提车损失险 单程提车三者险 摩托车、拖拉机保险
附加险、特约条款	玻璃单独破碎险 车身划痕损失险 可选免赔额特约条款 不计免赔率特约条款 火灾、爆炸、自燃损失险 自燃损失险 新增加设备损失保险 发动机特别损失险 机动车停驶损失险 代步机动车服务特约条款 更换轮胎服务特约条款 送油、充电服务特约条款	玻璃单独破碎险条款 车身划痕损失险条款 自燃损失险条款 车辆停驶损失险条款 代步车费用险条款 新增加设备损失险条款 车上货物责任险条款 车载货物掉落责任险条款 油污污染责任险条款 交通事故精神损害赔偿险条款 全车盗抢附加高尔夫球具盗窃险条款 涉水行驶损失险条款	自燃损失险 玻璃单独破碎险 新增设备损失险 车身油漆单独损伤险 涉水损失险 零部件、附属设备被盗窃险 车上货物责任险 精神损害抚慰金责任险 随车携带物品责任险 特种车车辆损失扩展险 特种车固定机具、设备损失险 免税车辆关税责任险

续表

名称	中国人民财产保险股份有限公司	中国平安财产保险股份有限公司	中国太平洋财产保险股份有限公司
附加险、特约条款	拖车服务特约条款 换件特约条款 随车行李物品损失保险条款 新车特约条款A 新车特约条款B 车上货物责任险 交通事故精神损害赔偿责任保险 教练车特约条款 油污污染责任保险 机动车出境保险 异地出险住宿费特约条款 特种车保险批单01 起重、装卸、挖掘车辆损失扩展条款 特种车保险批单02 特种车辆固定设备、仪器损坏扩展条款 多次出险增加免赔率特约条款 约定区域通行费用特约条款 指定专修厂特约条款 租车人人车失踪险 法律费用特约条款 广东、深圳分公司粤港、粤澳两地车区域扩展条款	随车行李物品损失险条款 保险事故附随费用损失险条款 车辆重置特约险条款A 车辆重置特约险条款B 换件特约险条款 系安全带补偿特约险条款 指定专修厂特约条款 特种车特约条款 多次事故免赔特约条款 基本险不计免赔率特约条款 附加险不计免赔率特约条款 摩托车、拖拉机全车盗抢险 摩托车、拖拉机不计免赔率特约条款 单程提车不计免赔率特约条款	道路污染责任险 车损免赔额特约条款 救援费用特约条款 修理期间费用补偿特约条款 事故附随费用特约条款 更换新车特约条款 多次事故免赔率特约条款 使用安全带特约条款 基本险不计免赔特约条款 附加险不计免赔特约条款 法律服务特约条款 节假日行驶区域扩展特约条款 指定专修厂特约条款 换件特约条款

因此,我国现行的机动车辆商业保险险种是由基本统一的主险险种和主要的附加险险种以及个性化的各家保险公司自主制订的其他附加险险种组成。

6.《2014版示范条款》的试点实施

2015年3月24日,保监会发布了《深化商业车险条款费率管理制度改革试点工作方案》(以下简称《方案》),确定自2015年6月1日起,将黑龙江、山东、青岛、广西、陕西、重庆等六个地区为商业车险改革试点地区。2016年1月1日起,启动商业车险改革第二批试点工作,包括天津、内蒙古、吉林、安徽、河南、湖北、湖南、广东、四川、青海、宁夏、新疆等12个区域,使试点区域扩大到18个区域。

试点地区经营商业车险业务的财产保险公司可以选择使用商业车险行业示范条款或自主开发商业车险创新型条款。同一财产保险公司可以同时使用示范条款和创新型条款,原商业车险条款费率停止使用。中国保监会组织对试点地区财产保险机构逐一开展现场验收,验收内容包括公司制度建设、流程改造、系统调试、人员培训等是否符合改革试点相关要求,对于未通过现场验收的公司应限期整改直至符合要求。

《2014版示范条款》简化了商业车险的产品体系,除对特种车、摩托车拖拉机、单程提车单独设置条款外,其余机动车采用统一的条款。每个条款分为总则、主险条款、通用条款、附加险条款、释义等部分。同时《2014版示范条款》还对现有商业车险的附加险条款进行了大幅简化,把部分附加险纳入主险保障范围,保留玻璃单独破碎险、自燃损失险、车身划痕损失险等10个附加险,并增加了无法找到第三方特约险。具体如表2-10所示。

表 2-10 《2014 版示范条款》产品体系

产品体系	机动车综合商业保险示范条款	机动车单程提车保险示范条款	摩托车、拖拉机综合商业保险示范条款	特种车综合商业保险示范条款
主险	机动车损失保险 机动车第三者责任保险 机动车车上人员责任保险 机动车全车盗抢保险	机动车损失保险 机动车第三者责任保险 机动车车上人员责任险	摩托车、拖拉机损失保险 摩托车、拖拉机第三者责任保险 摩托车、拖拉机车上人员责任险 摩托车、拖拉机全车盗抢险	特种车损失保险 特种车第三者责任保险 特种车车上人员责任险 特种车全车盗抢保险
附加险、特约条款	玻璃单独破碎险 自燃损失险 新增设备损失险 车身划痕损失险 发动机涉水损失险 修理期间费用补偿险 车上货物责任险 精神损害抚慰金责任险 不计免赔率险 机动车损失保险无法找到第三方特约险 指定修理厂险	不计免赔险 机动车损失保险无法找到第三方特约险	不计免赔率险 摩托车、拖拉机损失保险无法找到第三方特约险	玻璃单独破碎险 自燃损失险 新增设备损失险 修理期间费用补偿险 车上货物责任险 精神损害抚慰金责任险 不计免赔率险 特种车损失保险无法找到第三方特约险 指定修理厂险 起重、装卸、挖掘车辆损失扩展条款 特种车辆固定设备、仪器损坏扩展条款

2.3.3 主险与附加险对应关系

商业汽车保险险种分主险和附加险两部分。附加险是对主险保险责任的补充。附加险不能单独承保，必须投保相应主险后才能承保。

1. 以车损险为基础的附加险

汽车损失险包括家庭自用车损失险、非营业用车损失险、营业用车损失险等。以此为基础的附加险有：玻璃单独破碎险、火灾、爆炸、自燃损失险，自燃损失险，车身划痕损失险，可选免赔额特约条款，新增加设备损失保险，发动机特别损失险，机动车停驶损失险，代步机动车服务特约条款，更换轮胎服务特约条款，送油、充电服务特约条款，拖车服务特约条款，换件特约条款，随车行李物品损失保险，新车特约条款 A，新车特约条款 B，教练车特约条款，多次出险增加免赔率特约条款，约定区域通行费用特约条款，指定专修厂特约条款，不计免赔率特约条款等。

2. 以第三者责任险为基础的附加险

以第三者责任险为基础的附加险有：车上货物责任险条款，教练车特约条款，法律费用特约条款，不计免赔率特约条款等。

3. 以第三者责任险和车上人员责任险为基础的附加险

以第三者责任险和车上人员责任险为基础的附加险有交通事故精神损害赔偿责任险等。

4. 以车损险和第三者责任险为基础的附加险

以车损险和第三者责任险为基础的附加险有油污污染责任保险、机动车出境保险、异地出险住宿费特约条款等。

5. 以盗抢险为基础的附加险

以盗抢险为基础的附加险有租车人人车失踪险条款等。

6. 以车上人员为基础的附加险

以车上人员为基础的附加险有教练车特约条款、法律费用特约条款等。

2.3.4 险种与车辆风险对应

车辆在使用过程中，使用风险种类繁多，可分为三类。

1. 车辆自身风险

常见的导致车辆自身损失的风险为碰撞、火灾、水灾、被盗抢等。除此之外，还有汽车倾覆、被外界坠落或倒塌物体砸毁、车身被划痕、以及雹灾、暴风、雷击、海啸、地陷、冰陷、崖崩、雪崩、泥石流、滑坡、地震等自然灾害风险。常见车辆损失类保险及保障风险见表 2-11。

表 2-11 常见车辆损失类保险及保障风险

常见车辆损失类险种	保障风险
车辆损失保险	碰撞、倾覆、坠落、火灾、外界坠落、倒塌、暴风、龙卷风、雷击、雹灾、暴雨、洪水、海啸、地陷、冰陷、崖崩、雪崩、泥石流、滑坡等，地震不保
全车盗抢保险	车辆被盗窃、抢劫、抢夺及导致的车辆损失，但零部件被盗窃，保险不赔偿
自燃险	车辆自身原因起火
玻璃单独破碎	风挡玻璃或车窗玻璃单独破碎
车身划痕	车身无明显碰撞痕迹的划痕
新增设备损失险	车辆标准配置外的新增装置损坏
发动机特别损失险	车辆在积水路面涉水行驶或被水淹后致使发动机损坏等

2. 车辆使用责任风险

车辆在使用过程中发生意外事故，容易造成第三者人员人身伤害、财产损失，车上人员的人身伤害、车上货物的损失，以及因车载货物掉落、泄露、污染等造成第三方人员或财产的损失等，此时作为车辆的使用者或所有者必须对受害人员的人身伤害或财产损失履行赔偿责任。常见责任类保险及保障风险见表 2-12。

表 2-12 常见责任类保险及保障风险

常见责任类险种	保障风险
交强险	因意外事故造成第三者人身伤残、医疗费用、财产损毁所负经济赔偿责任
第三者责任险	因意外事故造成第三者人身伤残、医疗费用、财产损毁所负经济赔偿责任
车上人员责任险	因意外事故造成车上驾驶员或乘员的人身伤残、医疗费用所负经济赔偿责任
车上货物责任险	因意外事故造成车上货物损毁所负经济赔偿责任
车载货物掉落责任险	因所载货物掉落致使第三者人身伤亡或财产损毁所负的经济赔偿责任
油污污染责任险	因意外事故造成车辆上油液泄露污染路面所负经济赔偿责任

3. 其他使用风险

车辆除了因意外事故导致车辆自身损失和相关赔偿责任外，还容易导致一些其他损失，常见的有：

（1）车辆的施救费用。如翻入沟中的车辆需要吊车吊装、不能行驶的车辆需要拖车、着火的车辆需要灭火、车辆在行驶途中因多个轮胎损坏或油量、电量不足需要救援等。施救过程中如果方法不合理，还可能导致损失扩大。

（2）车辆营业收入的减少。如出租车因事故而不能运行，导致收入减少；运输车辆因事故而不能顺利到达目的地，导致得不到运费等。

（3）车辆因在外地发生事故而必须额外支出住宿费、交通费等。

（4）因车辆事故与第三方之间产生法律纠纷而支出的相关费用，如诉讼费、仲裁费等。

（5）为准确确定车辆损失数额、第三方财产损失数额、人员伤残等级等，而支出的相关费用，如评估费、鉴定费等。

常见其他类保险及保障风险见表 2-13。

表 2-13 常见其他类保险及保障风险

常见其他类险种	保障风险
车辆损失保险等	赔偿车辆因事故而产生的保护费用、施救费用等
机动车停驶损失险	赔偿因发生机动车损失保险的保险事故，致使机动车停驶引起的损失
异地出险住宿费特约条款	赔偿因在事故发生地修理汽车或处理事故，而发生的必要的、合理的住宿费
法律费用特约条款	赔偿因发生事故而被提起仲裁或诉讼的仲裁或者诉讼费用以及其他费用

2.4 我国汽车保险费率

2.4.1 费率含义与构成

保险费率是指按保险金额收取保险费的比例，即

$$保险费率 = \frac{保险费}{保险金额}$$

保险费率是每一保险金额单位，在一定保险期间所交保险费的比例，通常以%或‰表示。保险费率由纯费率和附加费率两部分构成。纯费率是根据保险标的所面临的风险程度而厘定；附加费率是根据保险经营的成本和保险人应得的利润而厘定。

影响汽车保险风险的因素很多，厘定费率时应综合考虑各种因素，比如车辆因素、驾驶员因素、地理区域因素等，因此，一般可将费率模式划分为三类：从车费率模式、从人费率模式、从地域费率模式。从车费率模式确定费率时主要考虑车辆的风险因素，从人费率模式确定费率时主要考虑驾驶人员的因素，从地域费率模式确定费率时主要考虑地理区域的因素，如果三种因素都考虑，可简称为"从车从人从地域"费率模式。我国当前各保险公司的汽车保险的费率厘定基本都采用"从车从人从地域"费率模式。

2.4.2 从车费率模式

1. 车辆使用性质

车辆使用性质不同,对其行驶里程、使用频率、耗损程度、技术状况等都有不同程度的影响。车辆一般分为营业和非营业,使用性质不同,所面临的风险也不同。营业车辆长时间运行,磨损率及事故概率要比非营业车高,因此,营业车辆的风险比非营业车辆要高。

当前我国各保险公司在厘定汽车保险费率时,除了将车分为营业和非营业外,还进行了细分,如将非营业细分为家庭自用、企业非营业、机关非营业,将营业细分为出租租赁、城市运输、公路运输,将拖拉机细分为兼用型、运输型等。

2. 车辆种类与大小

车辆种类不同,其主要用途、通常行驶区域以及自身性能和安全性不同,其出险频率也大不相同,风险程度也不相同。

车辆大小与发生事故的危险性有直接关系。大型汽车由于体积大、功率大、速度快,一旦发生事故后果严重,危害较大,而小型汽车发生事故的危害性相对小一些。现代汽车车型多而杂,即便同一型号、大小的汽车,其安全性也不尽相同。因此,对汽车的危险性分类很重要。

机动车辆可分为客车、货车、特种车、摩托车、拖拉机。客车风险大小与座位数有关,承保时,要充分考虑座位数,一般按客车的座位数实行分档计费。客车的座位(包括驾驶员座位)以公安交通管理部门核发的机动车行驶证载明的座位为准,不足或无法提供标准座位的客车按同型号客车的标准座位计算。货车的风险大小与载重吨位数有关。在承保时,要充分考虑载重吨位数,一般按车辆的载重量实行分档计费。客货两用车按客车或货车中相应的高档费率计费。特种车主要指具有专门用途的车辆,例如,油罐车、气罐车、液罐车、冷藏车、起重车、装卸车、工程车、监测车、邮电车、消防车、清洁车、医疗车、救护车等。由于特种车具有特殊的使用性质,带来特殊的风险。例如,油罐车、气罐车、液罐车一般以装载危险品为主;起重车、装卸车存在较大的作业风险;冷藏车一旦发生损失修复费用通常比一般车辆要高。摩托车的适应性和安全性均较差。据统计,摩托车的事故率相当高,一旦发生事故造成损失的可能性也较大,所以其使用风险较大。拖拉机的风险除了由其设计使用功能决定之外,一般拖拉机的驾驶人员的技术水平也不高。

当前我国各保险公司在厘定汽车保险费率时,一般将客车分为6座以下、6~10座、10~20座、20~36座、36座以上五个档次;将货车分为2吨以下、2~5吨、5~10吨、10吨以上四个档次;特种车分四类,特种车一:油罐车、汽罐车、液罐车;特种车二:专用净水车、特种车一以外的罐式货车,以及用于清障、清扫、清洁、起重、装卸、升降、搅拌、挖掘、推土、冷藏、保温等的各种专用机动车;特种车三:装有固定专用仪器设备从事专业工作的监测、消防、运钞、医疗、电视转播等的各种专用机动车;特种车四:集装箱拖头;将摩托车分为:50CC及以下、50CC~250CC(含)、250CC以上及侧三轮三个档次;将拖拉机分为14.7kW及以下、14.7kW以上两个档次。

3. 车龄

车龄是指从新车购置之日起至投保之日止的年限,是汽车已使用时间长短的评价指标。车龄与汽车折旧关系很大,直接影响到保险金额,也会影响到汽车的修理成本和使用危险性。车龄较长的汽车,磨损与老化程度就较高,从而导致车况较差,发生事故的概率同步上升,诱发道德风险可能性较高，所以，车辆本身的风险相对较高。同时，对于从车费率的汽车保险，车龄还是确定保险金额的重要依据之一。

4. 车辆的厂牌型号

由于车厂众多，不同厂家的产品特点不同，性能差异很大，即使是同一厂牌的汽车，不同型号间的差异也比较明显。因此，厘定费率时，厂牌和型号是重要的因素。表2-14为某财产保险公司车损险车型系数。

表2-14 某财产保险公司车损险车型系数

车辆种类	系数值	说明
6座以下客车	0.90	奥迪，奥拓，北京吉普，奔驰，宝来，宝马，别克，长安，捷达，君威，切诺基，桑塔纳，威驰，现代
	0.95	本田，丰田，富康，尼桑（郑州），千里马，松花江，夏利
	1.00	其他
	1.05	风神蓝鸟
	1.10	吉利
6~10座客车	0.90	金杯，猎豹，五菱，别克，长安，昌河，东南（得利卡）
	0.95	松花江，一汽佳宝
	1.00	其他
	1.05	湛江三星
10座以上客车	0.90	依维柯
	1.00	其他
	1.05	东南（得利卡）
2吨以下货车	0.95	江铃，解放，庆铃，五菱，五十铃
	1.00	北京，长安，昌河，东风，江淮，松花江，跃进
	1.05	其他
	1.10	长城
老，旧，新，特车型	1.30~2.00	

5. 车辆的行驶区域

根据目前我国地理情况，将车辆行驶区域分为四类，即出入国境行驶、国内行驶、省内（含直辖市、自治区）行驶、指定区域行驶。

由于车辆行驶范围不同，驾驶人对不同地区的交通规则、地形、地貌等熟悉程度不同，以及在不同地区造成损失承担的赔偿责任不同，因此，车辆的风险状况也不同。整体而言，随着行驶地域扩大，风险程度积累增大。表2-15为某财产保险公司约定行驶区域费率系数表。

表2-15 某财产保险公司约定行驶区域费率系数表

约定行驶区域	境内	1.00
	省内	0.95
	固定路线	0.92

2.4.3 从人费率模式

1. 驾驶员年龄

交通事故的发生与驾驶员的生理状况和心理状态密切相关。一般情况下，青年人心理未臻成熟，处于争强好胜阶段，往往喜欢开快车，因而发生交通事故的概率较高，而且往往容易导致恶性交通事故；老年人生理机能日趋下降，对一些意外情况反应迟钝，也容易导致交通事故；年富力强的中年人，除了生理条件具有一定优势外，一般具有一定的驾驶经验，分析和判断能力较强，同时，具有稳健的心态和较强的责任感，所以，驾车相对安全。通过合理划分年龄档次确定保险费率，是从人费率汽车保险制度通用的做法。

2. 驾驶员性别

汽车驾驶员性别与交通事故率有很大关系，就整体而言，男性驾驶员重大事故肇事率较女性要高。例如，美国的调查资料表明1994年在美国的1.751亿持照驾驶人员中男性占51%，女性占49%，但是，在涉及致命的重大交通事故中肇事的驾驶人员中男性所占的比例为4.29%，远远大于女性的1.69%。所以，女性驾驶员的保险费率应比男性驾驶员略低一些。

3. 驾驶员驾龄

驾龄影响到发生交通事故的概率。驾龄长的驾驶员，驾驶技术会比较熟练，对汽车结构、道路结构和道路交通规则比较熟悉，驾车时操作熟练，遇到紧急情况应付自如，因此事故率较低。这就是从人费率的车险制度在厘定费率时把驾驶员驾龄作为主要考虑因素的原因。

4. 驾驶员事故记录

如果驾驶员过去频繁发生交通事故，表明其驾驶技术水平较低，会影响到今后的事故频率。因此，驾驶员如果有事故记录，其保险费率会相应增加。

5. 附加驾驶员数量

从人费率的车险制度，一般在规定范围内允许有附加驾驶员。由于附加驾驶员个人情况差异较大，显然会增加事故概率。附加驾驶员越多，事故危险性越大。因此，每附加一个驾驶员，保险人就要增收一部分保险费。投保人附加的驾驶员越多，所交保险费就越多。

表2-16为从人费率模式下的费率浮动系数。

表2-16 从人费率模式下的费率浮动系数

项目	内容	系数
指定驾驶人	指定驾驶人员	0.90
性别	男	1.00
	女	0.95
驾龄	驾龄<1年	1.05
	1年≤驾龄<3年	1.02
	驾龄≥3年	1.00
年龄	年龄<25岁	1.05
	25岁≤年龄<30岁	1.00
	30岁≤年龄<40岁	0.95
	40岁≤年龄<60岁	1.00
	年龄≥60岁	1.05

2.4.4 从地域费率模式

各地域车辆出险的概率不同、物价水平不同、维修人员工资待遇不同等,这些都会导致保险的赔付额度不同,所以在厘定保险费率时,必须考虑地理区域因素。

当前我国各财产保险公司在考虑不同地理区域的差别时,多是以我国的省、直辖市、自治区的行政划分为区域划分参考,然后再根据各地的保险业发展水平,做出一些计划单列市,表2-17为我国某财产保险公司在厘定汽车保险费率时对我国区域的划分。

表2-17 我国某财产保险公司在厘定汽车保险费率时对我国区域的划分

序号	地区	备注	序号	地区	备注	序号	地区	备注	序号	地区	备注
1	安徽		11	海南		21	内蒙古		31	四川	
2	北京		12	河北		22	宁波	单列	32	苏州	单列
3	常州	单列	13	河南		23	宁夏		33	天津	
4	大连	单列	14	黑龙江		24	青岛	单列	34	温州	单列
5	东莞	单列	15	湖北		25	青海		35	无锡	单列
6	福建		16	湖南		26	山东		36	厦门	单列
7	甘肃		17	吉林		27	山西		37	新疆	
8	广东		18	江苏		28	陕西		38	云南	
9	广西		19	江西		29	上海		39	浙江	
10	贵州		20	辽宁		30	深圳	单列	40	重庆	

2.5 我国汽车保险市场

2.5.1 保险市场构成要素

保险市场是指保险商品交换关系的总和,它既包括保险商品交换的场所,也包括保险商品交换中供给与需求的关系及其有关活动。

保险市场由市场主体和市场客体两部分构成。

市场主体由保险的供给方、需求方、中介方构成。供给方就是各类保险人;需求方为各类投保人;中介方主要是保险代理人、保险经纪人、保险公估人、保险律师、保险理算师、保险精算师等。

市场客体为保险商品,实为一种经济保障,具有许多特殊性,比如,它是一种无形商品,其生产过程和消费过程不可分离,其服务质量缺乏稳定性,其价格具有相对固定性等。

2.5.2 保险市场类型

保险市场类型可分为四种:完全竞争型、完全垄断型、垄断竞争型和寡头垄断型。

完全竞争型市场的特点是有数量众多的保险公司,每个公司所占市场份额很小,不能单独左右市场价格,而是由市场自发调节商品价格。

完全垄断型市场的特点是市场由一家公司操控，价值规律、供求规律、竞争规律受到极大限制，市场上没有可替代产品，没有可供选择的保险人。商品价格往往是根据垄断者的自身利益确定。完全垄断型市场可分为专业型完全垄断和地区型完全垄断两类。

垄断竞争型市场的特点是大小公司并存，较多表现为竞争性，竞争体现在大公司间、大公司与小公司间、小公司间。

寡头垄断型市场的特点是只存在少数相互竞争的公司，较多表现为垄断性。

2.5.3 保险市场机制

保险市场机制是指价值规律、供求规律和竞争规律三者之间相互制约、相互作用的关系。现代意义的市场是以市场机制为主体进行经济活动的系统和体系。

保险市场是直接经营风险的市场，是一个非即时清结的市场。但由于保险市场具有不同于一般市场的独有特征，市场机制在保险市场上表现出特殊的作用。

1. 价值规律

价值规律在流通领域中要求等价交换，即要求价格与价值相一致。

保险商品是一种特殊商品，保险费率即为保险商品的价格。由于保险费率的主要构成是依据过去的、历史的经验测算出来的未来损失的概率，所以，价值规律对于保险费率的自发调节作用只能限于凝结在费率中的附加费率部分的社会必要劳动时间，因而，对于保险商品的价值形成具有一定的局限性，只能通过要求保险企业改进经营技术，提高服务效率来降低附加费率。

2. 供求规律

供求规律表现为供给与需求之间的关系，在商品经济条件下，供给不是大于需求就是小于需求，二者很少正好相等。然而从发展趋势看，供给量与需求量是大致相等的。

在保险市场上的商品价格即保险费率并不完全取决于市场供求的力量对比。保险市场保险费率的形成，一方面取决于风险发生的频率，另一方面取决于保险商品的供求情况。也就是说，保险人不能根据需求情况的变化随意调整费率。

3. 竞争规律

价格竞争是任何市场的重要特征。而在保险市场上，一般商品价格竞争机制，在保险市场受到某种程度的限制。随着社会的进步，人们对于竞争已经有了理性的认识，市场竞争已从单纯的价格竞争转变为服务等非价格竞争。

2.5.4 我国汽车保险市场现状

改革开放，特别是加入WTO以来，我国经济建设取得重大成就，呈现出快速发展、平稳增长的良好态势。大好的国内经济形势为我国保险业和汽车业的发展提供了良好的条件。

汽车保险是保险业与汽车业结合而产生的一门边缘学科，隶属财产保险范畴，其发展受保险业大环境的影响，更与汽车工业的发展息息相关。

近年来，我国汽车保险业发展快速，局面喜人，具体表现在以下方面：

1. 车险业保费收入增长迅速

近年来，随着汽车保有量的增多（如表 2-18 所示），全国承保的机动车辆迅速上升，保费收入也大幅度上升。

汽车保有量是影响车险保费收入的重要因素之一。从表 2-17 可见，私人汽车保有量增长迅速，这影响汽车保险业的投保结构。过去，车险客户以机关、企事业单位居多，现在已变成以私家车主居多。客户对象的变化，要求保险公司必须调整服务内容和提高服务水平。

表 2-18　2000～2014 年我国机动车保有量

年份	2000	2001	2002	2003	2004	2005	2006	2007
民用汽车保有量（万辆）	1609	1802	2053	2383	2694	3160	3697	4358
民用汽车中，私人汽车保有量（万辆）	625	771	969	1219	1482	1848	2333	2876
年份	2008	2009	2010	2011	2012	2013	2014	
民用汽车保有量（万辆）	5100	6281	7802	9356	10933	12670	14598	
民用汽车中，私人汽车保有量（万辆）	3501	4575	5939	7327	8839	10502	12339	

2. 开展车险业务的保险公司数量增多

我国开办汽车保险业务的公司，经过 30 多年的发展，已由 20 世纪 80 年代初的中国人民财产保险股份有限公司一家，发展到现在的几十家。目前，大多数产险公司都开展车险业务。其中，有专业性的汽车保险公司，也有综合性的财产保险公司，有中资公司，也有外资公司，今后我国汽车保险业的竞争将更进一步加剧。

3. 为车险服务的保险中介机构增多

保险中介主要是指保险代理人、保险经纪人、保险公估人。这三类保险中介由于具有专业化、技术强、服务好的特点，适应了保险业结构调整和保险市场化发展的需要，所以近几年发展迅速。2002 年末，我国专业保险中介机构仅有 114 家，到 2008 年末迅速增加到 2445 家，其中，保险代理公司 1822 家，保险经纪公司 350 家，保险公估公司 273 家。另外，还有兼业保险代理机构 14.31 万家。保险公估机构的发展与介入，对汽车保险理赔质量的提高是一个促进。

4. 车险业创新不断

从车险营销方式上，部分保险公司推出了电话营销，并推出了适合于电话营销的专业商业车险条款。虽说我国目前业务员销售、4S 店等中介渠道依旧是车险销售的主渠道，但电话营销是一种发展趋势，可节省客户投保费用。而在保险发达的国家中（如美国、英国等），电话车险已是最主要的销售方式，英国有超过 50%的车主选择电话投保。

从销售方式上，产险与寿险实行了交叉销售。产寿险交叉销售是指经营范围不同的产险公司与寿险公司，可以利用自身的业务渠道，相互代理销售对方的保险产品，并提供相应服务，以实现资源共享。交叉销售是近年保险营销领域的一场变革，已成为国际保险业一种先进的销售机制，其作用是利于双方。对寿险公司而言，可以通过产险客户资源增加寿险保费收入；对产险公司而言，可以通过寿险销售的完善网络和销售队伍，向寿险客户销售产险产品，节省了销售成本，降低了营销费用，同时能改善专业化服务形象，增强同业竞争能力；对消费者而言，可以通过向客户提供一站式购物服务，提升客户满意度，增加客户忠诚度。因此，通过互动合作，产险与寿险可实现优势互补、资源整合、提升企业形象、培育客户忠诚度，拓宽各自的业务领域,是一种新型的保障企业可持续发展的模式。

5. 车险业产品种类日益丰富

从车险条款的制订与完善来看:1985年,我国首次制订车险条款;保监会2000年颁布《机动车辆保险条款》;2003年,为适应保险市场化,要求各保险公司制订自己的条款,报保监会备案;2006年,推出交强险条款,同时推出商业险的A、B、C三套主险条款;2007年,保险行业协会又重新对商业险的A、B、C三套条款进行修正和补充;2012年,中国保险行业协会推出机动车保险示范条款,后经完善,在2014年又推出了2014版示范条款。

从商业车险产品的推陈出新来看:除常用险种之外,新的产品不断增加,如车灯倒车镜单独损坏险、玻璃膜损坏特约条款、随车携带宠物犬损害险、事故附随费用特约条款(包括临时交通费和临时住宿费)、零部件及附属设备被盗窃险、机动车全车盗抢未遂损失险等。

6. 开始关注车险业产业链发展

所谓汽车保险产业链是指以汽车保险为中心,由不同业态主体组成的产业链条,包括产业链前端的汽车厂商、汽车销售商、各保险专业和兼业代理机构、经纪公司以及产业链后端的保险公估公司、律师事务所、医院、汽车修理商等。

汽车保险产业链各主体间加强合作,整合产业链资源,实现汽车保险产业链上各主体和谐可持续发展是非常必要的。同时,要明确产业链各环节的合理利益区间,树立合作共赢、互相支持、彼此促进、协同发展的理念,促进汽车保险产业链的进一步发展。

本章小结

1. 汽车保险以汽车为保险标的,保障范围包括汽车本身因自然灾害或意外事故导致的损失,及汽车所有人或其允许的合格驾驶员因使用汽车发生意外事故所负的赔偿责任。

2. 汽车保险特点有:是各财产保险公司支柱险种;损失频率非常高;需有一个全天候的庞大的服务网络;标的车种类多、差异大、发展快;对理赔人员的素质要求高;是保险业运用新技术的试验田;是各财产保险公司业务竞争的焦点;市场发展潜力巨大。

3. 1949年10月20日,中国人民保险公司成立,开始开办汽车保险。不久后出现争议,于1955年我国停办了汽车保险。1980年我国全面恢复国内保险业务,汽车保险也随之恢复。1983年11月我国将汽车保险更名为机动车辆保险。

4. 当前我国汽车保险险种分为交强险和商业汽车保险两类。而商业汽车保险险种又分主险和附加险两部分。交强险必须投保,商业汽车保险应量力而行。

5. 保险费率是指按保险金额收取保险费的比例,由纯费率和附加费率两部分构成。纯费率是根据保险标的所面临的风险程度而厘定;附加费率是根据保险经营的成本和保险人应得的利润而厘定。

6. 我国当前各保险公司汽车保险的费率厘定基本都采用"从车从人从地域"费率模式。

7. 保险市场由主体和客体两部分构成。市场主体由保险的供给方、需求方、中介方构成。市场客体为保险商品。

8. 保险市场类型分为四种:完全竞争型、完全垄断型、垄断竞争型和寡头垄断型。

9. 保险市场机制是指价值规律、供求规律和竞争规律三者之间相互制约、相互作用的关系。

10. 汽车保险产业链是指以汽车保险为中心，由不同主体组成的产业链条，包括产业链前端的汽车厂商、销售商、保险专业和兼业代理机构、经纪公司以及产业链后端的保险公估公司、律师事务所、医院、汽车修理商等。

知识训练

1. 填空题

（1）历年我国汽车保险保费收入占财产保险总保费收入的比例约为_____。

（2）世界上最早的汽车保险单是_____年由英国的法律意外保险有限公司签发。1927年，_____公布实施了汽车强制保险法，为世界上首次将汽车第三者责任规定为强制责任保险的地区。_____年英国开始强制实施汽车责任险。20世纪50年代初，中国人保公司开办了汽车保险，但不久后出现争议，于是_____年我国停办汽车保险业务。1983年11月我国将汽车保险更名为_____。

（3）机动车保险条款规定，只有投保了_____险以后，才能投保车上货物责任险。

（4）2014年全国车险保费收入约为_____。

（5）我国商业车险现行的费率厘定模式为_____。

（6）保险市场机制是指_____、_____和_____三者之间相互制约、相互作用的关系。

（7）保险市场的主体包括保险商品的_____、_____和_____。

（8）保险费率由_____和_____两部分构成。_____是根据保险标的所面临的风险程度而厘定；_____是根据保险经营的成本和保险人应得的利润而厘定。

（9）从性别角度考虑，男性驾驶员的费率调整系数_____女性驾驶员的费率调整系数。

（10）保险市场类型可分为四种：_____、_____、_____和_____。

2. 简答题

（1）我国汽车保险有哪些特点？

（2）调查6家开展电话车险的财产保险公司的投保电话。

（3）汽车保险有哪些作用？

（4）商业车险主险与附加险的对应关系如何？

（5）车辆的使用风险有哪些？

（6）从车费率模式考虑哪些因素？

（7）从人费率模式考虑哪些因素？

（8）调查近三年学校所在省/自治区/直辖市/保险计划单列市（或其中某一家保险公司）汽车保险保费规模。

（9）目前学校所在区域（市或县）中，开展汽车保险业务的保险公司有哪些？

（10）何谓汽车保险产业链？

汽车保险基础 第2章

1. 我国 2000~2014 年汽车保险保费收入分别为 373 亿元、422 亿元、472 亿元、545 亿元、744 亿元、855 亿元、1108 亿元、1484 亿元、1702 亿元、2155 亿元、3004 亿元、3504 亿元、4005 亿元、4721 亿元、5516 亿元。试建立预测模型，预测我国今后几年汽车保险保费收入情况，并简单分析其影响因素。

2. 王某最近新买一辆宝来轿车作为家庭用车，考虑到就自己和儿子二人使用，所以决定购买保险时指定驾驶员。王某的情况是：年龄均为 65 岁，驾龄 10 年。儿子的情况是：年龄 23 岁，驾龄不到 1 年。问：王某的想法是否正确？为什么？

3 交强险条款与费率

知识目标

- 了解交强险的概念、特征、实施方式
- 掌握交强险的保险责任、责任免除
- 掌握交强险垫付与追偿的内容
- 熟悉各种车型的交强险基础费率
- 了解交强险费率浮动办法

能力目标

- 能根据事故近因判定是否属于交强险保险责任
- 能根据交强险赔偿限额简单计算交强险赔偿数额
- 能计算交强险保险合同签订时的应交保费和保险合同解除时的退还保费

3.1 交强险条款

交强险条款由 10 部分组成，分别为总则，定义，保险责任，垫付与追偿，责任免除，保险期间，投保人、被保险人义务，赔偿处理，合同变更与终止，附则。

3.1.1 总则

总则主要是对条款制订的法律依据、合同的组成与形式、费率的影响因素、交费情况等内容进行阐述。

1. 条款制订的法律依据

根据《中华人民共和国道路交通安全法》《中华人民共和国保险法》《机动车交通事故责

任强制保险条例》等法律、行政法规，制订本条款。

2. 合同的组成与形式

交强险合同由本条款与投保单、保险单、批单和特别约定共同组成。凡与交强险合同有关的约定，都应当采用书面形式。

3. 交强险费率

交强险费率实行与被保险机动车道路交通安全违法行为、交通事故记录相联系的浮动机制。

签订交强险合同时，投保人应当一次支付全部保险费。保险费按照保监会批准的交强险费率计算。

目前机动车（除拖拉机外）执行的交强险费率是保监会 2008 年 2 月 1 日起施行 2008 版费率，而拖拉机执行的是 2007 年 1 月保监会公布的《拖拉机交强险费率方案》。另外，在交强险续保时，还实行浮动费率机制。

3.1.2 定义

本节主要解释交强险合同中的被保险人、投保人、受害人、责任限额、抢救费用等术语。

1. 被保险人

被保险人是指投保人及其允许的合法驾驶人。

2. 投保人

投保人是指与保险人订立合同，并按合同负有支付保险费义务的机动车所有人、管理人。

3. 受害人

受害人是指因被保险机动车发生交通事故遭受人身伤亡或者财产损失的人，但不包括被保险机动车本车车上人员、被保险人。

4. 责任限额

责任限额是指被保险机动车发生交通事故，保险人对每次保险事故所有受害人的人身伤亡和财产损失所承担的最高赔偿金额。

责任限额分为死亡伤残赔偿限额、医疗费用赔偿限额、财产损失赔偿限额以及被保险人在道路交通事故中无责任的赔偿限额。其中无责任的赔偿限额分为无责任死亡伤残赔偿限额、无责任医疗费用赔偿限额以及无责任财产损失赔偿限额。

5. 抢救费用

抢救费用是指被保险机动车发生交通事故导致受害人受伤时，医疗机构对生命体征不平稳和虽然生命体征平稳但如果不采取处理措施会产生生命危险，或者导致残疾、器官功能障碍，或者导致病程明显延长的受害人，参照国务院卫生主管部门组织制定的交通事故人员创伤临床诊疗指南和国家基本医疗保险标准，采取必要的处理措施所发生的医疗费用。

为了规范道路交通事故受伤人员医疗救治诊疗行为，提高救治成功率，降低道路交通事故伤害死亡率和伤残率，提高有限医疗资源和保险资源利用率，2007 年 5 月卫生部印发了《道路交通事故受伤人员临床诊疗指南》，以便在道路交通事故受伤人员医疗救治过程中参照执行。

3.1.3 保险责任

规定了交强险保险责任的具体内容和责任限额的具体数额。

1. 保险责任

在中华人民共和国境内（不含港、澳、台地区），被保险人在使用被保险机动车过程中发生交通事故，致使受害人遭受人身伤亡或者财产损失，依法应当由被保险人承担的损害赔偿责任，保险人按照交强险合同的约定对每次事故在相应赔偿限额内负责赔偿。

2. 赔偿限额数额

目前我国交强险赔偿限额总额为 12.2 万元。

2006 年 7 月 1 日施行交强险时，总的责任限额为 6 万元，2007 年 12 月对交强险责任限额调整召开了听证会，2008 年 1 月保监会公布交强险总的责任限额为 12.2 万元，并自 2008 年 2 月 1 日起实行。2008 版赔偿限额与 2006 版赔偿限额比较如表 3-1 所示。

表 3-1　交强险赔偿限额调整前后对比

赔偿限额名称		2008 版（元）	2006 版（元）
总赔偿限额		122000	60000
其中	死亡伤残赔偿限额	110000	50000
	医疗费用赔偿限额	10000	8000
	财产损失赔偿限额	2000	2000
	无责任死亡伤残赔偿限额	11000	10000
	无责任医疗费用赔偿限额	1000	1600
	无责任财产损失赔偿限额	100	400

【案例 3-1】交强险无责也要赔偿

2008 年 3 月，吴先生购买了一辆桑塔纳，并购买了交强险。某天在路口等红灯时被一辆奔驰追尾，桑塔纳后保险杠被撞坏，奔驰的前保险杠等也出现损坏。交警认定奔驰车主负全责。桑塔纳维修费 300 元，奔驰维修费 3200 元。此种情况下，奔驰车主肯定要赔偿吴先生车辆的损失 300 元。而奔驰车保险公司的查勘员拍摄吴先生的交强险标志，说作为无责任一方的吴先生应从交强险中赔偿奔驰车的损失 100 元。吴先生甚是纳闷："对方撞了自己，自己还要赔偿对方 100 元，交强险到底是怎么回事？"

【案情分析】 为加强对受害人利益的保护，交强险规定机动车肇事后，即使自己一方无责也要赔偿对方一定损失，以无责任限额为赔偿限度。该案中，吴先生的车辆被追尾，己方无任何责任，所以，只需在无责财产损失赔偿限额下赔偿对方部分修车费用 100 元即可。

3. 死亡伤残赔偿限额负责赔偿的项目

死亡伤残赔偿限额和无责任死亡伤残赔偿限额项下负责赔偿：丧葬费、死亡补偿费、受害人亲属办理丧葬事宜支出的交通费用、残疾赔偿金、残疾辅助器具费、护理费、康复费、交通费、被扶养人生活费、住宿费、误工费，被保险人依照法院判决或者调解承担的精神损害抚慰金。

4. 医疗费用赔偿限额负责赔偿的项目

医疗费用赔偿限额和无责任医疗费用赔偿限额项下负责赔偿医药费、诊疗费、住院费、住院伙食补助费、必要的、合理的后续治疗费、整容费、营养费。

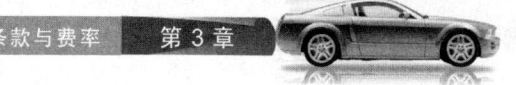

3.1.4 垫付与追偿

主要是规定了垫付的情形和具体操作，以及保险人向受害人垫付抢救费用后有权向致害人追偿。

1. 垫付抢救费用的情形

被保险机动车在（1）至（4）之一的情形下发生交通事故，造成受害人受伤需要抢救的，保险人在医疗费用赔偿限额内垫付。四种情形分别为：

（1）驾驶人未取得驾驶资格的；
（2）驾驶人醉酒的；
（3）被保险机动车被盗抢期间肇事的；
（4）被保险人故意制造交通事故的。

2. 垫付抢救费用的前提

被保险机动车发生交通事故，造成受害人受伤需要抢救的，保险人在接到公安机关交通管理部门的书面通知和医疗机构出具的抢救费用清单后，按照国务院卫生主管部门组织制定的交通事故人员创伤临床诊疗指南和国家基本医疗保险标准进行核实后才能垫付。

3. 垫付抢救费用的数额

被保险人在交通事故中有责任的，保险人在医疗费用赔偿限额内垫付；被保险人在交通事故中无责任的，保险人在无责任医疗费用赔偿限额内垫付；对于其他损失和费用，保险人不负责垫付和赔偿。

4. 垫付抢救费用的追偿

保险人垫付抢救费用后有权向致害人追偿。

3.1.5 责任免除

主要列明保险公司不负责赔偿和垫付的损失和费用，具体为：

（1）因受害人故意造成的交通事故的损失；
（2）被保险人所有的财产及被保险机动车上的财产遭受的损失；
（3）被保险机动车发生交通事故，致使受害人停业、停驶、停电、停水、停气、停产、通讯或者网络中断、数据丢失、电压变化等造成的损失以及受害人财产因市场价格变动造成的贬值、修理后因价值降低造成的损失等其他各种间接损失；
（4）因交通事故产生的仲裁或者诉讼费用以及其他相关费用。

3.1.6 保险期间

1. 交强险的保险期间

除国家法律、行政法规另有规定外，交强险合同的保险期间为一年，以保险单载明的起止时间为准。

2. 投保短期保险的情形

有下列情形之一的，投保人可以投保短期保险：

（1）临时入境的境外机动车；
（2）距报废期限不足一年的机动车；

(3) 临时上道路行驶的机动车；

(4) 保监会规定的其他情形。

3.1.7 投保人、被保险人义务

投保人、被保险人在履行了相应义务后，才能获得保险的保障。

1. 投保人如实告知义务

投保人投保时，应如实填写投保单，向保险人如实告知重要事项，并提供被保险机动车的行驶证复印件。

重要事项包括机动车的种类、厂牌型号、识别代码、发动机号、牌照号码（临时移动证编码或临时号牌）、使用性质和机动车所有人或者管理人的姓名（名称）、性别、年龄、住所、身份证或者驾驶证号码（组织机构代码）、续保前该机动车发生事故的情况（仅无车险信息平台地区的转保业务须提供）以及保监会规定的其他告知事项。

投保人未如实告知重要事项，对保险费计算有影响的，保险人重新核定保险费。

2. 交费义务

签订交强险合同时，投保人应一次性支付全部保险费。不得在保险条款和保险费率之外，向保险公司提出附加其他条件的要求。

3. 提供上年保险单义务

投保人续保时，应提供被保险机动车上一年度交强险的保险单。

4. 危险增加的通知义务

在保险合同有效期内，被保险机动车因改装、加装、使用性质改变等导致危险程度增加的，被保险人应及时通知保险人，并办理批改手续。否则，保险人按照保单年度重新核定保险费计收。

5. 出险后施救保护和通知义务

被保险机动车发生交通事故时，被保险人应及时采取合理、必要的施救和保护措施，并在事故发生后及时通知保险人。

6. 协助调查义务

发生保险事故后，被保险人应积极协助保险人进行现场查勘和事故调查。

7. 仲裁或诉讼时的通知义务

发生与保险赔偿有关的仲裁或者诉讼时，被保险人应及时书面通知保险人。

3.1.8 赔偿处理

主要规定了被保险人索赔时应提供的材料、人身伤亡和财产损失赔偿方面注意事项。

1. 索赔资格人

被保险机动车发生交通事故后，由被保险人向保险人申请赔偿保险金。

2. 索赔材料

被保险人索赔时，应向保险人提供以下材料：

（1）交强险保险单；

（2）被保险人出具的索赔申请书；

（3）被保险人和受害人的有效身份证明、被保险机动车行驶证和驾驶人的驾驶证；

（4）公安机关交通管理部门出具的事故证明，或者人民法院等机构出具的法律文书及其他证明；

（5）被保险人根据有关法律法规规定选择自行协商方式处理交通事故的，应当提供依照《交通事故处理程序规定》规定的记录交通事故情况的协议书；

（6）受害人财产损失程度证明、人身伤残程度证明、相关医疗证明及有关损失清单和费用单据；

（7）其他与确认保险事故的性质、原因、损失程度等有关的证明和资料。

3. 人身伤亡赔偿金额核定依据

保险事故发生后，保险人按照国家有关法律法规规定的赔偿范围、项目和标准以及交强险合同的约定，并根据国务院卫生主管部门组织制定的交通事故人员创伤临床诊疗指南和国家基本医疗保险标准，在交强险的责任限额内核定人身伤亡的赔偿金额。

4. 损失核定权

（1）因保险事故造成受害人人身伤亡的，未经保险人书面同意，被保险人自行承诺或支付的赔偿金额，保险人在交强险责任限额内有权重新核定。

（2）因保险事故损坏的受害人财产需要修理的，被保险人应当在修理前会同保险人检验，协商确定修理或者更换项目、方式和费用。否则，保险人在交强险责任限额内有权重新核定。

5. 抢救费用支付

被保险机动车发生涉及受害人受伤的交通事故，因抢救受害人需要保险人支付抢救费用的，保险人在接到公安机关交通管理部门的书面通知和医疗机构出具的抢救费用清单后，按照国务院卫生主管部门组织制定的交通事故人员创伤临床诊疗指南和国家基本医疗保险标准进行核实。

对于符合规定的抢救费用，保险人在医疗费用赔偿限额内支付。被保险人在交通事故中无责任的，保险人在无责任医疗费用赔偿限额内支付。

3.1.9 合同变更与终止

主要规定了合同变更和解除的条件以及合同终止后保费的退还办法。

1. 合同变更

在合同有效期内，被保险机动车所有权发生转移的，投保人应及时通知保险人，并办理合同变更手续。

2. 可解除合同的特殊情况

因交强险是法定保险，所以投保人一般是不能解除的，保险人也不接受投保人解除合同的申请。但以下特殊情况除外：

（1）被保险机动车被依法注销登记的；

（2）被保险机动车办理停驶的；

（3）被保险机动车经公安机关证实丢失的。

3. 保险单、保险标志的交还

交强险合同解除后，投保人应当及时将保险单、保险标志交还保险人；无法交回保险标志的，应当向保险人说明情况，征得保险人同意。

4. 保费收取方式

发生《机动车交通事故责任强制保险条例》所列明的投保人、保险人解除交强险合同的情况时，保险人按照日费率收取自保险责任开始之日起至合同解除之日止期间的保险费，退还剩余保险费。

3.1.10 附则

主要规定了合同争议的处理方式、适用法律及条款未尽事宜的处理等。

1. 合同争议处理方式

交强险合同争议解决有三种方式：

（1）由合同当事人协商解决；

（2）协商不成的，提交保险单载明的仲裁机构仲裁；

（3）保险单未载明仲裁机构或者争议发生后未达成仲裁协议的，可向人民法院起诉。

2. 合同争议处理适用法律

交强险合同争议处理适用中华人民共和国法律。

3. 条款未尽事宜处理

条款未尽事宜，按照《机动车交通事故责任强制保险条例》执行。

3.2 交强险费率

3.2.1 交强险费率厘定概述

交强险价格与消费者切身利益息息相关，所以交强险费率厘定坚持不盈不亏原则，也就是说，在厘定交强险费率时只考虑成本因素，不设定预期利润率。

交强险费率在第一年先实行全国统一价格，之后通过实行"奖优罚劣"的费率浮动机制，并根据各地区经营情况，逐步在费率中加入地区差异化因素，进而实行差异化费率。

为了更好地体现交强险的社会公益性，切实维护广大被保险人利益，2007年12月，中国保监会正式召开了交强险费率调整听证会，2008年1月11日公布了交强险责任限额调整方案。调整方案于2008年2月1日零时起实行。

费率方案由机动车交通事故责任强制保险基础费率表及说明、机动车交通事故责任强制保险费率浮动办法、保险费的计算办法和解除保险合同保费计算办法等四个部分组成。

3.2.2 交强险基础费率表及说明

1. 交强险基础费率表

2006年7月1日施行交强险时，保监会公布了交强险基础费率表，表中将所有机动车共分为8大类42小类，每类费率各不相同。可把此基础费率表称为2006版。

为了更好地体现交强险的社会公益性，2008年2月1日保监会正式实施了交强险费率调整方案。可把此基础费率表称为2008版。我国目前采用的是2008版费率。

2008版费率与2006版相比，42个车型中有16个车型进行费率下调，下调幅度5%~39%不等，约64%的被保险人将享受降费，降费平均幅度10%左右，具体变化如表3-2所示。

表 3-2 机动车交通事故责任强制保险基础费率表（2008 版费率）

车辆大类	序号	车辆明细分类	2008 版保费（元）	与 2006 版相比的变化（元）
一、家庭自用车	1	家庭自用汽车 6 座以下	950	-100
	2	家庭自用汽车 6 座及以上	1100	0
二、非营业客车	3	企业非营业汽车 6 座以下	1000	0
	4	企业非营业汽车 6～10 座	1130	-60
	5	企业非营业汽车 10～20 座	1220	-80
	6	企业非营业汽车 20 座以上	1270	-310
	7	机关非营业汽车 6 座以下	950	0
	8	机关非营业汽车 6～10 座	1070	0
	9	机关非营业汽车 10～20 座	1140	0
	10	机关非营业汽车 20 座以上	1320	0
三、营业客车	11	营业出租租赁 6 座以下	1800	0
	12	营业出租租赁 6～10 座	2360	0
	13	营业出租租赁 10～20 座	2400	-180
	14	营业出租租赁 20～36 座	2560	-1170
	15	营业出租租赁 36 座以上	3530	-350
	16	营业城市公交 6～10 座	2250	0
	17	营业城市公交 10～20 座	2520	0
	18	营业城市公交 20～36 座	3020	-250
	19	营业城市公交 36 座以上	3140	-1110
	20	营业公路客运 6～10 座	2350	0
	21	营业公路客运 10～20 座	2620	0
	22	营业公路客运 20～36 座	3420	0
	23	营业公路客运 36 座以上	4690	0
四、非营业货车	24	非营业货车 2 吨以下	1200	0
	25	非营业货车 2～5 吨	1470	-160
	26	非营业货车 5～10 吨	1650	-100
	27	非营业货车 10 吨以上	2220	0
五、营业货车	28	营业货车 2 吨以下	1850	0
	29	营业货车 2～5 吨	3070	0
	30	营业货车 5～10 吨	3450	0
	31	营业货车 10 吨以上	4480	0

续表

车辆大类	序号	车辆明细分类	2008版保费（元）	与2006版相比的变化（元）
六、特种车	32	特种车一	3710	-2330
	33	特种车二	2430	0
	34	特种车三	1080	-240
	35	特种车四	3980	-1680
七、摩托车	36	摩托车 50CC 及以下	80	-40
	37	摩托车 50CC～250CC（含）	120	-60
	38	摩托车 250CC 以上及侧三轮	400	0
八、拖拉机	39	兼用型拖拉机 14.7kW 及以下	按保监产险〔2007〕53号实行地区差别费率	——
	40	兼用型拖拉机 14.7kW 以上		——
	41	运输型拖拉机 14.7kW 及以下		——
	42	运输型拖拉机 14.7kW 以上		——

注：座位和吨位的分类都按照"含起点不含终点"的原则来解释。

2. 费率表使用说明

交强险基础费率表结构、费率水平全国统一（除拖拉机和低速载货汽车）。现将表中需说明事项明确如下：

（1）机动车种类。2008版费率表中把机动车按种类、使用性质分为家庭自用车、非营业客车、营业客车、非营业货车、营业货车、特种车、摩托车和拖拉机8种类型。

1）家庭自用车：是指家庭或个人所有，且用途为非营业性的客车。

2）非营业客车：是指党政机关、企事业单位、社会团体、使领馆等机构从事公务或在生产经营活动中不以直接或间接方式收取运费或租金的客车，包括党政机关、企事业单位、社会团体、使领馆等机构为从事公务或在生产经营活动中承租且租赁期限为1年或1年以上的客车。

非营业客车分为：党政机关、事业团体客车，企业客车。

用于驾驶教练、邮政公司用于邮递业务、快递公司用于快递业务的客车、警车、普通囚车、医院的普通救护车、殡葬车按照其行驶证上载明的核定载客数，适用对应的企业非营业客车的费率。

3）营业客车：是指用于旅客运输或租赁，并以直接或间接方式收取运费或租金的客车。

营业客车分为：城市公交客车，公路客运客车，出租、租赁客车。

旅游客运车按照其行驶证上载明的核定载客数，适用对应的公路客运车费率。

4）非营业货车：是指党政机关、企事业单位、社会团体自用或仅用于个人及家庭生活，不以直接或间接方式收取运费或租金的货车（包括客货两用车）。货车是指载货机动车、厢式货车、半挂牵引车、自卸车、电瓶运输车、装有起重机械但以载重为主的起重运输车。

用于驾驶教练、邮政公司用于邮递业务、快递公司用于快递业务的货车按照其行驶证上载明的核定载质量，适用对应的非营业货车的费率。

5）营业货车：是指用于货物运输或租赁，并以直接或间接方式收取运费或租金的货车（包括客货两用车）。货车是指载货机动车、厢式货车、半挂牵引车、自卸车、电瓶运输车、装有起重机械但以载重为主的起重运输车。

6）特种车：是指用于各类装载油料、气体、液体等专用罐车；或用于清障、清扫、清洁、起重、装卸（不含自卸车）、升降、搅拌、挖掘、推土、压路等的各种专用机动车，或适用于装有冷冻或加温设备的厢式机动车；或车内装有固定专用仪器设备，从事专业工作的监测、消防、运钞、医疗、电视转播、雷达、X光检查等机动车；或专门用于牵引集装箱箱体（货柜）的集装箱拖头。

特种车按其用途共分成4类，不同类型机动车采用不同收费标准。

特种车一：油罐车、汽罐车、液罐车。

特种车二：专用净水车、特种车一以外的罐式货车，以及用于清障、清扫、清洁、起重、装卸（不含自卸车）、升降、搅拌、挖掘、推土、冷藏、保温等的各种专用机动车。

特种车三：装有固定专用仪器设备从事专业工作的监测、消防、运钞、医疗、电视转播等的各种专用机动车。

特种车四：集装箱拖头。

7）摩托车：是指以燃料或电瓶为动力的各种两轮、三轮摩托车。

摩托车分三类：50CC及以下，50CC~250CC，250CC以上及侧三轮。

正三轮摩托车按照排气量分类执行相应的费率。

8）拖拉机按其使用性质分为兼用型拖拉机和运输型拖拉机。

兼用型拖拉机是指以田间作业为主，通过铰接连接牵引挂车可进行运输作业的拖拉机。兼用型拖拉机分为14.7kW及以下和14.7kW以上两种。

运输型拖拉机是指货箱与底盘一体，不通过牵引挂车可进行运输作业的拖拉机。运输型拖拉机分为14.7kW及以下和14.7kW以上两种。

低速载货汽车参照运输型拖拉机14.7kW以上的费率执行。

9）挂车：是指就其设计和技术特征需机动车牵引才能正常使用的一种无动力的道路机动车。

挂车根据实际的使用性质并按照对应吨位货车的30%计算。

装置有油罐、汽罐、液罐的挂车按特种车一的30%计算。

10）补充说明：以上各车型的座位按行驶证上载明的核定载客数计算；吨位按行驶证上载明的核定载质量计算。

（2）基础保险费的计算。

1）一年期基础保险费的计算。投保一年期机动车交通事故责任强制保险的，根据《机动车交通事故责任强制保险基础费率表》中相对应的金额确定基础保险费。

2）短期基础保险费的计算。投保保险期间不足一年的机动车交通事故责任强制保险的，按短期费率计收保险费。短期费率分为：投保保险期间不足7天的，短期费率=基础保险费×7/365；投保保险期间等于或多于7天的，短期费率=基础保险费×n/365，n为投保人的投保天数。

3.2.3 拖拉机交强险费率方案

2007年1月22日中国保监会公告了《拖拉机交强险费率方案》。即日起，拖拉机投保交强险将执行全国统一的基础费率。方案显示，拖拉机交强险基础费率因地而异、因车型而异，不同区域不同车型费率各不同,具体如表3-3所示。

表3-3 拖拉机交强险费率方案　　　　　　　　　　　　　　　　　(单位:元)

省份	兼用型 14.7kW 及以下	兼用型 14.7kW 以上	运输型 14.7kW 及以下	运输型 14.7kW 以上
北京	60	90	400	560
天津	60	90	400	560
河北	60	90	400	560
山西	60	90	340	480
内蒙古	50	80	280	340
辽宁	60	90	340	560
吉林	60	90	340	560
黑龙江	60	90	340	560
上海	60	90	340	560
江苏	80	120	540	700
浙江	80	120	540	700
安徽	70	110	540	700
福建	70	110	400	560
江西	70	110	460	640
山东	70	110	460	640
河南	70	110	460	640
湖北	70	110	460	640
湖南	70	110	460	640
广东	60	90	400	560
广西	60	90	340	480
海南	60	90	340	480
重庆	60	90	400	560
四川	60	90	400	560
贵州	60	90	400	560
云南	60	90	400	560
西藏	50	80	280	340
陕西	60	90	400	560
甘肃	60	90	400	560
青海	50	80	340	480
宁夏	60	90	400	560
新疆	50	80	280	340

注:深圳、宁波、大连、青岛、厦门等计划单列市执行本省费率。

3.2.4 费率浮动暂行办法

1. 实施时间

2007年6月27日,保监会公布了《机动车交通事故责任强制保险费率浮动暂行办法》(简称为《费率浮动暂行办法》),规定在全国范围内统一实行交强险费率浮动与道路交通事故相联系,暂不在全国范围内统一实行与道路交通安全违法行为相联系。《费率浮动暂行办法》适用于从2007年7月1日起签发的交强险保单。

2. 交强险费率浮动因素及比率

交强险费率浮动因素及比率如表3-4所示。

表3-4 交强险费率浮动暂行办法考虑因素及比率

浮动因素			浮动比率
与道路交通事故相联系的浮动 A	A1	上一个年度未发生有责任道路交通事故	-10%
	A2	上两个年度未发生有责任道路交通事故	-20%
	A3	上三个及以上年度未发生有责任道路交通事故	-30%
	A4	上一个年度发生一次有责任不涉及死亡的道路交通事故	0%
	A5	上一个年度发生两次及两次以上有责任道路交通事故	10%
	A6	上一个年度发生有责任道路交通死亡事故	30%

3. 交强险费率浮动注意事项

费率浮动时,应注意以下事项:

(1)交强险最终保险费=交强险基础保险费×(1+与道路交通事故相联系的浮动比率A)。

(2)摩托车和拖拉机暂不浮动。

(3)与道路交通事故相联系的浮动比率A为A1至A6其中之一,不累加。同时满足多个浮动因素的,按照向上浮动或者向下浮动比率的高者计算。

(4)仅发生无责任道路交通事故的,交强险费率仍可享受向下浮动。

(5)浮动因素计算区间为上期保单出单日至本期保单出单日之间。

(6)与道路交通事故相联系浮动时,应根据上年度交强险已赔付的赔案浮动。上年度发生赔案但还未赔付的,本期交强险费率不浮动,直至赔付后的下一年度交强险费率向上浮动。

(7)几种特殊情况的交强险费率浮动方法:

1)首次投保交强险的机动车费率不浮动。

2)在保险期限内,被保险机动车所有权转移,应当办理交强险合同变更手续,且交强险费率不浮动。

3)机动车临时上道路行驶或境外机动车临时入境投保短期交强险的,交强险费率不浮动。其他投保短期交强险的情况下,根据交强险短期基准保险费并按照上述标准浮动。

4)被保险机动车经公安机关证实丢失后追回的,根据投保人提供的公安机关证明,在丢失期间发生道路交通事故的,交强险费率不向上浮动。

5)机动车上一期交强险保单满期后未及时续保的,浮动因素计算区间仍为上期保单出单日至本期保单出单日之间。

6）在全国车险信息平台联网或全国信息交换前，机动车跨省变更投保地时，如投保人能提供相关证明文件的，可享受交强险费率向下浮动。不能提供的，交强险费率不浮动。

（8）交强险保单出单日距离保单起期最长不能超过三个月。

（9）除投保人明确表示不需要的，保险公司应在完成保险费计算后、出具保险单前，向投保人出具《机动车交通事故责任强制保险费率浮动告知书》（见表 3-5），经投保人签章确认后，再出具交强险保单、保险标志。投保人有异议的，应告知其有关道路交通事故查询方式。

表 3-5　机动车交通事故责任强制保险费率浮动告知单

机动车交通事故责任强制保险费率浮动告知单

尊敬的投保人：

您的机动车投保基本信息如下：

车牌号码：　　　　　　　　　　　号牌种类：
发动机号：　　　　　　　　　　　识别代码（车架号）：
浮动因素计算区间：　　年　　月　　日零时至　　　年　　月　　日二十四时

根据中国保险监督管理委员会批准的机动车交通事故责任强制保险（以下简称交强险）费率，您的机动车交强险基础保险费是：人民币　　　　　元。

您的机动车从上年度投保以来至今，发生的有责任道路交通事故记录如下：

序号	赔付时间	是否造成受害人死亡

或者：您的机动车在上　　个年度内未发生道路交通事故。

根据中国保险监督管理委员会公布的《机动车交通事故责任强制保险费率浮动暂行办法》，与道路交通事故相联系的费率浮动比率为：　　　　%。

交强险最终保险费=交强险基础保险费×（1+与道路交通事故相联系的浮动比率）

本次投保的应交保险费：人民币　　　　　元（大写：　　　　　　　　　　　）

以上告知，如无异议，请您签字（签章）确认。

投保人签字（盖章）：_____

日期：____年____月____日

（10）已经建立车险联合信息平台的地区，通过车险联合信息平台实现交强险费率浮动。除当地保险监管部门认可的特殊情形以外，《机动车交通事故责任强制保险费率浮动告知书》和交强险保单必须通过车险信息平台出具。

未建立车险信息平台的地区，通过保险公司之间相互报盘、简易理赔共享查询系统或者手工方式等,实现交强险费率浮动。

3.2.5 最终保险费计算办法

先根据基础费率方案计算出基础保险费,再根据费率浮动办法计算出与道路交通事故相联系的浮动比率,两者相乘即为最终保险费,即:

最终保险费=基础保险费×(1+与道路交通事故相联系的浮动比率)

3.2.6 解除保险合同保费计算办法

根据《机动车交通事故责任强制保险条例》规定解除保险合同时,保险人应按如下标准计算退还投保人保险费。

(1)投保人已交纳保险费,但保险责任尚未开始的,全额退还保险费;
(2)投保人已交纳保险费,但保险责任已开始的,退回未到期责任部分保险费:

退还保险费=保险费×(1–已了责任天数/保险期间天数)

1. 《机动车交通事故责任强制保险条例》自 2006 年 7 月 1 日起施行。
2. 强制汽车责任保险与一般汽车责任保险的实施有两种方式:混合实施和分离实施。
3. 交强险合同由条款与投保单、保险单、批单和特别约定共同组成。
4. 交强险保险责任:在中华人民共和国境内(不含港、澳、台地区),被保险人在使用被保险机动车过程中发生交通事故,致使受害人遭受人身伤亡或者财产损失,依法应当由被保险人承担的损害赔偿责任,保险人按照交强险合同的约定对每次事故在相应赔偿限额内负责赔偿。
5. 交强险责任限额分为死亡伤残赔偿限额、医疗费用赔偿限额、财产损失赔偿限额以及被保险人在道路交通事故中无责任的赔偿限额。其中死亡伤残赔偿限额 11 万元、医疗费用赔偿限额 1 万元、财产损失赔偿限额 2000 元;被保险人在道路交通事故中无责任的死亡伤残赔偿限额 1 万元、医疗费用赔偿限额 1000 元、财产损失赔偿限额 100 元。
6. 交强险垫付抢救费用的四种情形分别为:驾驶人未取得驾驶资格的;驾驶人醉酒的;被保险机动车被盗抢期间肇事的;被保险人故意制造交通事故的。
7. 交强险基础费率表中将所有机动车共分为 8 大类 42 小类,每类费率各不相同。
8. 2007 年 6 月 27 日,保监会公布了《机动车交通事故责任强制保险费率浮动暂行办法》,规定在全国范围内统一实行交强险费率浮动与道路交通事故相联系,暂不在全国范围内统一实行与道路交通安全违法行为相联系。交强险最终保险费=基础保险费×(1+与道路交通事故相联系的浮动比率)。

1. 填空题

(1)2004 年 5 月 1 日实施的《道路交通安全法》,第_____条规定,国家实行机动车辆第三者责任强制保险制度，设立道路交通事故社会救助基金。

（2）在保险实践中强制汽车责任保险与商业汽车责任保险的结合，不同国家采用不同的实施方式，常见的实施方式有_____和_____。我国采用的实施方式为_____。

（3）强制汽车责任保险的目的是使事故受害者能获得基本保障，对吗？_____

（4）交强险条款制订的法律依据是_____、_____、_____等法律、行政法规。

（5）被保险机动车造成受害人受伤需要抢救的，保险人在接到_____和_____后，按照_____和_____进行核实后才能垫付。

（6）保监会公布的交强险基础费率表中，将所有机动车共分为_____大类_____小类，每类费率各不相同。

（7）交强险条款规定其费率水平将与_____和_____挂钩。2007年7月1日起，在全国范围内统一实行交强险费率浮动暂只与_____相联系。

（8）交强险基础费率表中特种车按其用途共分成4类，分别为_____、_____、_____、_____。

2．简答题

（1）何谓交强险？

（2）何谓抢救费用？

（3）目前我国交强险的赔偿限额的各分项限额分别为多少？

（4）交强险垫付抢救费用的情形有哪些？

（5）交强险规定的责任免除内容有哪些？

（6）交强险基础费率表对车辆分类的依据分别是什么？

（7）调查个人家庭所在地，各类型拖拉机的交强险费率分别是多少？

（8）《交强险费率浮动暂行办法》规定的费率浮动因素有哪些？其浮动比率是多少？

能力训练

1．现有四个人同时买了相同的普桑轿车，他们分别用作家庭自用、企业非营业用、机关非营业用、出租用，若他们给车辆购买交强险，其价格分别为多少？

2．甲、乙两车互撞，甲车承担70%责任，车损4000元，乙车承担30%责任，车损6000元，则甲、乙两车获得交强险的赔偿分别为多少？

4 商业汽车保险条款与费率

知识目标

- 掌握第三者责任险的保险责任、责任免除、赔偿处理的规定
- 掌握车辆损失险的保险责任、责任免除、赔偿处理的规定
- 掌握车上人员责任险的保险责任、责任免除、赔偿处理的规定
- 掌握全车盗抢险的保险责任、责任免除、赔偿处理的规定
- 了解常见附加险种的保险责任与责任免除

能力目标

- 能够运用商业险主险及附加险的条款对实际案例进行分析
- 能够使用费率表计算各险种的保费

4.1 主险

4.1.1 机动车第三者责任保险

机动车第三者责任保险的条款由总则、保险责任、责任免除、责任限额、保险期间、保险人义务、投保人与被保险人义务、赔偿处理、保险费调整、合同变更和终止、争议处理、附则等组成。

1. 总则

该部分主要阐述合同的组成与形式、机动车和第三者的概念。

（1）机动车第三者责任保险合同由保险条款、投保单、保险单、批单和特别约定共

同组成。凡涉及保险合同的约定，均应采用书面形式。

（2）保险合同中的机动车是指在中华人民共和国境内行驶，以动力装置驱动或者牵引，上道路行驶的供人员乘用或用于运送物品以及进行专项作业的轮式车辆（含挂车）、履带式车辆和其他运载工具。

（3）保险合同中的第三者是指因被保险机动车发生意外事故遭受人身伤亡或者财产损失的人，但不包括投保人、被保险人、保险人和保险事故发生时被保险机动车本车上的人员。

2. 保险责任

该部分主要阐述保险公司承担保险金赔偿的风险范围。第三者责任保险采用定义式保险责任，同时列明责任免除。

第三者责任险保险责任为：保险期间内，被保险人或其允许的合法驾驶人在使用被保险机动车过程中发生意外事故，致使第三者遭受人身伤亡或财产直接损毁，依法应当由被保险人承担的损害赔偿责任，保险人依照保险合同的约定，对于超过机动车交通事故责任强制保险各分项赔偿限额以上的部分负责赔偿。

3. 责任免除

该部分主要阐述保险公司不承担保险金赔偿责任的风险范围，是对保险责任的限制。

（1）被保险机动车造成下列人身伤亡或财产损失，不论在法律上是否应当由被保险人承担赔偿责任，保险人均不负责赔偿：

1）被保险人及其家庭成员的人身伤亡、所有或代管的财产的损失；

2）被保险机动车本车驾驶人及其家庭成员的人身伤亡、所有或代管的财产的损失；

3）被保险机动车本车上其他人员的人身伤亡或财产损失。

【案例 4-1】同一被保险人两车相撞，第三者责任保险能否拒赔

2005 年 8 月 10 日，一辆大货车在倒车时不慎撞到了一辆小车，导致小车后灯、后风窗玻璃以及车身损坏。查勘人员现场勘查后，认为发生相撞的两辆汽车，一辆是王先生名下的财产，另一辆是其代管的财产，并且这两辆车只购买了第三者责任保险，被保险人均为王先生，符合保险条款的免责范围，故不同意赔偿。为此，王先生将保险公司告上法庭，要求法院判令被告支付汽车维修费、误工费共计 15000 余元。

法庭上，双方发生了激烈交锋。被告保险公司辩称，第三者责任保险条款中，明确将被保险人所有或代管的财产、家庭成员以及他们所有或代管的财产列为该险种的除外责任。原告王先生称，保险合同大都用词专业生涩，消费者理解起来非常困难，而购买保险时，保险公司的业务员并没有向他说清楚，并且投保单是由保险公司业务员代签名的。

法院根据《保险法》第 17 条的规定，保险合同中关于责任免除条款的，保险人在订立合同时应向投保人明确说明，未明确说明的，该条款不产生效力。于是判保险公司败诉。

【案情分析】同一人拥有的两台车相撞，假如要求按照第三者责任保险索赔，保险公司理应拒赔成功，不应败诉。但因未履行告知义务，法院判决保险公司败诉。从表面看，王先生胜诉，已获赔偿，但法院判决并没有认定保险公司的这一免责条款违法，所以从这一点看保险公司并没败诉。不过，这一案件的审理结果给保险公司敲响了警钟，那就是履行法定告知义务的程序必不可少。

（2）下列情况下，不论任何原因造成的对第三者的损害赔偿责任，保险人均不负责赔偿：

1）地震及其次生灾害；

2）战争、军事冲突、恐怖活动、暴乱、扣押、收缴、没收、政府征用；

3）竞赛、测试、教练，在营业性维修、养护场所修理、养护期间；

4）利用被保险机动车从事违法活动；

5）驾驶人饮酒、吸食或注射毒品、被药物麻醉后使用被保险机动车；

6）事故发生后，被保险人或其允许的驾驶人在未依法采取措施的情况下驾驶被保险机动车或者遗弃被保险机动车逃离事故现场，或故意破坏、伪造现场、毁灭证据；

7）驾驶人有下列情形之一者：

①无驾驶证或驾驶证有效期已届满；

②驾驶的被保险机动车与驾驶证载明的准驾车型不符；

③实习期内驾驶公共汽车、营运客车或者载有爆炸物品、易燃易爆化学物品、剧毒或者放射性等危险物品的被保险机动车，实习期内驾驶的被保险机动车牵引挂车；

④持未按规定审验的驾驶证，以及在暂扣、扣留、吊销、注销驾驶证期间驾驶被保险机动车；

⑤使用各种专用机械车、特种车的人员无国家有关部门核发的有效操作证（见图 4-1），驾驶营运客车的驾驶人无国家有关部门核发的有效资格证书（见图 4-2）；

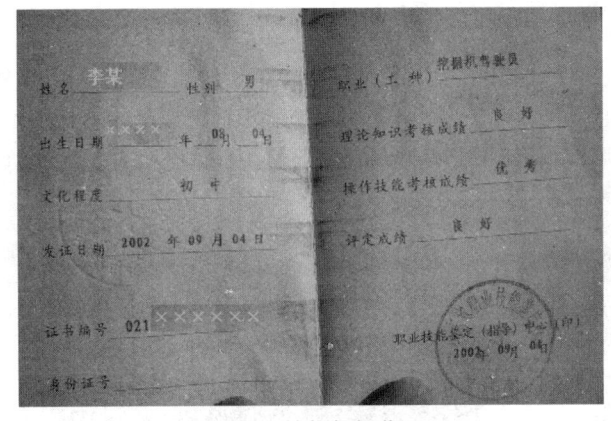

图 4-1 挖掘机操作证

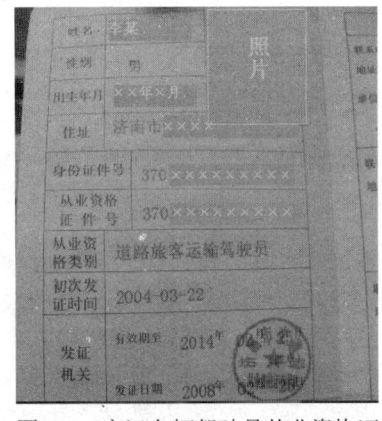

图 4-2 客运车辆驾驶员从业资格证

⑥依照法律法规或公安机关交通管理部门有关规定不允许驾驶被保险机动车的其他情况下驾车。

8）非被保险人允许的驾驶人使用被保险机动车；

9）被保险机动车转让他人，被保险人、受让人未履行保险合同规定的通知义务，且因转让导致被保险机动车危险程度显著增加而发生保险事故；

10）除另有约定外，发生保险事故时被保险机动车无公安机关交通管理部门核发的行驶证或号牌，或未按规定检验或检验不合格；

11）被保险机动车拖带未投保机动车交通事故责任强制保险的机动车（含挂车）或被未投保机动车交通事故责任强制保险的其他机动车拖带。

（3）下列损失和费用，保险人不负责赔偿：

1）被保险机动车发生意外事故，致使第三者停业、停驶、停电、停水、停气、停产、通讯或者网络中断、数据丢失、电压变化等造成的损失以及其他各种间接损失；

2）精神损害赔偿；

3）因污染（含放射性污染）造成的损失；

4）第三者财产因市场价格变动造成的贬值、修理后价值降低引起的损失；

5）被保险机动车被盗窃、抢劫、抢夺期间造成第三者人身伤亡或财产损失；

6）被保险人或驾驶人的故意行为造成的损失；

7）仲裁或者诉讼费用以及其他相关费用。

【案例4-2】车辆因事故导致的"减值损失"是否赔偿

2009年12月25日，李某驾出租车行至学院路时与张某驾驶的蒙迪欧发生正面碰撞，两车各有损伤，出租车前部损伤较重，蒙迪欧损伤轻微（见图4-3和图4-4）。交警认定，李某对此次事故承担全部责任。李某除了承担张某的修车费外，张某还要求李某赔偿车辆的减值损失1000元，并且拿出了物价部门对蒙迪欧贬值费鉴定的证明。

李某认为事故车辆修理之后并不影响正常使用，贬值只有在市场交易时才会发生，而现在没有交易，因此车辆减值损失体现不出来。并且，事故的损失包括直接损失和间接损失，车辆的损坏属于直接损失，车辆的减值属于间接损失。间接损失不应赔偿。张某则认为无论间接损失，还是直接损失，既然都是损失，肇事者就应该赔偿。

李某咨询自己投保的保险公司，保险公司的答复是拒绝赔偿减值损失。

 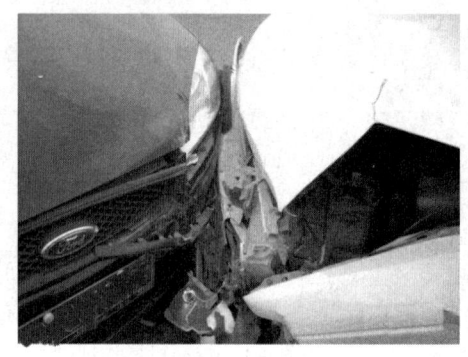

图4-3　出租车与蒙迪欧相撞事故现场近景　　图4-4　出租车与蒙迪欧相撞碰撞部位局部照

【案情分析】"减值损失"是指由于局部损坏导致标的物整体价值的减少，即事故会造成车辆贬值。从法律角度看，"减值损失"是具有相应法律依据的。因为对于财产的侵权损害赔偿一般适用"填平原则"，即赔偿的数额应与事故所受到的损失相当。那么，事故车辆虽然已经修复，但是，其市场价值的贬损是客观存在的，如果适用了"填平原则"，则这部分的"减值损失"就应得到赔偿。

从保险角度看，根据保险的损失补偿原则，保险人不但应赔偿车辆修复部分的费用，还应承担车辆减值部分的赔偿，所以"减值损失"的出现已经引起机动车辆保险从业人员的重视，因为"减值损失"原则的确立无论对于车辆损失部分，还是对于第三者责任部分的赔偿原则和标准，乃至对于机动车辆的风险评估等方面均会产生较大的影响，会给车辆定损的标准乃至整个保险公司的经营带来更加严峻的挑战。为了减少纠纷，目前多数保险公司在第三者责任保险条款和车辆损失保险条款中明确规定不赔偿减值损失部分,然后又在附加险中单独开发了价值损失险种。

本案中既然第三者责任保险条款中把减值损失明确列明为责任免除内容,所以蒙迪欧的减值损失,李某不能从保险公司获得赔偿,应由李某自己承担蒙迪欧的减值损失。

(4) 应当由机动车交通事故责任强制保险赔偿的损失和费用,保险人不负责赔偿。

保险事故发生时,被保险机动车未投保机动车交通事故责任强制保险或机动车交通事故责任强制保险合同已经失效的,对于机动车交通事故责任强制保险各分项赔偿限额以内的损失和费用,保险人不负责赔偿。

(5) 保险人在依据本保险合同约定计算赔款的基础上,在保险单载明的责任限额内,按下列免赔率免赔:

1) 负次要事故责任的免赔率为 5%,负同等事故责任的免赔率为 10%,负主要事故责任的免赔率为 15%,负全部事故责任的免赔率为 20%;

2) 违反安全装载规定的,增加免赔率 10%;

3) 投保时指定驾驶人,保险事故发生时为非指定驾驶人使用被保险机动车的,增加免赔率 10%;

4) 投保时约定行驶区域,保险事故发生在约定行驶区域以外的,增加免赔率 10%。

(6) 其他不属于保险责任范围内的损失和费用。

4. 责任限额

该部分主要阐述责任限额的确定方式。

(1) 每次事故的责任限额,由投保人和保险人在签订本保险合同时按保险监管部门批准的限额档次协商确定。常见的限额档次有:5 万元、10 万元、15 万元、20 万元、30 万元、50 万元、100 万元、100 万元以上(须是 50 万元的整数倍)。

(2) 主车和挂车连接使用时视为一体,发生保险事故时,由主车保险人和挂车保险人按照保险单上载明的机动车第三者责任保险责任限额的比例,在各自的责任限额内承担赔偿责任,但赔偿金额总和以主车的责任限额为限。

5. 保险期间

该部分主要阐述保险合同的起止时间。

除另有约定外,保险期间为一年,以保险单载明的起讫时间为准。

6. 保险人义务

该部分主要阐述保险公司应该履行的义务,一般包括条款说明、及时查勘、及时定损、迅速赔偿、替保户保密等内容。

(1) 保险人在订立保险合同时,应向投保人说明投保险种的保险责任、责任免除、保险期间、保险费及支付办法、投保人和被保险人义务等内容。

(2) 保险人应及时受理被保险人的事故报案,并尽快进行查勘。保险人接到报案后 48 小时内未进行查勘且未给予受理意见,造成财产损失无法确定的,以被保险人提供的财产损毁照片、损失清单、事故证明和修理发票作为赔付理算依据。

(3) 保险人收到被保险人的索赔请求后,应当及时作出核定。

1) 保险人应根据事故性质、损失情况,及时向被保险人提供索赔须知。审核索赔材料后认为有关的证明和资料不完整的,应当及时一次性通知被保险人补充提供有关的证明和资料;

2）在被保险人提供了各种必要单证后，保险人应当迅速审查核定，并将核定结果及时通知被保险人。情形复杂的，保险人应当在30日内作出核定；保险人未能在30日内作出核定的，应与被保险人商定合理期间，并在商定期间内作出核定，同时将核定结果及时通知被保险人；

3）对属于保险责任的，保险人应在与被保险人达成赔偿协议后10日内支付赔款；

4）对不属于保险责任的，保险人应自作出核定之日起3日内向被保险人发出拒绝赔偿通知书，并说明理由；

5）保险人自收到索赔请求和有关证明、资料之日起60日内，对其赔偿金额不能确定的，应当根据已有证明和资料可以确定的数额先予支付；保险人最终确定赔偿金额后，应当支付相应的差额。

（4）保险人对在办理保险业务中知道的投保人、被保险人的业务和财产情况及个人隐私，负有保密的义务。

7. 投保人、被保险人义务

该部分主要阐述投保人、被保险人应该履行的义务，一般包括如实告知、及时交费、出险报案、协助查勘、提供索赔证明资料等内容。

（1）投保人应如实填写投保单并回答保险人提出的询问，履行如实告知义务，并提供被保险机动车行驶证复印件、机动车登记证书复印件，如指定驾驶人的，应当同时提供被指定驾驶人的驾驶证复印件。

（2）在保险期间内，被保险机动车改装、加装或被保险家庭自用汽车、非营业用汽车从事营业运输等，导致被保险机动车危险程度显著增加的，应当及时书面通知保险人。否则，因被保险机动车危险程度显著增加而发生的保险事故，保险人不承担赔偿责任。

（3）除另有约定外，投保人应当在保险合同成立时交清保险费；保险费交清前发生的保险事故，保险人不承担赔偿责任。

（4）发生保险事故时，被保险人应当及时采取合理的、必要的施救和保护措施，防止或者减少损失，并在保险事故发生后48小时内通知保险人。故意或者因重大过失未及时通知，致使保险事故的性质、原因、损失程度等难以确定的，保险人对无法确定的部分，不承担赔偿责任，但保险人通过其他途径已经及时知道或者应当及时知道保险事故发生的除外。

（5）发生保险事故后，被保险人应当积极协助保险人进行现场查勘。

（6）被保险人在索赔时应当提供有关证明和资料。

（7）引起与保险赔偿有关的仲裁或者诉讼时，被保险人应当及时书面通知保险人。

8. 赔偿处理

该部分主要阐述赔偿方式、赔偿免赔率和被保险人索赔时应提供的相关单证等。

（1）被保险人索赔时，应当向保险人提供与确认保险事故的性质、原因、损失程度等有关的证明和资料。

被保险人应当提供保险单、损失清单、有关费用单据、被保险机动车行驶证和发生事故时驾驶人的驾驶证。

属于道路交通事故的，被保险人应当提供公安机关交通管理部门或法院等机构出具的事故证明、有关的法律文书（判决书、调解书、裁定书、裁决书等）及其他证明。

属于非道路交通事故的，应提供相关的事故证明。

（2）保险事故发生时，被保险人对被保险机动车不具有保险利益的，不得向保险人请求赔偿。

（3）保险人对被保险人给第三者造成的损害，可以直接向该第三者赔偿。

被保险人给第三者造成损害，被保险人对第三者应负的赔偿责任确定的，根据被保险人的请求，保险人应当直接向该第三者赔偿。被保险人怠于请求的，第三者有权就其应获赔偿部分直接向保险人请求赔偿。

被保险人给第三者造成损害，被保险人未向该第三者赔偿的，保险人不得向被保险人赔偿。

（4）因保险事故损坏的第三者财产，应当尽量修复。修理前被保险人应当会同保险人检验，协商确定修理项目、方式和费用。否则，保险人有权重新核定；无法重新核定的，保险人有权拒绝赔偿。

（5）保险人依据被保险机动车驾驶人在事故中所负的事故责任比例，承担相应的赔偿责任。

被保险人或被保险机动车驾驶人根据有关法律法规规定选择自行协商或由公安机关交通管理部门处理事故未确定事故责任比例的，按照下列规定确定事故责任比例：

被保险机动车方负主要事故责任的，事故责任比例为70%；

被保险机动车方负同等事故责任的，事故责任比例为50%；

被保险机动车方负次要事故责任的，事故责任比例为30%。

（6）保险事故发生后，保险人按照国家有关法律、法规规定的赔偿范围、项目和标准以及保险合同的约定，在保险单载明的责任限额内核定赔偿金额。保险人按照国家基本医疗保险的标准核定医疗费用的赔偿金额。未经保险人书面同意，被保险人自行承诺或支付的赔偿金额，保险人有权重新核定。不属于保险人赔偿范围或超出保险人应赔偿金额的，保险人不承担赔偿责任。

（7）保险事故发生时，被保险机动车重复保险的，保险人按照本保险合同的责任限额与各保险合同责任限额的总和的比例承担赔偿责任。其他保险人应承担的赔偿金额，保险人不负责赔偿和垫付。

（8）保险人受理报案、现场查勘、参与诉讼、进行抗辩、要求被保险人提供证明和资料、向被保险人提供专业建议等行为，均不构成保险人对赔偿责任的承诺。

（9）保险人支付赔款后，对被保险人追加的索赔请求，保险人不承担赔偿责任。

（10）被保险人获得赔偿后，本保险合同继续有效，直至保险期间届满。

9. 保险费调整

该部分主要阐述续保时投保人享受无赔款优惠的比例。

（1）保险费调整的比例和方式以保险监管部门批准的机动车保险费率方案的规定为准。

（2）本保险及其附加险根据上一保险期间发生保险赔偿的次数，在续保时实行保险费浮动。

10. 合同变更和终止

该部分主要阐述标的转让或相关事项改变时必须办理变更、合同终止时如何扣除或退还保险费等。

（1）保险合同的内容如需变更，须经保险人与投保人书面协商一致。

（2）在保险期间内，被保险机动车转让他人的，受让人承继被保险人的权利和义务。被保险人或者受让人应当及时书面通知保险人并办理批改手续。

因被保险机动车转让导致被保险机动车危险程度显著增加的，保险人自收到通知之日起

30日内，可以增加保险费或者解除本保险合同。

（3）保险责任开始前，投保人要求解除本保险合同的，应当向保险人支付应交保险费5%的退保手续费，保险人应当退还保险费。保险责任开始后，投保人要求解除本保险合同的，自通知保险人之日起，保险合同解除。保险人按日收取自保险责任开始之日起至合同解除之日止期间的保险费，并退还剩余部分保险费。

11. 争议处理

该部分主要阐述争议解决的方式，一般分为协商、仲裁或诉讼三种方式。

（1）因履行本保险合同发生的争议，由当事人协商解决。协商不成的，提交保险单载明的仲裁机构仲裁。保险单未载明仲裁机构或者争议发生后未达成仲裁协议的，可向人民法院起诉。

（2）争议处理适用中华人民共和国法律。

12. 附则

该部分主要阐述术语含义和未尽事宜。

（1）保险合同（含附加险）中下列术语的含义：

1）次生灾害：地震造成工程结构、设施和自然环境破坏而引发的火灾、爆炸、瘟疫、有毒有害物质污染、海啸、水灾、泥石流、滑坡等灾害。

2）竞赛：指被保险机动车作为赛车参加车辆比赛活动，包括以参加比赛为目的进行的训练活动。

3）测试：指对被保险机动车的性能和技术参数进行测量或试验。

4）教练：指尚未取得合法机动车驾驶证，但已通过合法教练机构办理正式学车手续的学员，在固定练习场所或指定路线，并有合格教练随车指导的情况下驾驶被保险机动车。

5）污染：指被保险机动车正常使用过程中或发生事故时，由于油料、尾气、货物或其他污染物的泄漏、飞溅、排放、散落等造成的污损、状况恶化或人身伤亡。

6）被盗窃、抢劫、抢夺期间：指被保险机动车被盗窃、抢劫、抢夺过程中及全车被盗窃、抢劫、抢夺后至全车被追回。

7）家庭自用汽车：指在中华人民共和国境内（不含港、澳、台地区）行驶的家庭或个人所有，且用途为非营业性运输的客车。

8）非营业用汽车：指在中华人民共和国境内（不含港、澳、台地区）行驶的党政机关、企事业单位、社会团体、使领馆等机构从事公务或在生产经营活动中不以直接或间接方式收取运费或租金的自用汽车，包括客车、货车、客货两用车。

9）营业运输：指经由交通运输管理部门核发营运证书，被保险人或其允许的驾驶人利用被保险机动车从事旅客运输、货物运输的行为。未经交通运输管理部门核发营运证书，被保险人或其允许的驾驶人以牟利为目的，利用被保险机动车从事旅客运输、货物运输的，视为营业运输。

10）转让：指以转移所有权为目的，处分被保险机动车的行为。被保险人以转移所有权为目的，将被保险机动车交付他人，但未按规定办理转移（过户）登记的，视为转让。

（2）保险人按照保险监管部门批准的机动车保险费率方案计算保险费。

（3）在投保机动车第三者责任保险的基础上，投保人可投保附加险。附加险条款未尽事宜，以本条款为准。

4.1.2 车辆损失保险

车辆损失保险主要包括家庭自用汽车损失保险、非营业用汽车损失保险和营业用汽车损失保险。其条款均由总则、保险责任、责任免除、责任限额、保险期间、保险人义务、投保人与被保险人义务、赔偿处理、保险费调整、合同变更和终止、争议处理、附则等组成。保险期间、保险人义务、投保人与被保险人义务、保险费调整、合同变更和终止、争议处理的规定与机动车第三者责任保险基本相同,此处不再赘述。下面以家庭自用汽车损失保险条款为例介绍车辆损失保险。

1. 总则

该部分主要阐述合同组成与形式、家庭自用汽车概念、合同性质等。

(1) 家庭自用汽车损失保险合同由保险条款、投保单、保险单、批单和特别约定共同组成。凡涉及保险合同的约定,均应采用书面形式。

(2) 保险合同中的家庭自用汽车是指在中华人民共和国境内(不含港、澳、台地区)行驶的家庭或个人所有,且用途为非营业性运输的客车。

(3) 保险合同为不定值保险合同。保险人按照承保险别承担保险责任。附加险不能单独投保。

2. 保险责任

该部分主要阐述保险公司负责保障的风险范围,采用的是风险列明方式。

(1) 保险期间内,被保险人或其允许的合法驾驶人在使用被保险机动车过程中,因下列原因造成被保险机动车的损失,保险人依照保险合同的约定负责赔偿:

1) 碰撞、倾覆、坠落;
2) 火灾、爆炸;
3) 外界物体坠落、倒塌;
4) 暴风、龙卷风;
5) 雷击、雹灾、暴雨、洪水、海啸;
6) 地陷、冰陷、崖崩、雪崩、泥石流、滑坡;
7) 载运被保险机动车的渡船遭受自然灾害(只限于驾驶人随船的情形)。

(2) 发生保险事故时,被保险人为防止或者减少被保险机动车的损失所支付的必要的、合理的施救费用,由保险人承担,最高不超过保险金额的数额。

(3) 非营业用汽车损失保险的保险责任与家庭自用汽车损失保险相比,列明风险中增加了"自燃",其他相同。

(4) 营业用汽车损失保险的保险责任与家庭自用汽车损失保险相比,列明风险中删除了"火灾""爆炸",其他相同。

3. 责任免除

该部分主要阐述保险公司不承担保险金赔偿责任的范围,是对保险责任的限制。

(1) 下列情况下,不论任何原因造成被保险机动车损失,保险人均不负责赔偿:

1) 地震及其次生灾害;
2) 战争、军事冲突、恐怖活动、暴乱、扣押、收缴、没收、政府征用;
3) 竞赛、测试,在营业性维修、养护场所修理、养护期间;

4）利用被保险机动车从事违法活动；

5）驾驶人饮酒、吸食或注射毒品、被药物麻醉后使用被保险机动车；

6）事故发生后，被保险人或其允许的驾驶人在未依法采取措施的情况下驾驶被保险机动车或者遗弃被保险机动车逃离事故现场，或故意破坏、伪造现场、毁灭证据；

7）驾驶人有下列情形之一者：

①无驾驶证或驾驶证有效期已届满；

②驾驶的被保险机动车与驾驶证载明的准驾车型不符；

③持未按规定审验的驾驶证，以及在暂扣、扣留、吊销、注销驾驶证期间驾驶被保险机动车；

④依照法律法规或公安机关交通管理部门有关规定不允许驾驶被保险机动车的其他情况下驾车。

8）非被保险人允许的驾驶人使用被保险机动车；

9）被保险机动车转让他人，被保险人、受让人未履行本保险合同规定的通知义务，且因转让导致被保险机动车危险程度显著增加而发生保险事故；

10）除另有约定外，发生保险事故时被保险机动车无公安机关交通管理部门核发的行驶证或号牌，或未按规定检验或检验不合格。

【案例 4-3】地震灾害导致的车辆损失保险公司拒赔

某地发生地震灾害，王某的汽车被山上飞落的滚石砸中（见图 4-5），车窗玻璃粉碎、车身严重变形。因王某的汽车购买了家庭自用汽车损失保险，遂向保险公司索赔。

图 4-5 地震中被砸变形的汽车

【案情分析】 地震是指因地壳发生急剧自然变异，影响地面而发生震动的现象。这是一种破坏力极大的灾害，当其发生时，大多数标的均会遭受损失，所以保险公司一般都把地震列为不保之列。车辆损失保险的责任免除部分明确列明地震是除外责任，即无论地震使车辆直接受损，还是造成外界物体倒塌所致车辆损失，保险人在车辆损失保险中都不负责赔偿。

【案例 4-4】在修理场所车辆出险保险公司拒赔

王某报案称自己的宝来轿车把一家美容店的墙撞毁，造成车损。接到报案后，接报案人员迅速反应，立即安排人员查勘。查勘人员到达事故现场，发现这是一家汽车美容装饰店，立即对车辆及墙体损坏部位拍照,同时详细了解案情,通过询问被保险人获悉,车辆是在美容过程中,为方便操作,美容店员工对车辆进行稍微移动,由于驾驶技术不熟练,导致车辆撞墙。此时,查勘人员对被保险人说,在修理场所造成的损失保险公司不予赔偿。美容店员工说,他们的营业性质是汽车美容,不是修理场所。查勘人员要求出示营业执照,并照相留底。营业执照上注明的营业性质为:小型汽车的修理和美容。遂拒赔。

【案情分析】此案是车辆在维修场所出事故,属于保险条款的责任免除范围,给予拒赔是正确的。但查勘人员务必要获得直接证据,不能只是简单套用条款。比如,如果被保险人说是自己刚到美容店进入美容车间时,由于观察不周,导致汽车撞墙,此时如果拒赔就比较困难。

(2)被保险机动车的下列损失和费用,保险人不负责赔偿:

1)自然磨损、朽蚀、腐蚀、故障;
2)玻璃单独破碎,车轮单独损坏;
3)无明显碰撞痕迹的车身划痕;
4)人工直接供油、高温烘烤造成的损失;
5)自燃以及不明原因火灾造成的损失;
6)遭受保险责任范围内的损失后,未经必要修理继续使用被保险机动车,致使损失扩大的部分;
7)因污染(含放射性污染)造成的损失;
8)市场价格变动造成的贬值、修理后价值降低引起的损失;
9)标准配置以外新增设备的损失;
10)发动机进水后导致的发动机损坏;
11)被保险机动车所载货物坠落、倒塌、撞击、泄漏造成的损失;
12)被盗窃、抢劫、抢夺,以及因被盗窃、抢劫、抢夺受到损坏或车上零部件、附属设备丢失;
13)被保险人或驾驶人的故意行为造成的损失;
14)应当由机动车交通事故责任强制保险赔偿的金额。

【案例4-5】轮胎单独损坏保险公司拒赔

张某将其所有的沃尔沃轿车向某保险公司投保了家庭自用汽车损失保险。某日,张某驾驶该车外出,在某城市街道正常行驶时,一行人突然从人行道上蹿出横穿马路,张某为避让行人及对向车道的车辆,向右打转向盘并猛踩制动踏板。由于行驶车速不快,车辆成功地避让了行人并停在了右侧的人行道上,但斜向撞击刮擦到人行道坚硬的花岗岩条石,沃尔沃轿车的右前轮轮胎都被击穿、爆裂,张某立即向交警部门和保险公司电话报案。查勘人员接到报案后立即赶赴现场,经现场查勘后认为,沃尔沃轿车除右前轮轮胎爆裂外,其他部位没有损失,属于家庭自用汽车损失保险条款除外责任"车轮单独损坏"的范围,保险公司不予赔偿。

【案情分析】"车轮单独损坏"属于除外责任明确列明内容,条款规定明确,同时,本案中仅一车轮单独损坏的损失事实清楚,所以保险公司最后给予拒赔是完全正常的。

【案例4-6】车身被飘落的油漆颗粒污染保险公司拒赔

王某拥有一辆黑色奥迪轿车,在保险公司投保了家庭自用汽车损失保险。2009年4月,王某因公出差,临走前将车停放楼下。5天后,返回家中,发现车身上落满了细小的银色油漆颗粒。王某向附近邻居询问,得知在其走后的第三天,有一安装金属门窗的施工队,对楼上的一些门窗进行喷漆处理。恰巧那天有一定风力,风将喷洒在空中的油漆粉粒吹落在王某停放的汽车上。当天施工队便离开,去向不明。同时,遭受损失的还有另外两辆汽车,因车主未参加任何保险,均自行处理。王某想到自己购买了汽车保险,遂向保险公司报案,要求保险公司赔偿为清除油漆颗粒而对全车进行喷漆的费用。保险公司查勘员对车辆损坏情况拍照后,遂告诉王某保险公司不负责赔付喷漆费用。

【案情分析】车辆损失保险条款的责任免除部分一般规定:因污染(含放射性污染)造成的损失,保险公司不负赔偿责任。其中,污染是指被保险机动车正常使用过程中或发生事故时,由于油料、尾气、货物或其他污染物的泄漏、飞溅、排放、散落等造成被保险机动车的污损或状况恶化。所以,保险公司拒赔正确。王某向保险公司索赔遭拒绝的情况下,可以向事故的责任者直接要求赔偿,即向施工队或施工队服务的甲方索赔。

(3)保险人在依据保险合同约定计算赔款的基础上,按照下列免赔率免赔:

1)负次要事故责任的免赔率为5%,负同等事故责任的免赔率为8%,负主要事故责任的免赔率为10%,负全部事故责任或单方肇事事故的免赔率为15%;

2)被保险机动车的损失应当由第三方负责赔偿的,无法找到第三方时,免赔率为30%;

3)被保险人根据有关法律法规规定选择自行协商方式处理交通事故,不能证明事故原因的,免赔率为20%;

4)投保时指定驾驶人,保险事故发生时为非指定驾驶人使用被保险机动车的,增加免赔率10%;

5)投保时约定行驶区域,保险事故发生在约定行驶区域以外的,增加免赔率10%。

(4)其他不属于保险责任范围内的损失和费用。

(5)非营业用汽车损失保险责任免除部分与家庭自用汽车损失保险相比,增加了部分责任免除规定:

1)实习期内驾驶执行任务的警车、消防车、救护车、工程救险车以及载有爆炸物品、易燃易爆化学物品、剧毒或者放射性等危险物品的被保险机动车,实习期内驾驶的被保险机动车牵引挂车;

2)使用各种专用机械车、特种车的人员无国家有关部门核发的有效操作证;

3)自燃仅造成电器、线路、供油系统、供气系统的损失。

(6)营业用汽车损失保险责任免除部分与家庭自用汽车损失保险相比,增加了部分责任免除规定:

1)实习期内驾驶公共汽车、营运客车或者载有爆炸物品、易燃易爆化学物品、剧毒或者放射性等危险物品的被保险机动车,实习期内驾驶的被保险机动车牵引挂车;

2)使用各种专用机械车、特种车的人员无国家有关部门核发的有效操作证,驾驶营运客车的驾驶人无国家有关部门核发的有效资格证书;

3)火灾、爆炸、自燃造成的损失;

4)违反安全装载规定的,增加免赔率 5%;因违反安全装载规定导致保险事故发生的,保险人不承担赔偿责任;

5)保险期间内发生多次保险事故的(自然灾害引起的事故除外),免赔率从第三次开始每次增加 5%。

【案例 4-7】私自改装车辆导致危险程度增加的拒赔

2009 年 12 月 22 日，山西某保险公司接到客户报案电话，称其一辆斯太尔车在山东省德州某县出险。保险公司委托德州公司代理查勘。德州公司与被保险人联系，了解了基本情况，并核对了基本信息。客户称：该车在县化肥厂内翻车，要求保险公司查勘员立即赶到，否则将用吊车吊起翻倒的车辆并赶回山西。德州公司查勘员明确告诉客户，必须保留现场，等候查勘现场，否则将对索赔不利。同时，查勘员立即驱车赶往事故发生地。

查勘发现，该车货箱加长、加高，同时怀疑其超载。但是，对于其超载，如果没有确凿证据，保户肯定不会承认。向其索要载货发票，保户称没有。考虑到该车是为县化肥厂送煤炭，进厂时应该有登记，于是立即到该厂过磅登记处查找资料，并同时用数码相机记录下该车进厂时微机登记的数据：毛重 71.9 吨。核对其行驶证，主车重 7 吨，挂车总质量为 51 吨，主挂车总质量应为 58 吨。该车超载 13.9 吨。在有力证据面前，驾驶员不得不承认超载。与其共同分析翻车原因：在车辆打开车箱左板卸煤时，大量的煤炭落到左车轮下，车箱左侧变轻；驾驶员移动车辆时，由于左轮下有煤炭导致左侧升高，又由于车右侧较重，造成重心右移，车体向右侧倾翻。因此，超载与翻车有着直接关系，超载造成了标的车的危险程度增加。经过有理有据的分析，保户认可了查勘员的分析结论。回到公司后，立即将该车超载情况与原承保公司联系，说明情况，并填写查勘意见，承保公司对委托公司的工作表示肯定，这使其在与保户的索赔事宜交涉中占据了主动。

【案情分析】《保险法》第 37 条规定："在合同有效期内，保险标的危险程度增加的，被保险人按照合同约定应当及时通知保险人，保险人有权要求增加保险费或者解除合同。被保险人未履行前款规定的通知义务的，因保险标的危险程度增加而发生的保险事故，保险人不承担赔偿责任"。保险公司的保险条款也规定：因违反安全装载规定导致保险事故发生的，保险人不承担赔偿责任。就本案来看，被保险人的行驶证明确载明了车辆的核定载重量，而被保险人却故意违反，严重超载，并引发翻车，且此为意外事故发生的唯一原因。显然，该案中被保险车辆的严重超载且未告知保险公司的情况严重违反了保险合同双方所签订的义务，属于被保险人不履行保险合同义务的违约行为。所以，保险人不应承担赔偿责任。

4. 保险金额

该部分主要阐述保险金额的确定方式，可按新车购置价、实际价值、协商价格等方式确定。

（1）保险金额由投保人和保险人从下列三种方式中选择确定，保险人根据确定保险金额的不同方式承担相应的赔偿责任：

1）按投保时被保险机动车的新车购置价确定。新车购置价是指在保险合同签订地购置与被保险机动车同类型新车的价格（含车辆购置税）。无同类型新车市场销售价格的，由投保人与保险人协商确定。

2）按投保时被保险机动车的实际价值确定。投保时被保险机动车的实际价值根据投保时的新车购置价减去折旧金额后的价格确定。被保险机动车的折旧按月计算，不足一个月的部分，不计折旧。9 座以下客车月折旧率为 0.6%，10 座以上客车月折旧率为 0.9%，最高折旧金额不超过投保时被保险机动车新车购置价的 80%。

折旧金额=投保时的新车购置价×被保险机动车已使用月数×月折旧率

3）在投保时被保险机动车的新车购置价内协商确定。

（2）非营业用汽车损失保险规定的非营业用汽车的折旧率见表4-1。

表4-1 非营业用汽车折旧率表

车辆种类	月折旧率
9座以下客车	0.60%
低速货车和三轮汽车	1.10%
其他车辆	0.90%

（3）营业用汽车损失保险规定的营业用汽车的折旧率见表4-2。

表4-2 营业用汽车折旧率表

车辆种类	月折旧率	
	出租	其他
客车	1.10%	0.90%
微型载货汽车	1.10%	1.10%
带拖挂的载货汽车	1.10%	1.10%
低速货车和三轮汽车	1.40%	1.40%
其他车辆	1.10%	0.90%

5. 赔偿处理

该部分主要阐述赔偿方式、赔偿免赔率和被保险人索赔时应提供的相关单证等。

（1）被保险人索赔时，应当向保险人提供与确认保险事故的性质、原因、损失程度等有关的证明和资料。

被保险人应当提供保险单、损失清单、有关费用单据、被保险机动车行驶证和发生事故时驾驶人的驾驶证。

属于道路交通事故的，被保险人应当提供公安机关交通管理部门或法院等机构出具的事故证明、有关的法律文书（判决书、调解书、裁定书、裁决书等）和通过机动车交通事故责任强制保险获得赔偿金额的证明材料。

属于非道路交通事故的，应提供相关的事故证明。

（2）保险事故发生时，被保险人对被保险机动车不具有保险利益的，不得向保险人请求赔偿。

（3）被保险人或被保险机动车驾驶人根据有关法律法规规定选择自行协商方式处理交通事故的，应当立即通知保险人，协助保险人勘验事故各方车辆、核实事故责任，并依照《交通事故处理程序规定》签订记录交通事故情况的协议书。

（4）因保险事故损坏的被保险机动车，应当尽量修复。修理前被保险人应当会同保险人检验，协商确定修理项目、方式和费用。否则，保险人有权重新核定；无法重新核定的，保险人有权拒绝赔偿。

（5）被保险机动车遭受损失后的残余部分由保险人、被保险人协商处理。

（6）保险人依据被保险机动车驾驶人在事故中所负的事故责任比例，承担相应的赔偿责任。

被保险人或被保险机动车驾驶人根据有关法律法规规定选择自行协商或由公安机关交通管理部门处理事故未确定事故责任比例的，按照下列规定确定事故责任比例：

被保险机动车方负主要事故责任的，事故责任比例为70%；

被保险机动车方负同等事故责任的，事故责任比例为50%；

被保险机动车方负次要事故责任的，事故责任比例为30%。

（7）保险人按下列方式赔偿：

1）按投保时被保险机动车的新车购置价确定保险金额的：

①发生全部损失时，在保险金额内计算赔偿，保险金额高于保险事故发生时被保险机动车实际价值的，按保险事故发生时被保险机动车的实际价值计算赔偿。

保险事故发生时被保险机动车的实际价值根据保险事故发生时的新车购置价减去折旧金额后的价格确定。

保险事故发生时的新车购置价根据保险事故发生时保险合同签订地同类型新车的市场销售价格（含车辆购置税）确定，无同类型新车市场销售价格的，由被保险人与保险人协商确定。

折旧金额=保险事故发生时的新车购置价×被保险机动车已使用月数×月折旧率

②发生部分损失时，按核定修理费用计算赔偿，但不得超过保险事故发生时被保险机动车的实际价值。

2）按投保时被保险机动车的实际价值确定保险金额或协商确定保险金额的：

①发生全部损失时，保险金额高于保险事故发生时被保险机动车实际价值的，以保险事故发生时被保险机动车的实际价值计算赔偿；保险金额等于或低于保险事故发生时被保险机动车实际价值的，按保险金额计算赔偿。

②发生部分损失时，按保险金额与投保时被保险机动车的新车购置价的比例计算赔偿，但不得超过保险事故发生时被保险机动车的实际价值。

3）施救费用赔偿的计算方式同1）、2），在被保险机动车损失赔偿金额以外另行计算，最高不超过保险金额的数额。被施救的财产中，含有本保险合同未承保财产的，按被保险机动车与被施救财产价值的比例分摊施救费用。

（8）保险事故发生时，被保险机动车重复保险的，保险人按照本保险合同的保险金额与各保险合同保险金额的总和的比例承担赔偿责任。其他保险人应承担的赔偿金额，保险人不负责赔偿和垫付。

（9）保险人受理报案、现场查勘、参与诉讼、进行抗辩、要求被保险人提供证明和资料、向被保险人提供专业建议等行为，均不构成保险人对赔偿责任的承诺。

（10）下列情况下，保险人支付赔款后，本保险合同终止，保险人不退还家庭自用汽车损失保险及其附加险的保险费：

1）被保险机动车发生全部损失；

2）按投保时被保险机动车的实际价值确定保险金额的，一次赔款金额与免赔金额之和（不含施救费）达到保险事故发生时被保险机动车的实际价值；

3）保险金额低于投保时被保险机动车的实际价值的，一次赔款金额与免赔金额之和（不含施救费）达到保险金额。

6. 附则

该部分主要阐述了术语含义和未尽事宜。

（1）保险合同（含附加险）中下列术语的含义：

1）不定值保险合同：指双方当事人在订立保险合同时不预先确定保险标的的保险价值，而是按照保险事故发生时保险标的的实际价值确定保险价值的保险合同。

2）碰撞：指被保险机动车与外界物体直接接触并发生意外撞击、产生撞击痕迹的现象。包括被保险机动车按规定载运货物时，所载货物与外界物体的意外撞击。

3）倾覆：指意外事故导致被保险机动车翻倒（两轮以上离地、车体触地），处于失去正常状态和行驶能力、不经施救不能恢复行驶的状态。

4）坠落：指被保险机动车在行驶中发生意外事故，整车腾空后下落，造成本车损失的情况。非整车腾空，仅由于颠簸造成被保险机动车损失的，不属坠落责任。

5）火灾：指被保险机动车本身以外的火源引起的、在时间或空间上失去控制的燃烧（即有热、有光、有火焰的剧烈的氧化反应）所造成的灾害。

6）暴风：指风速在28.5m/s（相当于11级大风）以上的大风。风速以气象部门公布的数据为准。

7）地陷：指地壳因为自然变异、地层收缩而发生突然塌陷以及海潮、河流、大雨侵蚀时，地下有孔穴、矿穴，以致地面突然塌陷。

8）玻璃单独破碎：指未发生被保险机动车其他部位的损坏，仅发生被保险机动车前后风挡玻璃和左右车窗玻璃的损坏。

9）车轮单独损坏：指未发生被保险机动车其他部位的损坏，仅发生轮胎、轮辋、轮毂罩的分别单独损坏，或上述三者之中任意二者的共同损坏，或三者的共同损坏。

10）自燃：指在没有外界火源的情况下，由于本车电器、线路、供油系统、供气系统等被保险机动车自身原因发生故障或所载货物自身原因起火燃烧。

11）单方肇事事故：指不涉及与第三方有关的损害赔偿的事故，但不包括因自然灾害引起的事故。

（2）保险人按照保险监管部门批准的机动车保险费率方案计算保险费。

（3）在投保家庭自用汽车损失保险的基础上，投保人可投保附加险。附加险条款未尽事宜，以本条款为准。

4.1.3 车上人员责任险

车上人员责任险由总则、保险责任、责任免除、责任限额、保险期间、保险人义务、投保人与被保险人义务、赔偿处理、保险费调整、合同变更和终止、争议处理、附则等组成。保险期间、保险人义务、投保人与被保险人义务、赔偿处理、保险费调整、合同变更和终止、争议处理、附则的规定与机动车第三者责任保险基本相同，此处不再赘述。

1. 总则

（1）机动车车上人员责任保险合同由保险条款、投保单、保险单、批单和特别约定共同组成。凡涉及本保险合同的约定，均应采用书面形式。

（2）保险合同中的车上人员是指保险事故发生时在被保险机动车上的自然人。

2. 保险责任

保险期间内，被保险人或其允许的合法驾驶人在使用被保险机动车过程中发生意外事故，致使车上人员遭受人身伤亡，依法应当由被保险人承担的损害赔偿责任，保险人依照本保险合同的约定负责赔偿。

3. 责任免除

（1）被保险机动车造成下列人身伤亡，不论在法律上是否应当由被保险人承担赔偿责任，保险人均不负责赔偿：

1）被保险人或驾驶人的故意行为造成的人身伤亡；

2）被保险人及驾驶人以外的其他车上人员的故意、重大过失行为造成的自身伤亡；

3）违法、违章搭乘人员的人身伤亡；

4）车上人员因疾病、分娩、自残、斗殴、自杀、犯罪行为造成的自身伤亡；

5）车上人员在被保险机动车车下时遭受的人身伤亡。

（2）下列情况下，不论任何原因造成的对车上人员的损害赔偿责任，保险人均不负责赔偿：

1）地震及其次生灾害；

2）战争、军事冲突、恐怖活动、暴乱、扣押、收缴、没收、政府征用；

3）竞赛、测试、教练，在营业性维修、养护场所修理、养护期间；

4）利用被保险机动车从事违法活动；

5）驾驶人饮酒、吸食或注射毒品、被药物麻醉后使用被保险机动车；

6）事故发生后，被保险人或其允许的驾驶人在未依法采取措施的情况下驾驶被保险机动车或者遗弃被保险机动车离开事故现场，或故意破坏、伪造现场、毁灭证据；

7）驾驶人不合法的规定同第三者责任险；

8）非被保险人允许的驾驶人驾驶被保险机动车；

9）被保险机动车转让他人，被保险人、受让人未履行本保险合同第三十条规定的通知义务，且因转让导致被保险机动车危险程度显著增加而发生保险事故；

10）除另有约定外，发生保险事故时被保险机动车无公安机关交通管理部门核发的行驶证或号牌，或未按规定检验或检验不合格。

（3）下列损失和费用，保险人不负责赔偿：

1）精神损害赔偿；

2）因污染（含放射性污染）造成的人身伤亡；

3）仲裁或者诉讼费用以及其他相关费用；

4）应当由机动车交通事故责任强制保险赔偿的损失和费用。

（4）保险人在依据本保险合同约定计算赔款的基础上，在保险单载明的责任限额内，按下列免赔率免赔：

1）负次要事故责任的免赔率为5%，负同等事故责任的免赔率为8%，负主要事故责任的免赔率为10%，负全部事故责任或单方肇事事故的免赔率为15%；

2）投保时指定驾驶人，保险事故发生时为非指定驾驶人使用被保险机动车的，增加免赔率10%；

3）投保时约定行驶区域，保险事故发生在约定行驶区域以外的，增加免赔率10%。

（5）其他不属于保险责任范围内的损失和费用。

4. 责任限额

（1）驾驶人每次事故责任限额和乘客每次事故每人责任限额由投保人和保险人在投保时协商确定。

（2）投保乘客座位数按照被保险机动车的核定载客数（驾驶人座位除外）确定。

4.1.4 全车盗抢险

全车盗抢险由总则、保险责任、责任免除、责任限额、保险期间、保险人义务、投保人与被保险人义务、赔偿处理、保险费调整、合同变更和终止、争议处理、附则等组成。保险期间、保险人义务、投保人与被保险人义务、保险费调整、合同变更和终止、争议处理、附则的规定与机动车损失保险相似，此处不再赘述。

1. 总则

（1）机动车盗抢保险合同由保险条款、投保单、保险单、批单和特别约定共同组成。凡涉及本保险合同的约定，均应采用书面形式。

（2）保险合同中的机动车是指在中华人民共和国境内（不含港、澳、台地区）行驶，以动力装置驱动或者牵引，上道路行驶的供人员乘用或者用于运送物品以及进行专项作业的轮式车辆（含挂车）、履带式车辆和其他运载工具。

（3）保险合同为不定值保险合同。保险人按照承保险别承担保险责任。附加险不能单独投保。

2. 保险责任

保险期间内，被保险机动车的下列损失和费用，保险人依照本保险合同的约定负责赔偿：

（1）被保险机动车被盗窃、抢劫、抢夺，经出险当地县级以上公安刑侦部门立案证明，满60天未查明下落的全车损失；

（2）被保险机动车全车被盗窃、抢劫、抢夺后，受到损坏或车上零部件、附属设备丢失需要修复的合理费用；

（3）被保险机动车在被抢劫、抢夺过程中，受到损坏需要修复的合理费用。

3. 责任免除

（1）下列情况下，不论任何原因造成被保险机动车损失，保险人均不负责赔偿：

1）地震及其次生灾害；

2）战争、军事冲突、恐怖活动、暴乱、扣押、收缴、没收、政府征用；

3）竞赛、测试、教练，在营业性维修、养护场所修理、养护期间；

4）利用被保险机动车从事违法活动；

5）驾驶人饮酒、吸食或注射毒品、被药物麻醉后使用被保险机动车；

6）非被保险人允许的驾驶人使用被保险机动车；

7）租赁机动车与承租人同时失踪；

8）被保险机动车转让他人，被保险人、受让人未履行保险合同规定的通知义务，且因转让导致被保险机动车危险程度显著增加而发生保险事故；

9）除另有约定外，发生保险事故时被保险机动车无公安机关交通管理部门核发的行驶证或号牌，或未按规定检验或检验不合格；

10）被保险人索赔时，未能提供机动车停驶手续或出险当地县级以上公安刑侦部门出具的盗抢立案证明。

（2）被保险机动车的下列损失和费用，保险人不负责赔偿：

1）自然磨损、朽蚀、腐蚀、故障；

2）遭受保险责任范围内的损失后，未经必要修理继续使用被保险机动车，致使损失扩大的部分；

3）市场价格变动造成的贬值、修理后价值降低引起的损失；

4）标准配置以外新增设备的损失；

5）非全车遭盗窃，仅车上零部件或附属设备被盗窃或损坏；

6）被保险机动车被诈骗造成的损失；

7）被保险人因民事、经济纠纷而导致被保险机动车被抢劫、抢夺；

8）被保险人及其家庭成员、被保险人允许的驾驶人的故意行为或违法行为造成的损失。

（3）被保险机动车被盗窃、抢劫、抢夺期间造成人身伤亡或本车以外的财产损失，保险人不负责赔偿。

（4）保险人在依据本保险合同约定计算赔款的基础上，按下列免赔率免赔：

1）发生全车损失的，免赔率为20%；

2）发生全车损失，被保险人未能提供《机动车行驶证》《机动车登记证书》、机动车来历凭证、车辆购置税完税证明（车辆购置附加费缴费证明）或免税证明的，每缺少一项，增加免赔率1%；

3）投保时指定驾驶人，保险事故发生时为非指定驾驶人使用被保险机动车的，增加免赔率5%；

4）投保时约定行驶区域，保险事故发生在约定行驶区域以外的，增加免赔率10%。

（5）其他不属于保险责任范围内的损失和费用。

4. 保险金额

保险金额由投保人和保险人在投保时被保险机动车的实际价值内协商确定。

投保时被保险机动车的实际价值根据投保时的新车购置价减去折旧金额后的价格确定。折旧率见表4-3。

表4-3 折旧率表

车辆种类	月折旧率				
	家庭自用	非营业	营业		特种车
			出租	其他	
9座以下客车	0.60%	0.60%	1.10%	0.90%	/
10座以上客车	0.90%	0.90%	1.10%	0.90%	/
微型载货汽车	/	0.90%	1.10%	1.10%	/
带拖挂的载货汽车	/	0.90%	1.10%	1.10%	/
低速货车和三轮汽车	/	1.10%	1.40%	1.40%	/
矿山专用车	/	/	/	/	1.10%
其他车辆	/	0.90%	1.10%	0.90%	0.90%

折旧按月计算，不足一个月的部分，不计折旧。最高折旧金额不超过投保时被保险机动车新车购置价的80%。

折旧金额=投保时的新车购置价×被保险机动车已使用月数×月折旧率

5. 赔偿处理

（1）被保险人索赔时，须提供保险单、损失清单、有关费用单据、《机动车行驶证》《机动车登记证书》、机动车来历凭证、车辆购置税完税证明（车辆购置附加费缴费证明）或免税证明、机动车停驶手续以及出险当地县级以上公安刑侦部门出具的盗抢立案证明。

（2）保险事故发生时，被保险人对被保险机动车不具有保险利益的，不得向保险人请求赔偿。

（3）因保险事故损坏的被保险机动车，应当尽量修复。修理前被保险人应当会同保险人检验，协商确定修理项目、方式和费用。否则，保险人有权重新核定；无法重新核定的，保险人有权拒绝赔偿。

（4）保险人按下列方式赔偿：

①全车损失，在保险金额内计算赔偿，但不得超过保险事故发生时被保险机动车的实际价值。

保险事故发生时被保险机动车的实际价值根据保险事故发生时的新车购置价减去折旧金额后的价格确定。

保险事故发生时的新车购置价根据保险事故发生时保险合同签订地同类型新车的市场销售价格（含车辆购置税）确定，无同类型新车市场销售价格的，由被保险人与保险人协商确定。

折旧金额=保险事故发生时的新车购置价×被保险机动车已使用月数×月折旧率

②部分损失，在保险金额内按实际修复费用计算赔偿，但不得超过保险事故发生时被保险机动车的实际价值。

（5）保险人确认索赔单证齐全、有效后，被保险人签具权益转让书，保险人赔付结案。

（6）被保险机动车全车被盗窃、抢劫、抢夺后被找回的：

保险人尚未支付赔款的，被保险机动车应归还被保险人。

保险人已支付赔款的，被保险机动车应归还被保险人，被保险人应将赔款返还给保险人；被保险人不同意收回被保险机动车，被保险机动车的所有权归保险人，被保险人应协助保险人办理有关手续。

（7）保险事故发生时，被保险机动车重复保险的，保险人按照本保险合同的保险金额与各保险合同保险金额的总和的比例承担赔偿责任。

其他保险人应承担的赔偿金额，保险人不负责赔偿和垫付。

（8）保险人受理报案、现场查勘、参与诉讼、进行抗辩、要求被保险人提供证明和资料、向被保险人提供专业建议等行为，均不构成保险人对赔偿责任的承诺。

（9）下列情况下，保险人支付赔款后，保险合同终止，保险人不退还机动车盗抢保险及其附加险的保险费：

①被保险机动车发生全车损失；

②按投保时被保险机动车的实际价值确定保险金额的，部分损失一次赔款金额与免赔金额之和（不含施救费）达到保险事故发生时被保险机动车的实际价值；

③保险金额低于投保时被保险机动车的实际价值的，部分损失一次赔款金额与免赔金额

之和（不含施救费）达到保险金额。

4.1.5 其他主险

其他主险包括特种车保险、摩托车拖拉机保险、提车保险等。

1. 特种车保险

（1）特种车是指在中华人民共和国境内（不含港、澳、台地区）行驶的，用于牵引、清障、清扫、起重、装卸、升降、搅拌、挖掘、推土、压路等的各种轮式或履带式专用机动车，或车内装有固定专用仪器设备，从事专业工作的监测、消防、清洁、医疗、电视转播、雷达、X光检查等机动车，或油罐车、汽罐车、液罐车、冷藏车、集装箱拖头以及约定的其他机动车。

（2）机动车损失保险保险责任。

1）保险期间内，被保险人或其允许的合法驾驶人或操作人员在使用被保险机动车过程中，因下列原因造成被保险机动车的损失，保险人依照保险合同的约定负责赔偿：

①碰撞、倾覆、坠落；

②火灾、爆炸、自燃；

③外界物体坠落、倒塌；

④暴风、龙卷风；

⑤雷击、雹灾、暴雨、洪水、海啸；

⑥地陷、冰陷、崖崩、雪崩、泥石流、滑坡；

⑦载运被保险机动车的渡船遭受自然灾害（只限于驾驶人或操作人员随船的情形）。

2）发生保险事故时，被保险人为防止或者减少被保险机动车的损失所支付的必要的、合理的施救费用，由保险人承担，最高不超过保险金额的数额。

（3）第三者责任保险保险责任。

保险期间内，被保险人或其允许的合法驾驶人或操作人员在使用被保险机动车过程中发生意外事故，致使第三者遭受人身伤亡或财产直接损毁，依法应当由被保险人承担的损害赔偿责任，保险人依照本保险合同的约定，对于超过机动车交通事故责任强制保险各分项赔偿限额以上的部分负责赔偿。

（4）特种车的折旧率（见表4-4）。

表4-4 折旧率表

车辆种类	月折旧率
矿山专用车	1.10%
其他车辆	0.90%

2. 摩托车、拖拉机保险保险责任

（1）摩托车是指在中华人民共和国境内行驶的，以燃料或电瓶为动力的各种两轮、三轮摩托车、电动车和残疾人专用车。

（2）拖拉机是指在中华人民共和国境内行驶的轮式拖拉机（含轮式收割机）。

（3）机动车损失保险保险责任。

1）保险期间内，被保险人或其允许的驾驶人在使用被保险机动车过程中，因下列原因造成被保险机动车的损失，保险人依照保险合同的约定负责赔偿：

①碰撞、倾覆、坠落；

②火灾、爆炸；

③外界物体坠落、倒塌；

④暴风、龙卷风；

⑤雷击、雹灾、暴雨、洪水、海啸；

⑥地陷、冰陷、崖崩、雪崩、泥石流、滑坡；

⑦载运被保险机动车的渡船遭受自然灾害（只限于驾驶人随船的情形）。

2）发生保险事故时，被保险人为防止或者减少被保险机动车的损失所支付的必要的、合理的施救费用，由保险人承担，最高不超过保险金额的数额。

（4）第三者责任保险保险责任。

保险期间内，被保险人或其允许的合法驾驶人在使用被保险机动车过程中发生意外事故，致使第三者遭受人身伤亡或财产直接损毁，依法应当由被保险人承担的损害赔偿责任，保险人依照本保险合同的约定，对于超过机动车交通事故责任强制保险各分项赔偿限额以上的部分负责赔偿。

3. 机动车提车保险

（1）保险合同中的机动车是指持有检验合格证、移动证或临时号牌，尚未领取公安机关交通管理部门核发的行驶证和正式号牌的汽车、专用机械车和特种车及约定的其他车辆。

（2）提车是指汽车制造商、销售商或购买人将机动车从保单载明的产地或关税缴讫地行驶到销售地，或从销售地行驶到购买人指定地点。

（3）机动车提车保险条款由机动车损失保险、第三者责任保险、车上人员责任保险和通用条款四部分组成。

4.2 附加险与特约条款

4.2.1 玻璃单独破碎险

投保了机动车损失保险的机动车，可投保本附加险。

1. 保险责任

被保险机动车风挡玻璃或车窗玻璃的单独破碎，保险人负责赔偿。

2. 投保方式

投保人与保险人可协商选择按进口或国产玻璃投保。保险人根据协商选择的投保方式承担相应的赔偿责任。

3. 责任免除

安装、维修机动车过程中造成的玻璃单独破碎。

4.2.2 车身划痕损失险

投保了机动车损失保险的机动车，可投保本附加险。

1. 保险责任

无明显碰撞痕迹的车身划痕损失，保险人负责赔偿。

2. 责任免除

被保险人及其家庭成员、驾驶人及其家庭成员的故意行为造成的损失。

3. 保险金额

保险金额为 2000 元、5000 元、10000 元或 20000 元，由投保人和保险人在投保时协商确定。

4. 赔偿处理

（1）在保险金额内按实际修理费用计算赔偿。

（2）每次赔偿实行 15% 的免赔率。

（3）在保险期间内，累计赔款金额达到保险金额，本附加险保险责任终止。

4.2.3 自燃损失险

投保了家庭自用汽车损失保险的机动车，可投保本附加险。

1. 保险责任

（1）因被保险机动车电器、线路、供油系统、供气系统发生故障或所载货物自身原因起火燃烧造成本车的损失；

（2）发生保险事故时，被保险人为防止或者减少被保险机动车的损失所支付的必要的、合理的施救费用。

2. 责任免除

（1）自燃仅造成电器、线路、供油系统、供气系统的损失；

（2）所载货物自身的损失。

3. 保险金额

保险金额由投保人和保险人在投保时被保险机动车的实际价值内协商确定。

4. 赔偿处理

（1）全部损失，在保险金额内计算赔偿；部分损失，在保险金额内按实际修理费用计算赔偿。

（2）每次赔偿实行 20% 的免赔率。

4.2.4 可选免赔额特约条款

投保了机动车损失保险的机动车可附加本特约条款。保险人按投保人选择的免赔额给予相应的保险费优惠。

被保险机动车发生机动车损失保险合同约定的保险事故，保险人在按照机动车损失保险合同的约定计算赔款后，扣减本特约条款约定的免赔额。

4.2.5 新增加设备损失险

投保了机动车损失保险的机动车，可投保本附加险。

1. 保险责任

保险期间内，投保了本附加险的被保险机动车因发生机动车损失保险责任范围内的事故，造成车上新增加设备的直接损毁，保险人在保险单载明的本附加险的保险金额内，按照实际损失计算赔偿。

2．保险金额

保险金额根据新增加设备的实际价值确定。新增加设备的实际价值是指新增加设备的购置价减去折旧金额后的金额。

新增设备的折旧率以本条款所对应的主险条款规定为准。

3．赔偿处理

每次赔偿的免赔率以本条款所对应的主险条款规定为准。

4．其他事项

本保险所指新增加设备，是指被保险机动车出厂时原有各项设备以外，被保险人加装的设备及设施。投保时，应当列明车上新增加设备明细表及价格。

4.2.6 车上货物责任险

投保了机动车第三者责任保险的机动车，可投保本附加险。

1．保险责任

保险期间内，发生意外事故致使被保险机动车所载货物遭受直接损毁，依法应由被保险人承担的损害赔偿责任，保险人负责赔偿。

2．责任免除

（1）偷盗、哄抢、自然损耗、本身缺陷、短少、死亡、腐烂、变质造成的货物损失；

（2）违法、违章载运或因包装不善造成的损失；

（3）车上人员携带的私人物品；

（4）应当由机动车交通事故责任强制保险赔偿的损失和费用。

3．责任限额

责任限额由投保人和保险人在投保时协商确定。

4．赔偿处理

被保险人索赔时，应提供运单、起运地货物价格证明等相关单据。保险人在责任限额内按起运地价格计算赔偿。每次赔偿实行20%的免赔率。

4.2.7 不计免赔率特约条款

经特别约定，保险事故发生后，按照对应投保的险种规定的免赔率计算的、应当由被保险人自行承担的免赔金额部分，保险人负责赔偿。

下列情况下，应当由被保险人自行承担的免赔金额，保险人不负责赔偿：

（1）机动车损失保险中应当由第三方负责赔偿而无法找到第三方的；

（2）被保险人根据有关法律法规规定选择自行协商方式处理交通事故，但不能证明事故原因的；

（3）因违反安全装载规定而增加的；

（4）投保时指定驾驶人，保险事故发生时为非指定驾驶人使用被保险机动车而增加的；

（5）投保时约定行驶区域，保险事故发生在约定行驶区域以外而增加的；

（6）因保险期间内发生多次保险事故而增加的；

（7）发生机动车盗抢保险规定的全车损失保险事故时，被保险人未能提供《机动车行驶证》《机动车登记证书》、机动车来历凭证、车辆购置税完税证明（车辆购置附加费缴费证明）或免税证明而增加的；

（8）可附加本条款但未选择附加本条款的险种规定的；

（9）不可附加本条款的险种规定的。

4.2.8 其他

1. 火灾、爆炸、自燃损失险

投保了营业用汽车损失保险的机动车，可投保本附加险。

（1）保险责任。

1）火灾、爆炸、自燃造成被保险机动车的损失；

2）发生保险事故时，被保险人为防止或者减少被保险机动车的损失所支付的必要的、合理的施救费用。

（2）责任免除。

1）自燃仅造成电器、线路、供油系统、供气系统的损失；

2）所载货物自身的损失；

3）轮胎爆裂的损失；

4）人工直接供油、高温烘烤造成的损失。

（3）保险金额。

保险金额由投保人和保险人在投保时被保险机动车的实际价值内协商确定。

（4）赔偿处理。

1）全部损失，在保险金额内计算赔偿；部分损失，在保险金额内按实际修理费用计算赔偿。

2）每次赔偿实行20%的免赔率。

2. 发动机特别损失险

投保了家庭自用汽车损失保险或非营业用汽车损失保险的机动车，可投保本附加险。

（1）保险责任。

保险期间内，投保了本附加险的被保险机动车在使用过程中，因下列原因导致发动机进水而造成发动机的直接损毁，保险人负责赔偿：

1）被保险机动车在积水路面涉水行驶；

2）被保险机动车在水中启动；

3）发生上述保险事故时被保险人或其允许的驾驶人对被保险机动车采取施救、保护措施所支出的合理费用。

（2）赔偿处理。

1）在发生保险事故时被保险机动车的实际价值内计算赔偿，但不超过被保险机动车的保险金额；

2）本保险每次赔偿均实行20%的免赔率。

3. 机动车停驶损失险

投保了机动车损失保险的机动车，可投保本附加险。

（1）保险责任。

保险期间内，因发生机动车损失保险的保险事故，致使被保险机动车停驶，保险人在保险单载明的保险金额内承担赔偿责任。

（2）责任免除。

下列情况导致被保险机动车停驶的，保险人不承担赔偿责任：

1）被保险人或驾驶人未及时将被保险机动车送修或拖延修理时间；

2）因修理质量不合格重新返修。

（3）保险金额。

保险金额按照投保时约定的日赔偿金额乘以约定的赔偿天数确定；约定的日赔偿金额最高为300元，约定的赔偿天数最长为60天。

（4）赔偿处理。

全车损失，按保险单载明的保险金额计算赔偿；部分损失，在保险金额内按约定的日赔偿金额乘以从送修之日起至修复之日止的实际天数计算赔偿，实际天数超过双方约定修理天数的，以双方约定的修理天数为准。

保险期间内，累计赔款金额达到保险单载明的保险金额，本附加险保险责任终止。

4. 代步机动车服务特约条款

投保了家庭自用汽车损失保险或非营业用汽车损失保险的9座以下客车，可附加本特约条款。

（1）保险责任。

保险期间内，被保险机动车因遭受机动车损失保险合同约定的保险事故而修理，且被保险人在修理期限内需要代步机动车并提出请求的，保险人依照本特约条款的约定提供代步机动车。

（2）责任免除。

具有下列情形之一的，保险人不负责提供代步机动车：

1）被保险机动车处于查封、扣押期间的；

2）被保险机动车因修理质量不合格，处于返修期间的；

3）被保险人或驾驶人未及时将被保险机动车送修或拖延修理时间的；

4）被保险机动车发生全部损失或推定全损的；

5）机动车损失保险合同约定的保险事故以外的原因造成被保险机动车损失的。

（3）服务期限。

1）被保险人依照本特约条款要求提供代步机动车服务的，应当在保险事故发生后及时向保险人提出请求，与保险人协商确定事故机动车的修理期限。

2）保险人提供代步机动车服务的期限与修理期限一致。实际修理期限少于协商确定的修理期限的，以实际修理期限为准；实际修理期限超过协商确定的修理期限的，以协商确定的修理期限为准。

3）保险人对每次提供代步机动车服务的期限进行累计计算，累计服务期限最长为60日。

（4）责任终止。

具有下列情形之一的，本特约条款的保险责任终止：

1）机动车损失保险合同终止的；

2）保险人提供代步机动车的累计服务期限达到60日的；

3）本特约条款依照法律、行政法规规定或投保人与保险人的约定终止的。

（5）其他事项。

1）保险人提供的代步机动车仅满足被保险人基本的日常代步需要，具体机动车的品牌型号由保险人确定。

2）被保险人使用保险人提供的代步机动车期间，除代步机动车租金以外的一切费用、责任或损失，保险人均不负责承担。

5. 更换轮胎服务特约条款

投保了家庭自用汽车损失保险或非营业用汽车损失保险的机动车，可附加本特约条款。

（1）保险责任。

保险期间内，在约定区域内被保险机动车因轮胎损坏而无法行驶，经被保险人请求，由保险人或其受托人提供更换轮胎服务；因此产生的服务费用，由保险人依照本特约条款的约定承担。

（2）责任免除。

1）非保险人或其受托人提供更换轮胎服务所产生的费用，保险人不负责赔偿；

2）所更换的轮胎的成本费用，保险人不负责赔偿；

3）法律或国家有关部门规定不允许进入的区域，保险人不提供服务并不承担相关费用；

4）其他不属于本特约条款第一条约定的保险责任范围内的损失和费用，保险人不负责赔偿。

6. 送油、充电服务特约条款

投保了家庭自用汽车损失保险或非营业用汽车损失保险的机动车，可附加本特约条款。

（1）保险责任。

保险期间内，在约定区域内被保险机动车因缺油、缺电而无法行驶，经被保险人请求，由保险人或其受托人提供送油（每次以10公升为限）、充电服务；因此产生的服务费用，由保险人依照本特约条款的约定承担。

（2）责任免除。

1）非保险人或其受托人提供送油、充电服务所产生的费用，保险人不负责赔偿；

2）油料的成本费用，保险人不负责赔偿；

3）所更换的蓄电池或其他零部件的成本费用，保险人不负责赔偿；

4）法律或国家有关部门规定不允许进入的区域，保险人不提供服务并不承担相关费用；

5）其他不属于本特约条款第一条约定的保险责任范围内的损失和费用，保险人不负责赔偿。

7. 拖车服务特约条款

投保了家庭自用汽车损失保险或非营业用汽车损失保险的机动车，可附加本特约条款。

（1）保险责任。

保险期间内，在约定区域内被保险机动车因发生意外事故或故障而丧失行驶能力，经被保险人请求，保险人或其受托人向被保险人提供将被保险机动车拖至上述约定区域内修理场所的拖车服务；因此产生的服务费用，由保险人依照本特约条款的约定承担。

（2）责任免除。

1）非保险人或其受托人提供拖车服务所产生的费用，保险人不负责赔偿；

2）法律或国家有关部门规定不允许进入的区域，保险人不提供服务并不承担相关费用；

3）其他不属于本特约条款约定的保险责任范围内的损失和费用，保险人不负责赔偿。

8. 换件特约条款

投保了家庭自用汽车损失保险或非营业用汽车损失保险的使用年限在 3 年以内、9 座以下的客车，可附加本特约条款。

（1）保险责任。

保险期间内，因发生机动车损失保险的保险事故，造成被保险机动车的损坏而需要修复时，对受损零部件维修费用达到该部件更换费用 20%的，保险人按照保险合同的约定对应予修理的配件给予更换。

（2）赔偿处理。

1）被保险机动车遭受损失后，受损零部件按最小可分解件进行更换，被更换的零部件归保险人所有。

2）车身的漆面损伤不做换件处理。

9. 随车行李物品损失保险

投保了家庭自用汽车损失保险或非营业用汽车损失保险的机动车，可投保本附加险。

（1）保险责任。

保险期间内，投保了本附加险的机动车因发生机动车损失保险责任范围内的事故，造成车上所载行李物品的直接损毁，保险人在保险单载明的本附加险的保险金额内，对实际损失依据被保险机动车驾驶人在事故中所负责任比例，承担相应的赔偿责任。

（2）责任免除。

1）下列财产的损失，保险人不负责赔偿：

①金银、珠宝、钻石及制品、玉器、水晶制品、首饰、古币、古玩、字画、邮票、艺术品、稀有金属等珍贵财物；

②货币、票证、有价证券、文件、书籍、帐册、图表、技术资料、电脑资料、枪支弹药以及无法鉴定价值的物品；

③电话、电视、音像设备及制品、电脑及软件；

④国家明文规定的违禁物品、易燃、易爆以及其他危险物品；

⑤动物、植物；

⑥用于商业和贸易目的的货物或样品。

2）行李物品丢失、被盗窃、抢劫、抢夺，以及因丢失、被盗窃、抢劫、抢夺受到的损坏，保险人不负责赔偿。

（3）保险金额。

本附加险的保险金额由保险人和投保人在投保时协商确定，并在保险单中载明。

（4）赔偿处理。

1）被保险人向保险人申请索赔时，应提供证明损失物品价值的相关凭据和残骸以及其他与确认保险事故的性质、原因、损失程度等有关的证明和资料；

2）每次赔偿的免赔率以本条款所对应的主险条款规定为准；

3）保险期间内，累计赔款金额达到保险单载明的本附加险的保险金额，本附加险保险责任终止。

10. 新车特约条款

（1）适用范围。

1）本特约条款适用于已投保家庭自用汽车损失保险条款和不计免赔率特约条款，或者投保非营业用汽车损失保险条款和不计免赔率特约条款的核定座位在9座以下的客车，且机动车损失保险应满足以下条件：

①保险金额按照新车购置价确定；

②保险期间届满之日在被保险机动车初次登记之日起37个月之内。

2）下列机动车，不适用本特约条款：

①贷款所购的机动车；

②设置抵押权的机动车；

③用于租赁或营业运输的机动车。

（2）责任免除。

1）因下列人员的故意或重大过失导致被保险机动车的损失，保险人不负责赔偿：

①投保人、被保险人及其家庭成员；

②被保险机动车驾驶人；

③被保险人的代理人和雇员。

2）贷款所购机动车、设置抵押权的机动车以及用于租赁或营业运输的机动车发生的损失，保险人不负责赔偿。

（3）赔偿处理。

1）被保险机动车在一次保险事故中，造成被保险机动车全部损失或部分损失且核定修理费用达到协定金额，保险人选择以下方式负责赔偿：

①置换新车。以相同品牌、型号的车辆替换受损被保险机动车的方式予以赔偿。置换新车的购置价以保险金额为限。如国内市场上无相同品牌、型号车辆，则以相近型号或相同规格、配置的车辆予以赔偿。

②支付赔款。在保险金额内按保险事故发生时被保险机动车的新车购置价支付赔款。

③协定金额指保险金额和协定比例的乘积。协定比例由投保人和保险人在签订保险合同时按照50%、60%和70%的档次协商确定，并在保险单中载明。

2）保险人履行赔偿义务后，被保险机动车的所有权归保险人，被保险人应协助保险人办理有关手续。

（4）其他。

保险人以置换新车或者支付赔款的方式予以赔偿后，保险合同终止，保险人不退还机动车损失保险及其附加险的保险费。

11. 交通事故精神损害赔偿责任保险

投保人在同时投保了机动车第三者责任保险和车上人员责任保险的基础上，可投保本附加险。

（1）保险责任。

保险期间内，被保险机动车在使用过程中，发生意外事故，致使第三者或本车上人员的残疾、烧伤、死亡或怀孕妇女流产，受害方据此提出的精神损害赔偿请求，依照法院生效判决或者经事故双方当事人协商一致并经保险人书面同意的，应由被保险人承担的精神损害赔偿责任，保险人在本保险合同约定的责任限额内负责赔偿。

（2）责任免除。

发生以下情形或损失之一者，保险人不承担精神损害赔偿责任：

1）被保险机动车驾驶人在事故中无过错；

2）被保险机动车未发生直接碰撞事故，仅因第三者或本车上人员的惊恐而引起的损害；

3）怀孕妇女的流产发生在交通事故发生之日起30天以外的；

4）被保险机动车违反安全装载规定；

5）应当由机动车交通事故责任强制保险赔偿的损失和费用。

（3）责任限额。

每次事故责任限额和每次事故每人责任限额由投保人和保险人在签订保险合同时协商确定，其中每次事故每人责任限额不超过5万元。

（4）赔偿处理。

1）按人民法院对被保险人应承担精神损害赔偿责任的生效判决以及保险合同的约定进行赔偿；协商、调解结果中所确定的被保险人的精神损害赔偿责任，经保险人书面同意后，保险人负责赔偿。

2）每次事故赔偿实行20%的免赔率。

12. 教练车特约条款

投保了机动车损失保险、第三者责任保险或车上人员责任保险的专用教练车，可附加本特约条款。

保险期间内，对于尚未取得合法机动车驾驶证，但已通过合法教练机构正式学车手续的学员，在固定练习场所或指定路线，并有合格教练随车指导的情况下驾驶被保险机动车时，发生对应投保主险保险责任范围内的事故，保险人负责赔偿。

13. 油污污染责任保险

投保人在同时投保了机动车损失保险和第三者责任保险的基础上，可投保本附加险。

（1）保险责任。

保险期间内，被保险机动车在使用过程中发生意外事故，由于被保险机动车或第三方机动车自身油料或所载油料泄漏造成道路的污染损失及清理费用，依法应由被保险人承担的损害赔偿责任，保险人依照合同约定负责赔偿。

（2）责任免除。

1）道路以外的损失；

2）由于污染所导致的罚款及任何间接损失；

3）应当由机动车交通事故责任强制保险赔偿的损失和费用。

（3）责任限额。

每次事故责任限额由投保人和保险人按5万元、10万元、20万元、30万元、50万元的档次协商确定。

（4）赔偿处理。

1）保险事故发生后，根据法院、仲裁机构依法判决、裁定、裁决或调解，或者经事故双方当事人协商一致并经保险人书面同意的，应由被保险人承担的损害赔偿责任，保险人在保险单载明的本附加险责任限额内给予赔偿。

2）被保险人索赔时，应提供公安机关交通管理部门、交通行政管理部门等出具的事故证明、事故现场记录以及其他与确认保险事故的性质、原因、损失程度等有关的证明和资料。

3）每次事故赔偿实行20%的免赔率。

14. 机动车出境保险

投保人在同时投保了机动车损失保险和第三者责任保险的基础上，可投保本附加险。

（1）保险责任。

保险期间内，经双方同意并在保险单上载明，保险人已承保的机动车损失保险、机动车第三者责任保险的保险责任扩展至香港、澳门特别行政区或与中华人民共和国接壤的其他国家和地区。

扩展区域从出境处起算，由投保人和保险人按照200公里、500公里和1000公里的半径范围来确定。

（2）责任免除。

出境后，在非约定区域内被保险机动车发生事故造成的损失，保险人不负责赔偿。

（3）其他。

本附加险生效后，投保人不得退保。

15. 异地出险住宿费特约条款

投保人在同时投保了机动车损失保险和第三者责任保险的基础上，可附加本特约条款。

（1）保险责任。

保险期间内，被保险机动车在保险合同签订地的地市级行政区域外发生机动车损失保险或第三者责任保险合同约定的保险事故，因在事故发生地修理被保险机动车或处理保险事故，被保险人或其受托人在事故发生地所在地市级行政区域内发生的必要的、合理的住宿费，保险人依照本特约条款的约定负责赔偿。

（2）保险金额。

保险金额由投保人和保险人在签订保险合同时按500元、800元和1000元的档次协商确定。

（3）责任免除。

1）被保险人或其受托人在事故发生地所在的地市级行政区域以外的地点发生的住宿费，保险人不负责赔偿。事故发生地为直辖市的，对被保险人或其受托人在直辖市行政区域以外的地点发生的住宿费，保险人不负责赔偿。

2）被保险人不能提供本特约条款约定的住宿费发票或住宿时间证明的，保险人不负责赔偿。

（4）赔偿处理。

1）被保险人索赔时应提供住宿费发票及住宿旅馆出具的住宿时间证明。

2）保险人在保险金额内按每日住宿费之和计算赔偿。每日住宿费按以下方式确定：每日住宿费按同一旅馆的住宿费发票总金额除以住宿天数计算，超过200元的，按200元计算。居住不同旅馆的，每日住宿费按前述方式分别计算。

3）保险期间内，累计赔款金额达到保险金额的，本特约条款保险责任终止。

16. 特种车保险批单

（1）起重、装卸、挖掘车辆损失扩展条款。

经双方同意，鉴于被保险人已交付附加保险费，本保险合同扩展承保被保险机动车的下列损失：

1）作业中车体失去重心造成被保险机动车的自身损失；

2）吊升、举升的物体造成被保险机动车的自身损失。

（2）特种车辆固定设备、仪器损坏扩展条款。

经双方同意，鉴于被保险人已交付附加保险费，本保险合同扩展承保被保险机动车上固定的设备、仪器因超负荷、超电压或感应电及其他电气原因造成的自身损失。

17. 多次出险增加免赔率特约条款

投保了家庭自用汽车损失保险的机动车，可附加本特约条款。保险人按照保险监管部门批准的机动车保险费率方案对家庭自用汽车损失保险给予保险费优惠。

附加本特约条款的被保险机动车在保险期间内发生多次保险事故的（自然灾害引起的事故除外），免赔率从第三次开始每次增加5%，累计增加免赔率不超过25%。

18. 约定区域通行费用特约条款

投保了机动车损失保险的使用年限在5年以内的机动车，可附加本特约条款。

（1）保险责任。

保险期间内，经特别约定，被保险机动车在通过桥梁、隧道等约定区域时发生意外事故或被保险机动车自身发生故障，造成桥梁、隧道等约定区域通行障碍的，对被保险人为清除通行障碍而发生的清障费、拖车费、吊车费，保险人在保险单载明的保险金额内负责赔偿。

清障费是指清除因保险事故造成的路面障碍物（不包括被保险机动车自身）的必要、合理的费用。

拖车费是指发生保险事故后，因租用拖车将被保险机动车移离事故现场而产生的必要、合理的费用。

吊车费是指发生保险事故后，因租用吊车将被保险机动车移离事故现场而产生的必要、合理的费用。

（2）责任免除。

1）被保险机动车违反安全装载规定的；

2）保险事故发生在约定区域以外的；

3）清障费、拖车费、吊车费以外的费用；

4）被保险机动车被盗窃、抢劫、抢夺期间（被盗窃、抢劫、抢夺过程中及全车被盗窃、抢劫、抢夺后至全车被追回）造成的损失或费用；

5）投保人与保险人约定并于保险单上载明的由被保险人自行承担的损失或费用；

6）被保险人及其家庭成员、被保险人允许的驾驶人的故意行为或违法行为造成的损失或费用。

（3）保险金额。

保险金额为5000元或10000元，保险金额和约定区域由投保人和保险人在投保时协商确定。

（4）赔偿处理。

每次赔偿的免赔率以本特约条款所对应的主险条款规定为准。

保险期间内，累计赔款金额达到保险金额的，本特约条款保险责任终止。

19. 指定专修厂特约条款

投保了机动车损失保险的机动车，可附加本特约条款。

投保人在投保时未选择本特约条款的，机动车损失保险事故发生后，因保险事故损坏的机动车辆，在修理前应当按照主险条款的规定，由被保险人与保险人协商确定修理方式和费用。

投保人在投保时选择本特约条款，并增加支付本特约条款的保险费的，机动车损失保险事故发生后，被保险人可自主选择具有被保险机动车辆专修资格的修理厂进行修理。

20. 租车人人车失踪险

投保了机动车盗抢保险的机动车，可投保本附加险。

（1）保险责任。

保险期间内，租车人未能按约定时间归还租赁机动车，经出险当地县级以上公安刑侦部门立案证明租车人与租赁机动车同时失踪，满60天未查明下落的，对于被保险机动车的自身损失，保险人依照本附加险的约定负责赔偿。

（2）责任免除。

1）被保险机动车被诈骗、收缴、没收、扣押造成的损失；

2）被保险机动车失踪期间造成第三者人身伤亡或财产损失；

3）被保险人及其家庭成员、被保险人允许的驾驶人的故意行为或违法行为造成的损失；

4）被保险人索赔时，未能提供被保险机动车停驶手续或出险当地县级以上公安刑侦部门出具的失踪立案证明。

（3）保险金额。

保险金额由投保人和保险人在投保时被保险机动车的实际价值内协商确定。

（4）赔偿处理。

1）被保险人知道被保险机动车失踪后，应在24小时内向出险当地公安刑侦部门报案，并通知保险人。

2）被保险人索赔时，须提供保险单、《机动车行驶证》《机动车登记证书》、机动车来历凭证、车辆购置税完税证明（车辆购置附加费缴费证明）或免税证明、机动车停驶手续以及出险当地县级以上公安刑侦部门出具的失踪立案证明。

3）发生保险事故后，在保险金额内计算赔偿，并实行20%的免赔率。被保险人未能提供《机动车行驶证》《机动车登记证书》、机动车来历凭证、车辆购置税完税证明（车辆购置附加费缴费证明）或免税证明的，每缺少一项，增加1%的免赔率。

4）保险人确认索赔单证齐全、有效后，被保险人签具权益转让书，保险人赔付结案。

5）被保险机动车失踪后被找回的：

保险人尚未支付赔款的，被保险机动车应归还被保险人；

保险人已支付赔款的，被保险机动车应归还被保险人，被保险人应将赔款返还给保险人；被保险人不同意收回被保险机动车，被保险机动车的所有权归保险人，被保险人应协助保险人办理有关手续。

21. 法律费用特约条款

投保了机动车第三者责任保险或车上人员责任保险的机动车，可附加本特约条款。

保险期间内，经保险人事先书面同意，被保险人因发生第三者责任保险或车上人员责任保险的保险事故给第三者或车上人员造成损害而被提起仲裁或诉讼的，对应由被保险人支付的仲裁或者诉讼费用以及其他费用，保险人在本特约条款的每次事故责任限额内负责赔偿。每次事故责任限额由投保人和保险人在投保时按1万元、2万元、5万元的档次协商确定。

4.3 费率表使用

4.3.1 费率档次查找及保费计算

以 2009 年 10 月 1 日后中国人民财产保险股份有限公司山东区域机动车商业保险费率表为例进行介绍。

1. 第三者责任保险费率表（见表 4-5）

按照被保险人类别、车辆用途、座位数/吨位数/排量/功率、责任限额直接查找保费。

挂车根据实际的使用性质并按照对应吨位货车的 30%计算。

联合收割机保险费按兼用型拖拉机 14.7kW 以上计收。

表 4-5 第三者责任保险费率表

家庭自用汽车与非营业用车		责任限额						
		5 万	10 万	15 万	20 万	30 万	50 万	100 万
家庭自用汽车	6 座以下	710	1026	1169	1270	1434	1721	2242
	6～10 座	659	928	1048	1131	1266	1507	1963
	10 座以上	659	928	1048	1131	1266	1507	1963
企业非营业客车	6 座以下	758	1067	1206	1301	1456	1734	2258
	6～10 座	730	1039	1179	1275	1433	1711	2228
	10～20 座	846	1207	1370	1484	1669	1995	2599
	20 座以上	953	1404	1611	1762	2001	2415	3146
党政机关、事业团体非营业客车	6 座以下	639	900	1018	1097	1229	1463	1905
	6～10 座	612	862	975	1050	1177	1401	1825
	10～20 座	730	1027	1163	1253	1404	1671	2176
	20 座以上	1005	1415	1600	1725	1931	2299	2994
非营业货车	2 吨以下	800	1126	1274	1373	1538	1831	2385
	2～5 吨	1052	1521	1734	1885	2129	2554	3327
	5～10 吨	1250	1783	2023	2191	2462	2943	3832
	10 吨以上	1646	2319	2622	2827	3166	3770	4908
	低速载货汽车	679	957	1083	1167	1306	1557	2027
营业用车与特种车		责任限额						
		5 万	10 万	15 万	20 万	30 万	50 万	100 万
出租、租赁营业客车	6 座以下	1725	2603	3025	3311	3841	4867	6401
	6～10 座	1692	2554	2968	3247	3768	4775	6281
	10～20 座	1789	2744	3206	3527	4113	5240	6892
	20～36 座	2406	3799	4481	4974	5852	7521	9892
	36 座以上	3718	5743	6726	7415	8667	11062	14552

续表

营业用车与特种车		责任限额						
		5万	10万	15万	20万	30万	50万	100万
城市公交营业客车	6~10座	1590	2399	2789	3051	3540	4487	5902
	10~20座	1771	2673	3106	3399	3944	4998	6574
	20~36座	2455	3775	4414	4858	5670	7227	9507
	36座以上	3263	5154	6080	6748	7940	10203	13420
公路客运营业客车	6~10座	1556	2349	2730	2987	3466	4391	5777
	10~20座	1734	2616	3041	3327	3860	4891	6435
	20~36座	2550	3849	4474	4896	5679	7198	9467
	36座以上	3682	5557	6460	7068	8200	10392	13669
营业货车	2吨以下	1288	2008	2363	2603	3064	3841	5017
	2~5吨	2073	3233	3804	4188	4931	6181	8073
	5~10吨	2380	3711	4367	4808	5660	7097	9269
	10吨以上	3260	5085	5983	6587	7756	9723	12700
	低速载货汽车	1095	1707	2009	2212	2604	3264	4263
特种车	特种车型一	2994	4796	5693	6321	7506	9489	12394
	特种车型二	1393	1793	2025	2240	2715	3557	5242
	特种车型三	637	834	947	1052	1279	1683	2466
	特种车型四	2845	4557	5408	6321	7881	9963	13014
摩托车与拖拉机		责任限额						
		5万	10万	15万	20万	30万	50万	100万
摩托车	50CC及以下	37	48	55	61	73	96	139
	50CC~250CC（含）	51	69	78	88	106	140	205
	250CC以上及侧三轮	88	112	126	140	169	218	318
拖拉机	兼用型拖拉机14.7kW及以下	143	179	200	215	236	275	358
	兼用型拖拉机14.7kW以上	391	496	557	601	663	777	1014
	运输型拖拉机14.7kW及以下	344	430	480	516	566	660	858
	运输型拖拉机14.7kW以上	564	716	805	868	957	1122	1465
备注		如果责任限额为100万元以上，则保险费=A+0.9×N×(A−B)，式中，A指同档次限额为100万元时的保险费；B指同档次限额为50万元时的保险费；N=（限额−100万）/50万元，限额必须是50万元的整数倍							

2．机动车损失保险费率表（见表4-6）

按照被保险人类别、车辆用途、座位数/吨位数/排量/功率、车辆使用年限所属档次查找基础保费和费率。

$$保费＝基础保费＋保险金额×费率$$

挂车根据实际的使用性质并按照对应吨位货车的 50% 计算。

联合收割机保险费按兼用型拖拉机 14.7kW 以上计收。

表 4-6 机动车损失保险费率表

家庭自用汽车与非营业用车		1 年以下		1～2 年		2～6 年		6 年以上	
		基础保费	费率	基础保费	费率	基础保费	费率	基础保费	费率
家庭自用汽车	6 座以下	630	1.50%	600	1.43%	594	1.41%	612	1.46%
	6～10 座	756	1.50%	720	1.43%	713	1.41%	735	1.46%
	10 座以上	756	1.50%	720	1.43%	713	1.41%	735	1.46%
企业非营业客车	6 座以下	385	1.28%	367	1.21%	363	1.20%	374	1.24%
	6～10 座	462	1.21%	440	1.15%	436	1.14%	449	1.18%
企业非营业客车	10～20 座	462	1.30%	440	1.24%	436	1.23%	449	1.26%
	20 座以上	481	1.30%	459	1.24%	454	1.23%	468	1.26%
党政机关、事业团体非营业客车	6 座以下	298	0.99%	284	0.94%	281	0.93%	290	0.96%
	6～10 座	358	0.94%	341	0.90%	337	0.89%	348	0.91%
	10～20 座	358	0.99%	341	0.94%	337	0.93%	348	0.96%
	20 座以上	373	0.99%	355	0.94%	352	0.93%	362	0.96%
非营业货车	2 吨以下	264	1.02%	252	0.97%	249	0.96%	257	0.99%
	2～5 吨	341	1.31%	325	1.25%	321	1.24%	331	1.27%
	5～10 吨	373	1.43%	355	1.36%	351	1.35%	362	1.39%
	10 吨以上	246	1.74%	234	1.66%	232	1.64%	239	1.69%
	低速载货汽车	225	0.86%	214	0.82%	212	0.81%	218	0.84%
营业用车与特种车		2 年以下		2～3 年		3～4 年		4 年以上	
		基础保费	费率	基础保费	费率	基础保费	费率	基础保费	费率
出租、租赁营业客车	6 座以下	1036	3.25%	1026	3.22%	1015	3.18%	1036	3.25%
	6～10 座	1156	2.39%	1145	2.36%	1133	2.34%	1156	2.39%
	10～20 座	1208	2.23%	1196	2.21%	1184	2.19%	1208	2.23%
	20～36 座	1091	2.19%	1080	2.17%	1069	2.15%	1091	2.19%
	36 座以上	3156	2.54%	3124	2.52%	3093	2.49%	3156	2.54%
城市公交营业客车	6～10 座	984	1.98%	974	1.96%	964	1.94%	984	1.98%
	10～20 座	1027	1.85%	1017	1.83%	1006	1.82%	1027	1.85%
	20～36 座	929	1.82%	920	1.80%	911	1.79%	929	1.82%
	36 座以上	2653	2.11%	2627	2.09%	2600	2.07%	2653	2.11%
公路客运营业客车	6～10 座	1116	2.29%	1104	2.27%	1093	2.25%	1116	2.29%
	10～20 座	1166	2.14%	1154	2.12%	1142	2.10%	1166	2.14%
	20～36 座	1053	2.11%	1042	2.09%	1032	2.06%	1053	2.11%
	36 座以上	3038	2.44%	3007	2.42%	2977	2.39%	3038	2.44%

续表

营业用车与特种车		2年以下		2~3年		3~4年		4年以上	
		基础保费	费率	基础保费	费率	基础保费	费率	基础保费	费率
营业货车	2吨以下	970	2.27%	961	2.25%	951	2.23%	970	2.27%
	2~5吨	1151	2.27%	1139	2.25%	1128	2.23%	1151	2.27%
	5~10吨	1357	2.36%	1343	2.33%	1330	2.31%	1357	2.36%
	10吨以上	2277	2.70%	2254	2.67%	2232	2.64%	2277	2.70%
	低速载货汽车	825	1.93%	817	1.91%	808	1.89%	825	1.93%
特种车	特种车型一	1151	2.27%	1139	2.25%	1128	2.23%	1151	2.27%
	特种车型二	443	0.82%	439	0.82%	434	0.81%	443	0.82%
	特种车型三	383	0.72%	379	0.71%	375	0.70%	383	0.72%
	特种车型四	972	1.82%	962	1.80%	952	1.78%	972	1.82%

摩托车与拖拉机		基础保费	费率
摩托车	50CC及以下	15	2.09%
	50CC~250CC（含）	21	2.75%
	250CC以上及侧三轮	30	4.14%
拖拉机	兼用型拖拉机 14.7kW 及以下	25	0.56%
	兼用型拖拉机 14.7kW 以上	61	1.32%
	运输型拖拉机 14.7kW 及以下	44	0.96%
	运输型拖拉机 14.7kW 以上	63	1.39%
备注			

3. 车上人员责任险费率表（见表 4-7）

按照被保险人类别、车辆用途、座位数查找费率。

$$驾驶人保费 = 每次事故责任限额 \times 费率$$

$$乘客保费 = 每次事故每人责任限额 \times 费率 \times 投保乘客座位数$$

4. 机动车盗抢险费率表（见表 4-7）

按照被保险人类别、车辆用途、座位数查找基础保费和费率。

$$保费 = 基础保费 + 保险金额 \times 费率$$

挂车根据实际的使用性质并按照对应吨位货车的 50% 计算。

5. 玻璃单独破碎险费率表（见表 4-7）

按照被保险人类别、座位数、投保国产/进口玻璃查找费率。

$$保费 = 新车购置价 \times 费率$$

注：对于特种车，防弹玻璃等特殊材质玻璃标准保费上浮 10%。

表4-7 车上人员责任险、机动车盗抢险、玻璃单独破碎险费率表

家庭自用汽车与非营业用车		车上人员责任险		机动车盗抢险		玻璃单独破碎险	
		驾驶人	乘客	基础保费	费率	国产玻璃	进口玻璃
家庭自用汽车	6座以下	0.42%	0.27%	120	0.49%	0.19%	0.31%
	6~10座	0.40%	0.26%	140	0.44%	0.19%	0.30%
	10座以上	0.40%	0.26%	140	0.44%	0.22%	0.36%
企业非营业客车	6座以下	0.42%	0.26%	120	0.45%	0.13%	0.24%
	6~10座	0.39%	0.23%	130	0.46%	0.13%	0.24%
	10~20座	0.40%	0.24%	130	0.45%	0.15%	0.28%
	20座以上	0.42%	0.26%	140	0.39%	0.16%	0.29%
党政机关、事业团体非营业客车	6座以下	0.40%	0.25%	110	0.42%	0.13%	0.24%
	6~10座	0.37%	0.22%	120	0.43%	0.13%	0.24%
	10~20座	0.38%	0.23%	120	0.43%	0.15%	0.28%
	20座以上	0.39%	0.24%	130	0.36%	0.16%	0.29%
非营业货车	2吨以下	0.47%	0.29%	130	0.50%	0.11%	0.16%
	2~5吨	0.47%	0.29%	130	0.50%	0.11%	0.16%
	5~10吨	0.47%	0.29%	130	0.50%	0.11%	0.16%
	10吨以上	0.47%	0.29%	130	0.50%	0.11%	0.16%
	低速载货汽车	0.47%	0.29%	130	0.50%	0.11%	0.16%
营业用车与特种车		车上人员责任险		机动车盗抢险		玻璃单独破碎险	
		驾驶人	乘客	基础保费	费率	国产玻璃	进口玻璃
出租、租赁营业客车	6座以下	0.50%	0.31%	100	0.46%	0.19%	0.31%
	6~10座	0.40%	0.24%	90	0.43%	0.19%	0.31%
	10~20座	0.42%	0.26%	90	0.42%	0.21%	0.35%
	20~36座	0.42%	0.26%	80	0.41%	0.25%	0.43%
	36座以上	0.42%	0.26%	80	0.41%	0.28%	0.48%
城市公交营业客车	6~10座	0.42%	0.25%	60	0.46%	0.19%	0.31%
	10~20座	0.44%	0.27%	90	0.43%	0.21%	0.35%
	20~36座	0.50%	0.31%	90	0.44%	0.26%	0.44%
	36座以上	0.50%	0.31%	90	0.44%	0.29%	0.49%
公路客运营业客车	6~10座	0.42%	0.25%	60	0.47%	0.19%	0.31%
	10~20座	0.44%	0.27%	90	0.45%	0.21%	0.35%
	20~36座	0.50%	0.31%	80	0.36%	0.26%	0.45%
	36座以上	0.50%	0.31%	80	0.40%	0.29%	0.49%
营业货车	2吨以下	0.77%	0.48%	130	0.50%	0.12%	0.18%
	2~5吨	0.77%	0.48%	130	0.50%	0.12%	0.18%

续表

营业用车与特种车		车上人员责任险		机动车盗抢险		玻璃单独破碎险	
		驾驶人	乘客	基础保费	费率	国产玻璃	进口玻璃
	5~10 吨	0.77%	0.48%	130	0.50%	0.12%	0.18%
	10 吨以上	0.77%	0.48%	130	0.50%	0.12%	0.18%
	低速载货汽车	0.77%	0.48%	130	0.50%	0.12%	0.18%
特种车	特种车型一	0.55%	0.37%	120	0.52%	0.08%	0.15%
	特种车型二	0.55%	0.37%	130	0.51%	0.08%	0.16%
	特种车型三	0.55%	0.37%	130	0.51%	0.09%	0.17%
	特种车型四	0.55%	0.37%	140	0.51%	0.09%	0.18%

摩托车与拖拉机		车上人员责任险		机动车盗抢险		
		驾驶人	乘客	基础保费	费率	
摩托车	50CC 及以下	0.50%		25	1.00%	——
	50CC~250CC（含）	0.50%		25	1.00%	
	250CC 以上及侧三轮	0.50%		25	1.00%	
拖拉机	兼用型拖拉机 14.7kW 及以下	0.50%		25	1.00%	——
	兼用型拖拉机 14.7kW 以上	0.50%		25	1.30%	
	运输型拖拉机 14.7kW 及以下	0.50%		25	1.00%	
	运输型拖拉机 14.7kW 以上	0.50%		25	1.30%	
备注						

6. 机动车提车保险费率表（见表 4-8）

保险期间分为 30 天或 10 天。保险期间为 30 天时，按照表 4-8 对应险种直接查找费率；保险期间为 10 天时，费率为费率表对应险种费率的 50%。

其中：第三者责任险保险费按照机动车种类和三者险责任限额直接查找；机动车损失险保险费按照机动车种类和新车购置价直接查找；车上人员责任险按照机动车种类和责任限额查找每座保费，保费=每座保费×投保座位数。

表 4-8 机动车提车保险费率表

险别/车种		保险费（元）			
车损险新车购置价（元）		5 万以下	5~10 万	10~15 万	15~20 万
客车		100	200	290	350
货车		130	250	360	430
车损险新车购置价（元）		20~30 万	30~50 万	50~100 万	100 万以上
客车		500	720	1250	1850
货车		630	890	1560	2040
三者险责任限额(元)	5 万	10 万	20 万	50 万	100 万

续表

险别/车种		保险费（元）				
客车	50	60	70	80	100	
货车	60	70	90	110	120	
车上人员责任险限额（元）		1万	2万	5万	10万	
每座保费	客车	6	11	26	53	
	货车	8	16	41	81	

机动车提车暂保单的费率如表4-9所示，费率为同时投保机动车损失险和第三者责任险的费率。机动车提车暂保单的机动车损失险保额为机动车的新车购置价，第三者责任险责任限额为5万元。

表4-9 机动车提车暂保单费率表

新车购置价（元）	10万以下	10～30万	30万以上
保费（元）	200	280	400

7. 车身划痕损失险费率表（见表4-10）

按车龄、新车购置价、保额所属档次直接查找保费。

表4-10 车身划痕损失险费率表

车龄	保额（元）	新车购置价（元）		
		30万以下	30～50万	50万以上
2年以下	2,000	400	585	850
	5,000	570	900	1,100
	10,000	760	1,170	1,500
	20,000	1,140	1,780	2,250
2年及以上	2,000	610	900	1,100
	5,000	850	1,350	1,500
	10,000	1,300	1,800	2,000
	20,000	1,900	2,600	3,000

8. 自燃损失险费率表（见表4-11）

按照车辆使用年限查找费率。

$$保费 = 保险金额 \times 费率$$

表4-11 自燃损失险费率表

地区	1年以下	1～2年	2～6年	6年以上
深圳	0.15%	0.18%	0.20%	0.30%
其他地区	0.15%	0.18%	0.20%	0.23%

9. 可选免赔额特约条款费率表（见表4-12）

按照选择的免赔额、新车购置价查找费率折扣系数。

约定免赔额之后的机动车损失保险保费=机动车损失保险保费×费率折扣系数

表4-12　可选免赔额特约条款费率表

地区	免赔额（元）	新车购置价（元）					
		5万以下	5～10万	10～20万	20～30万	30～50万	50万以上
北京、新疆、甘肃、湖北、大连、内蒙古	300	0.87	0.92	0.94	0.95	0.97	0.98
	500	0.76	0.84	0.89	0.93	0.95	0.96
	1000	0.65	0.74	0.83	0.88	0.90	0.93
	2000	0.52	0.58	0.69	0.78	0.85	0.89
上海、黑龙江、吉林、辽宁、江苏、山东、青岛、海南、广西、四川、重庆、云南、贵州、江西	300	0.89	0.92	0.94	0.96	0.97	0.98
	500	0.79	0.85	0.89	0.93	0.95	0.96
	1000	0.68	0.74	0.84	0.88	0.90	0.93
	2000	0.54	0.58	0.70	0.78	0.86	0.89
广东、天津、宁夏、陕西、河南、浙江、宁波、安徽、福建、厦门、青海、山西	300	0.90	0.93	0.95	0.96	0.97	0.98
	500	0.81	0.87	0.91	0.94	0.96	0.96
	1000	0.71	0.78	0.84	0.88	0.91	0.93
	2000	0.58	0.62	0.71	0.78	0.86	0.90
深圳、湖南、河北、西藏	300	0.92	0.94	0.95	0.96	0.97	0.98
	500	0.84	0.89	0.92	0.94	0.96	0.97
	1000	0.75	0.82	0.87	0.89	0.91	0.94
	2000	0.62	0.68	0.76	0.80	0.88	0.91

10. 车上货物责任险费率表（见表4-13）

按照营业用、非营业用查找费率。

保费=责任限额×费率

注：最低责任限额为人民币20000元。

表4-13　车上货物责任险费率表

车辆类别	非营业用货车	营业用货车
费率	0.85%	2.73%

11. 不计免赔率特约条款费率表（见表4-14）

按照适用的险种查找费率。

保费=适用本条款的险种标准保费×费率

不计免赔率特约条款费率表适用险种中未列明的险种，不可投保不计免赔率特约条款。

机动车提车保险、机动车提车暂保单可以投保不计免赔率特约条款，其保费依据不计免赔率特约条款费率表对应的适用险种的费率计算。

表 4-14　不计免赔率特约条款费率表

适用险种	费率
第三者责任保险	15%
机动车损失保险	15%
车上人员责任险	15%
车身划痕损失险	15%
新增加设备损失保险	15%
机动车盗抢险	20%
发动机特别损失险	20%
车上货物责任险	20%
附加油污污染责任险	20%

12. 机动车出境保险费率表（见表 4-15）

按照扩展的区域半径查找费率。

保费＝（车损险标准保费＋三者险标准保费）×费率

注：只有同时投保了机动车损失保险和第三者责任保险，方可投保本附加险。

表 4-15　机动车出境保险费率表

扩展区域半径	200 公里	500 公里	1000 公里
费率	30%	50%	100%

13. 新车特约条款费率表（见表 4-16）

新车特约条款 A：按照车辆使用年限、协定比例查找费率。

保费＝车损险标准保费×费率

新车特约条款 B：按照车辆使用年限、协定比例查找费率。

保费＝车损险标准保费×费率

表 4-16　新车特约条款费率表

险别	车龄	协定比例		
		50%	60%	70%
新车特约条款 A	1 年以下	38%	22%	12%
	1～2 年	46%	26%	14%
	2～3 年	57%	33%	18%
新车特约条款 B	1 年以下	20%	14%	8%
	1～2 年	24%	17%	10%
	2～3 年	30%	21%	12%

14. 油污污染责任保险费率表（见表 4-17）

按照责任限额直接查找保费。

注：只有同时投保了机动车损失保险和第三者责任保险，方可投保本附加险。

表4-17 附加油污污染责任保险费率表

责任限额	5万元	10万元	20万元	30万元	50万元
保费（元）	500	900	1600	2200	3000

15. 约定区域通行费用特约条款费率表（见表4-18）

按照事故类型、车辆种类查找每5000元保险金额的保险费，并根据保险金额计算相应保险费。

保费＝保险金额/5000×每5000元保险金额的保险费

表4-18 约定区域通行费用特约条款费率表

事故类型	车辆种类	每5000元保险金额的保险费
意外事故	特种车、货车、20座及以上客车	440
	20座以下客车	240
意外事故或自身故障	特种车、货车、20座及以上客车	495
	20座以下客车	270

16. 法律费用特约条款费率表（见表4-19）

按照责任限额直接查找保费。

表4-19 法律费用特约条款费率表

责任限额	1万元	2万元	5万元
保费（元）	50	80	150

17. 其他险种费率表（见表4-20）

（1）火灾、爆炸、自燃损失险。

固定费率。

保费＝保险金额×费率

（2）机动车停驶损失险。

固定费率。

保费＝约定的最高赔偿天数×约定的最高日赔偿限额×费率

（3）代步机动车服务特约条款。

固定保费，无需计算。

（4）更换轮胎服务特约条款。

固定保费，无需计算。

（5）送油、充电服务特约条款。

固定保费，无需计算。

（6）拖车服务特约条款。

固定保费，无需计算。

（7）新增加设备损失保险。

$$保费＝本附加险保险金额×车损险标准保费／车损险保险金额$$

（8）换件特约条款。

$$保费＝车损险标准保费×10\%$$

（9）发动机特别损失险。

$$保费＝车损险标准保费×5\%$$

（10）随车行李物品损失保险。

固定费率。

$$保费＝保险金额×费率$$

（11）交通事故精神损害赔偿责任保险。

固定费率。

$$保费＝每次事故责任限额×费率$$

注：每人每次事故的最高责任限额为人民币 50000 元。

（12）教练车特约条款。

$$保费＝适用本条款的所有险种标准保费之和×10\%$$

（13）异地出险住宿费特约条款。

固定费率。

$$保费＝保险金额×费率$$

（14）多次出险增加免赔率特约条款。

选择该附加险，机动车损失保险保费下浮一定比例。

选择本附加险后的机动车损失保险保费＝机动车损失保险保费×98%

（15）租车人人车失踪险。

固定费率。

$$保费＝保险金额×费率$$

（16）指定专修厂特约条款。

选择该特约条款，按照国产/进口车，对机动车车损险保险费进行相应的调整。

表 4-20 其他险种费率表

险别	保费计算
火灾、爆炸、自燃损失险	保险金额×0.3%
机动车停驶损失险	约定的最高赔偿天数×约定的最高日责任限额×10%
代步机动车服务特约条款	年保费为 300 元人民币
更换轮胎服务特约条款	年保费为 20 元人民币
送油、充电服务特约条款	年保费为 40 元人民币
拖车服务特约条款	年保费为 100 元人民币
新增加设备损失保险	本附加险保险金额×车损险标准保费／车损险保险金额
换件特约条款	车损险标准保费×10%
发动机特别损失险	车损险标准保费×5%
随车行李物品损失保险	保险金额×2%

续表

险别	保费计算
交通事故精神损害赔偿责任保险	每次事故责任限额×8‰
教练车特约条款	适用本条款的所有险种标准保费之和×10%
异地出险住宿费特约条款	保险金额×10%
多次出险增加免赔率特约条款	车损险保费下浮2%
租车人人车失踪险	保险金额×0.25%
指定专修厂特约条款	车损险保费相应上浮，国产车：10%～30%；进口车：15%～60%

4.3.2 费率调整系数

费率调整系数见表4-21。

表4-21 费率调整系数表

序号	项目	内容	系数	适用范围
1	无赔款优待及上年赔款记录	连续3年没有发生赔款	0.7	所有车辆
		连续2年没有发生赔款	0.8	
		上年没有发生赔款	0.9	
		新保或上年赔款次数在3次以下	1.0	
		上年发生3次赔款	1.1	
		上年发生4次赔款	1.2	
		上年发生5次及以上赔款	1.3	
2	多险种同时投保	同时投保车损险、三者险	0.95～1.00	
3	客户忠诚度	首年投保	1.00	
		续保	0.90	
4	平均年行驶里程	平均年行驶里程＜30000公里	0.90	
		平均年行驶里程≥50000公里	1.1～1.3	
5	安全驾驶	上一保险年度无交通违法记录	0.90	
6	约定行驶区域	省内	0.95	所有车辆
		固定路线	0.92	不适用于家庭自用车
		场内	0.80	
7	承保数量	承保数量＜5台	1.00	不适用于家庭自用车
		5台≤承保数量＜20台	0.95	
		20台≤承保数量＜50台	0.90	
		承保数量≥50台	0.80	
8	指定驾驶人	指定驾驶人员	0.90	
9	性别	男	1.00	仅适用于家庭自用车
		女	0.95	

续表

序号	项目	内容	系数	适用范围
10	驾龄	驾龄<1年	1.05	仅适用于家庭自用车
		1年≤驾龄<3年	1.02	
		驾龄≥3年	1.00	
11	年龄	年龄<25岁	1.05	
		25岁≤年龄<30岁	1.00	
		30岁≤年龄<40岁	0.95	
		40岁≤年龄<60岁	1.00	
		年龄≥60岁	1.05	
12	经验及预期赔付率	40%及以下	0.7~0.8	仅适用于车队
		40~60%	0.8~0.9	
		60~70%	1.00	
		70~90%	1.1~1.3	
		90%以上	1.3以上	
13	管理水平	根据风险管理水平和业务类型	0.7以上	
14	车辆损失险车型	特异车型、稀有车型、古老车型	1.3~2.0	所有车辆

注：费率调整系数表不适用于摩托车和拖拉机。

1. 无赔款优待及上年赔款记录费率调整系数

根据历史赔款记录，按照规定的费率调整系数进行费率调整。

2. 约定行驶区域系数

"场内"指仅在工地、机场、厂区、码头等固定范围内使用。"省内""固定路线""场内"三项系数不能同时使用；家庭自用车不能使用"固定路线"及"场内"费率调整系数。

3. 承保数量系数

根据同一被保险人或同一投保人在一个投保年度内，在保险公司投保车辆数的情况选择使用。家庭自用车不能使用该费率调整系数。

4. 指定驾驶人、性别、驾龄、年龄系数

仅适用于家庭自用车指定驾驶人的情况，当指定多名驾驶人时，以乘积高者为准。

5. 经验及预期赔付率系数、管理水平系数

适用于车队。经验及预期赔付率系数、管理水平系数不能同时使用。

6. 使用规则

（1）费率调整系数采用系数连乘的方式：

$$费率调整系数＝系数1×系数2×系数3×……$$

（2）使用费率调整系数后，各险别的费率优惠幅度超过监管部门规定的最大优惠幅度，按照监管部门规定的最大优惠幅度执行。

（3）机动车提车保险适用费率调整系数。

（4）费率调整系数表不适用于摩托车和拖拉机。

4.4 机动车商业保险示范条款

为更好地维护保险消费者的合法权益，切实提升车险承保、理赔工作质量，促进保险业的持续健康发展，中国保险行业协会于2012年3月14日，对外发布了《机动车辆保险示范条款》。后中国保险行业协会以相关法律、行政法规为依据，征求多方意见的基础上，对2012年版商业车险示范条款进行修订完善，形成《中保协机动车辆商业保险示范条款（2014版）》（以下简称为《2014版示范条款》）。这是我国商业车险产品发展进程中的一次重要创新，对我国车险市场持续、健康发展意义重大。

4.4.1 《2014版示范条款》的试点实施

2015年3月24日，保监会发布了《深化商业车险条款费率管理制度改革试点工作方案》（以下简称《方案》），确定自2015年4月1日起，在黑龙江、山东、青岛、广西、陕西、重庆等六个地区为商业车险改革试点地区。2016年1月1日起，启动商业车险改革第二批试点工作，包括天津、内蒙古、吉林、安徽、河南、湖北、湖南、广东、四川、青海、宁夏、新疆等12个区域。

试点地区经营商业车险业务的财产保险公司可以选择使用商业车险行业示范条款或自主开发商业车险创新型条款。同一财产保险公司可以同时使用示范条款和创新型条款，原商业车险条款费率停止使用。中国保监会组织对试点地区财产保险机构逐一开展现场验收，验收内容包括公司制度建设、流程改造、系统调试、人员培训等是否符合改革试点相关要求，对于未通过现场验收的公司应限期整改直至符合要求。

经过一定时间运行后，试点地区总结商业车险改革试点经验，修订完善商业车险改革方案并适时向全国推广。

4.4.2 《2014版示范条款》的改进与提升

《2014版示范条款》与现行商业车险条款相比，主要在六个方面进行了重大改进和提升。

一是扩大保险责任范围，提高保障服务能力。为更好地满足保险消费者对保险保障的需求，《2014版示范条款》对现行商业车险条款责任免除中争议较大的"车上人员在被保险机动车车下时遭受的人身伤亡""驾驶证失效或审验未合格"等内容进行了删减，将三者险中"被保险人、驾驶人的家庭成员人身伤亡"列入承保范围，扩大了保险保障范围。此项修订使广大商业车险投保人、被保险人风险保障水平得到大幅提高，使广大消费者实实在在获益。

二是积极回应社会关注热点，维护消费者的合法权益。如《2014版示范条款》合理确定了保险金额和赔偿处理问题，明确约定车损险的保险金额按投保时被保险机动车的实际价值确定。在发生全部损失时，按照保险金额为基准计算赔付。发生部分损失，按实际修复费用在保险金额内计算赔偿。这就在条款中解决了此前社会关注的"高保低赔"问题。同时，《2014版示范条款》完善了车损险事故责任比例赔偿及代位追偿约定。因第三方对被保险机动车的损害而造成保险事故的，被保险人向第三方索赔的，保险人应积极协助，被保险人也可以直接向保险公司索赔。这就在条款中解决了所谓"无责不赔"的问题。

三是厘清歧义概念和表述，减少纠纷和诉讼的发生。一方面，进一步明确了保险责任和除外责任的关系。在总则、保险责任部分中，分别强调了保险人承保风险的范围不包括免除保险人责任的损失或费用，以此来明确保险责任范畴和除外责任范畴，便于消费者理解二者的关系。另一方面，进一步明确了"第三者"的范围。对在司法审判实践中时常发生争议的第三者是否包括"投保人、保险人"问题，《2014版示范条款》明确第三者"不包括被保险机动车本车车上人员、被保险人"，从而实质上将"投保人"纳入第三者范围。同时，进一步明确了"车上人员"的范围为"发生意外事故的瞬间，在被保险机动车车体内或车体上的人员，包括正在上下车的人员"。

四是精简整合附加险，扩大了主险承保范围。《2014版示范条款》将现行的38个附加险整合为11个附加险，其中5个附加险承保风险被并入主险保险责任，包括教练车特约、倒车镜车灯单独损坏、车载货物掉落、法律费用及租车人人车失踪附加险；删除了23个对消费者实际风险保障意义不大或属于部分保险人提供的增值服务的附加险，例如附加更换轮胎服务、附加送油、充电服务、附加拖车服务等；新增了"无法找到第三方特约险"附加险。《2014版示范条款》附加险，设计更为合理，更符合大众需求，也有利于减少消费者在投保商业车险时的选择困难。

五是精简优化条款体例，方便消费者阅读理解。《2014版示范条款》精简优化了保险条款体系和结构，除对特种车、摩托车、拖拉机、单程提车单独设置条款外，其余机动车均采用统一的保险条款。优化后的条款结构为"总则+四个主险的个性化条款+通用条款"，大幅简化了保险条款的结构。同时，对责任免除中免责事项进行归类梳理，一方面将免赔率与免赔额单独列明，另一方面将责任免除条款划分为不保情形、原因除外、损失和费用除外三类。对于不保情形中驾驶人违法的情形、原因除外中违反合同义务约定免赔的情形进行了整合；对于损失和费用除外约定，依据各项免赔约定的内在逻辑和属性，区分为保险人绝对不保和可以通过附加险扩展承保两种情形。经过梳理优化，《2014版示范条款》逻辑更加清晰，体系更加简明，更加方便保险消费者阅读和理解。

六是规范优化配套单证，便利消费者理赔。为落实《保险法》关于明确说明义务的要求，配合条款修订专门编写了商业车险投保告知书，对免除保险人责任的约定进行了集中表述，并对条款中容易引致歧义的内容进行了解释。同时，参考国际成熟保险市场的做法，设计了汽车商业保险凭证，便于消费者投保后放置车内或随身携带，作为享受保险保障相关权利的凭证。此外，为满足保险消费者对保险单"即时生效"的需求，此次条款修订删除了保险单中"次日零时生效"的约定，遵循契约自由原则，允许投保人在"零时起保"或者"即时生效"之间做出选择，允许有条件的保险公司自行设计投保单。

4.4.3 《2014版示范条款》的产品体系和条款体例

《2014版示范条款》简化了商业车险的产品体系，除对特种车、摩托车拖拉机、单程提车单独设置条款外，其余机动车采用统一的条款。每个条款分为总则、主险条款、通用条款、附加险条款、释义等部分。同时《2014版示范条款》还对现有商业车险的附加险条款进行了大幅简化，把部分附加险纳入主险保障范围，保留玻璃单独破碎险、自燃损失险、车身划痕损失险等10个附加险，并增加了无法找到第三方特约险。具体如表4-22所示。

表 4-22 《2014 版示范条款》产品体系和条款体例

产品体系	机动车综合商业保险示范条款	机动车单程提车保险示范条款	摩托车、拖拉机综合商业保险示范条款	特种车综合商业保险示范条款
条款体例	总则 **第一章 机动车损失保险** 保险责任 责任免除 免赔率与免赔额 保险金额 赔偿处理 **第二章 机动车第三者责任保险** 保险责任 责任免除 免赔率 责任限额 赔偿处理 **第三章 机动车车上人员责任保险** 保险责任 责任免除 免赔率 责任限额 赔偿处理 **第四章 机动车全车盗抢保险** 保险责任 责任免除 免赔率 保险金额 赔偿处理 **第五章 通用条款** 保险期间 其它事项 **附加险** 玻璃单独破碎险 自燃损失险 新增设备损失险 车身划痕损失险 发动机涉水损失险 修理期间费用补偿险 车上货物责任险 精神损害抚慰金责任险 不计免赔率险 机动车损失保险无法找到第三方特约险 指定修理厂险 **释义**	总则 **第一章 机动车损失保险** 保险责任 责任免除 免赔率 保险金额 赔偿处理 **第二章 机动车第三者责任保险** 保险责任 责任免除 免赔率 责任限额 赔偿处理 **第三章 机动车车上人员责任险** 保险责任 责任免除 免赔率 责任限额 赔偿处理 **第四章 通用条款** 保险期间 其它事项 **附加险** 不计免赔险 机动车损失保险无法找到第三方特约险 **释义**	总则 **第一章 摩托车、拖拉机损失保险** 保险责任 责任免除 免赔率 保险金额 赔偿处理 **第二章 摩托车、拖拉机第三者责任保险** 保险责任 责任免除 免赔率 责任限额 赔偿处理 **第三章 摩托车、拖拉机车上人员责任险** 保险责任 责任免除 免赔率 免赔率 赔偿处理 **第四章 摩托车、拖拉机全车盗抢险** 保险责任 责任免除 免赔率 保险金额 赔偿处理 **第五章 通用条款** 保险期间 其它事项 **附加险** 不计免赔率险 摩托车、拖拉机损失保险无法找到第三方特约险 **释义**	总则 **第一章 特种车损失保险** 保险责任 责任免除 免赔率与免赔额 保险金额 赔偿处理 **第二章 特种车第三者责任保险** 保险责任 责任免除 免赔率 责任限额 赔偿处理 **第三章 特种车车上人员责任保险** 保险责任 责任免除 免赔率 责任限额 赔偿处理 **第四章 特种车全车盗抢保险** 保险责任 责任免除 免赔率 保险金额 赔偿处理 **第五章 通用条款** 保险期间 其它事项 **附加险** 玻璃单独破碎险 自燃损失险 新增设备损失险 修理期间费用补偿险 车上货物责任险 精神损害抚慰金责任险 不计免赔率险 特种车损失保险无法找到第三方特约险 指定修理厂险 起重、装卸、挖掘车辆损失扩展条款 特种车辆固定设备、仪器损坏扩展条款 **释义**

4.4.4 《2014版示范条款》的解读

1. 机动车损失保险

（1）保险责任。

保险期间内，被保险人或其允许的驾驶人在使用被保险机动车过程中，因下列原因造成被保险机动车的直接损失，且不属于免除保险人责任的范围，保险人依照本保险合同的约定负责赔偿：

1）碰撞、倾覆、坠落；

2）火灾、爆炸；

3）外界物体坠落、倒塌；

4）雷击、暴风、暴雨、洪水、龙卷风、冰雹、台风、热带风暴；

5）地陷、崖崩、滑坡、泥石流、雪崩、冰陷、暴雪、冰凌、沙尘暴；

6）受到被保险机动车所载货物、车上人员意外撞击；

7）载运被保险机动车的渡船遭受自然灾害（只限于驾驶人随船的情形）；

8）发生保险事故时，被保险人或其允许的驾驶人为防止或者减少被保险机动车的损失所支付的必要的、合理的施救费用，由保险人承担；施救费用数额在被保险机动车损失赔偿金额以外另行计算，最高不超过保险金额的数额。

（2）责任免除。

1）不保情形：下列情况下，不论任何原因造成被保险机动车的任何损失和费用，保险人均不负责赔偿。

①事故发生后，被保险人或其允许的驾驶人故意破坏、伪造现场、毁灭证据；

②驾驶人有下列情形之一者：事故发生后，在未依法采取措施的情况下驾驶被保险机动车或者遗弃被保险机动车离开事故现场；饮酒、吸食或注射毒品、服用国家管制的精神药品或者麻醉药品；无驾驶证，驾驶证被依法扣留、暂扣、吊销、注销期间；驾驶与驾驶证载明的准驾车型不相符合的机动车；实习期内驾驶公共汽车、营运客车或者执行任务的警车、载有危险物品的机动车或牵引挂车的机动车；驾驶出租机动车或营业性机动车无交通运输管理部门核发的许可证书或其他必备证书；学习驾驶时无合法教练员随车指导；非被保险人允许的驾驶人；

③被保险机动车有下列情形之一者：发生保险事故时被保险机动车行驶证、号牌被注销的，或未按规定检验或检验不合格；被扣押、收缴、没收、政府征用期间；在竞赛、测试期间，在营业性场所维修、保养、改装期间；被保险人或其允许的驾驶人故意或重大过失，导致被保险机动车被利用从事犯罪行为。

2）原因除外：下列原因导致的被保险机动车的损失和费用，保险人不负责赔偿。

①地震及其次生灾害；

②战争、军事冲突、恐怖活动、暴乱、污染（含放射性污染）、核反应、核辐射；

③人工直接供油、高温烘烤、自燃、不明原因火灾；

④违反安全装载规定；

⑤被保险机动车被转让、改装、加装或改变使用性质等，被保险人、受让人未及时通知保险人，且因转让、改装、加装或改变使用性质等导致被保险机动车危险程度显著增加；

⑥被保险人或其允许的驾驶人的故意行为。

3）损失和费用除外：下列损失和费用，保险人不负责赔偿。

①因市场价格变动造成的贬值、修理后因价值降低引起的减值损失；

②自然磨损、朽蚀、腐蚀、故障、本身质量缺陷；

③遭受保险责任范围内的损失后，未经必要修理并检验合格继续使用，致使损失扩大的部分；

④投保人、被保险人或其允许的驾驶人知道保险事故发生后，故意或者因重大过失未及时通知，致使保险事故的性质、原因、损失程度等难以确定的，保险人对无法确定的部分，不承担赔偿责任，但保险人通过其他途径已经及时知道或者应当及时知道保险事故发生的除外；

⑤因被保险人违反本条款第十六条约定，导致无法确定的损失；

⑥被保险机动车全车被盗窃、被抢劫、被抢夺、下落不明，以及在此期间受到的损坏，或被盗窃、被抢劫、被抢夺未遂受到的损坏，或车上零部件、附属设备丢失；

⑦车轮单独损坏，玻璃单独破碎，无明显碰撞痕迹的车身划痕，以及新增设备的损失；

⑧发动机进水后导致的发动机损坏。

（3）免赔率与免赔额。保险人在依据本保险合同约定计算赔款的基础上，按照下列方式免赔：

1）被保险机动车一方负次要事故责任的，实行 5%的事故责任免赔率；负同等事故责任的，实行 10%的事故责任免赔率；负主要事故责任的，实行 15%的事故责任免赔率；负全部事故责任或单方肇事事故的，实行 20%的事故责任免赔率；

2）被保险机动车的损失应当由第三方负责赔偿，无法找到第三方的，实行 30%的绝对免赔率；

3）违反安全装载规定、但不是事故发生的直接原因的，增加 10%的绝对免赔率；

4）对于投保人与保险人在投保时协商确定绝对免赔额的，本保险在实行免赔率的基础上增加每次事故绝对免赔额。

（4）保险金额。

保险金额按投保时被保险机动车的实际价值确定。

投保时被保险机动车的实际价值由投保人与保险人根据投保时的新车购置价减去折旧金额后的价格协商确定或其他市场公允价值协商确定。所谓市场公允价值是指熟悉市场情况的买卖双方在公平交易的条件下和自愿的情况下所确定的价格，或无关联的双方在公平交易的条件下一项资产可以被买卖或者一项负债可以被清偿的成交价格。

折旧金额可根据本保险合同列明的参考折旧系数表确定（见表 4-23）。折旧按月计算，不足一个月的部分，不计折旧。最高折旧金额不超过投保时被保险机动车新车购置价的 80%。折旧金额=新车购置价×被保险机动车已使用月数×月折旧系数。

（5）赔偿处理。

1）发生保险事故时，被保险人或其允许的驾驶人应当及时采取合理的、必要的施救和保护措施，防止或者减少损失，并在保险事故发生后 48 小时内通知保险人。被保险人或其允许的驾驶人根据有关法律法规规定选择自行协商方式处理交通事故的，应当立即通知保险人。

2）被保险人或其允许的驾驶人根据有关法律法规规定选择自行协商方式处理交通事故的，应当协助保险人勘验事故各方车辆、核实事故责任，并依照《道路交通事故处理程序规定》签订记录交通事故情况的协议书。

表 4-23 机动车参考折旧系数表

车辆种类	月折旧系数			
	家庭自用	非营业用	营业	
			出租	其他
9 座以下客车	0.60%	0.60%	1.10%	0.90%
10 座以上客车	0.90%	0.90%	1.10%	0.90%
微型载货汽车	/	0.90%	1.10%	1.10%
带拖挂的载货汽车	/	0.90%	1.10%	1.10%
低速货车和三轮汽车	/	1.10%	1.40%	1.40%
其他车辆	/	0.90%	1.10%	0.90%

3）被保险人索赔时，应当向保险人提供与确认保险事故的性质、原因、损失程度等有关的证明和资料。被保险人应当提供保险单、损失清单、有关费用单据、被保险机动车行驶证和发生事故时驾驶人的驾驶证。属于道路交通事故的，被保险人应当提供公安机关交通管理部门或法院等机构出具的事故证明、有关的法律文书（判决书、调解书、裁定书、裁决书等）及其他证明。被保险人或其允许的驾驶人根据有关法律法规规定选择自行协商方式处理交通事故的，被保险人应当提供依照《道路交通事故处理程序规定》签订记录交通事故情况的协议书。

4）因保险事故损坏的被保险机动车，应当尽量修复。修理前被保险人应当会同保险人检验，协商确定修理项目、方式和费用。对未协商确定的，保险人可以重新核定。

5）被保险机动车遭受损失后的残余部分由保险人、被保险人协商处理。如折归被保险人的，由双方协商确定其价值并在赔款中扣除。

6）因第三方对被保险机动车的损害而造成保险事故，被保险人向第三方索赔的，保险人应积极协助；被保险人也可以直接向本保险人索赔，保险人在保险金额内先行赔付被保险人，并在赔偿金额内代位行使被保险人对第三方请求赔偿的权利。被保险人已经从第三方取得损害赔偿的，保险人进行赔偿时，相应扣减被保险人从第三方已取得的赔偿金额。保险人未赔偿之前，被保险人放弃对第三方请求赔偿的权利的，保险人不承担赔偿责任。被保险人故意或者因重大过失致使保险人不能行使代位请求赔偿的权利的，保险人可以扣减或者要求返还相应的赔款。保险人向被保险人先行赔付的，保险人向第三方行使代位请求赔偿的权利时，被保险人应当向保险人提供必要的文件和所知道的有关情况。

7）机动车损失赔款按以下方法计算：

全部损失：赔款＝（保险金额－被保险人已从第三方获得的赔偿金额）×（1－事故责任免赔率）×（1－绝对免赔率之和）－绝对免赔额。

被保险机动车发生部分损失，保险人按实际修复费用在保险金额内计算赔偿：赔款＝（实际修复费用－被保险人已从第三方获得的赔偿金额）×（1－事故责任免赔率）×（1－绝对免赔率之和）－绝对免赔额。

施救的财产中，含有本保险合同未保险的财产，应按本保险合同保险财产的实际价值占总施救财产的实际价值比例分摊施救费用。

8）保险人受理报案、现场查勘、核定损失、参与诉讼、进行抗辩、要求被保险人提供证明和资料、向被保险人提供专业建议等行为，均不构成保险人对赔偿责任的承诺。

9）被保险机动车发生本保险事故，导致全部损失，或一次赔款金额与免赔金额之和（不含施救费）达到保险金额，保险人按本保险合同约定支付赔款后，本保险责任终止，保险人不退还机动车损失保险及其附加险的保险费。

2．机动车第三者责任保险

（1）保险责任。

1）保险期间内，被保险人或其允许的驾驶人在使用被保险机动车过程中发生意外事故，致使第三者遭受人身伤亡或财产直接损毁，依法应当对第三者承担的损害赔偿责任，且不属于免除保险人责任的范围，保险人依照本保险合同的约定，对于超过机动车交通事故责任强制保险各分项赔偿限额的部分负责赔偿。

2）保险人依据被保险机动车一方在事故中所负的事故责任比例，承担相应的赔偿责任。

被保险人或被保险机动车一方根据有关法律法规规定选择自行协商或由公安机关交通管理部门处理事故未确定事故责任比例的，按照下列规定确定事故责任比例：

被保险机动车一方负主要事故责任的，事故责任比例为70%；

被保险机动车一方负同等事故责任的，事故责任比例为50%；

被保险机动车一方负次要事故责任的，事故责任比例为30%。

涉及司法或仲裁程序的，以法院或仲裁机构最终生效的法律文书为准。

（2）责任免除。

1）不保情形：下列情况下，不论任何原因造成的人身伤亡、财产损失和费用，保险人均不负责赔偿。

①事故发生后，被保险人或其允许的驾驶人故意破坏、伪造现场、毁灭证据；

②驾驶人有下列情形之一者：事故发生后，在未依法采取措施的情况下驾驶被保险机动车或者遗弃被保险机动车离开事故现场；饮酒、吸食或注射毒品、服用国家管制的精神药品或者麻醉药品；无驾驶证、驾驶证被依法扣留、暂扣、吊销、注销期间；驾驶与驾驶证载明的准驾车型不相符合的机动车；实习期内驾驶公共汽车、营运客车或者执行任务的警车、载有危险物品的机动车或牵引挂车的机动车；驾驶出租机动车或营业性机动车无交通运输管理部门核发的许可证书或其他必备证书；学习驾驶时无合法教练员随车指导；非被保险人允许的驾驶人；

③被保险机动车有下列情形之一者：发生保险事故时被保险机动车行驶证、号牌被注销的，或未按规定检验或检验不合格；被扣押、收缴、没收、政府征用期间；在竞赛、测试期间、在营业性场所维修、保养、改装期间；全车被盗窃、被抢劫、被抢夺、下落不明期间。

2）原因除外：下列原因导致的人身伤亡、财产损失和费用，保险人不负责赔偿。

①地震及其次生灾害、战争、军事冲突、恐怖活动、暴乱、污染（含放射性污染）、核反应、核辐射；

②第三者、被保险人或其允许的驾驶人的故意行为、犯罪行为，第三者与被保险人或其他致害人恶意串通的行为；

③被保险机动车被转让、改装、加装或改变使用性质等，被保险人、受让人未及时通知保险人，且因转让、改装、加装或改变使用性质等导致被保险机动车危险程度显著增加。

3）损失和费用除外：下列人身伤亡、财产损失和费用，保险人不负责赔偿。

①被保险机动车发生意外事故，致使任何单位或个人停业、停驶、停电、停水、停气、

停产、通讯或网络中断、电压变化、数据丢失造成的损失以及其他各种间接损失；

②第三者财产因市场价格变动造成的贬值，修理后因价值降低引起的减值损失；

③被保险人及其家庭成员、被保险人允许的驾驶人及其家庭成员所有、承租、使用、管理、运输或代管的财产的损失，以及本车上财产的损失；

④被保险人、被保险人允许的驾驶人、本车车上人员的人身伤亡；

⑤停车费、保管费、扣车费、罚款、罚金或惩罚性赔款；

⑥超出《道路交通事故受伤人员临床诊疗指南》和国家基本医疗保险同类医疗费用标准的费用部分；

⑦律师费，未经保险人事先书面同意的诉讼费、仲裁费；

⑧投保人、被保险人或其允许的驾驶人知道保险事故发生后，故意或者因重大过失未及时通知，致使保险事故的性质、原因、损失程度等难以确定的，保险人对无法确定的部分，不承担赔偿责任，但保险人通过其他途径已经及时知道或者应当及时知道保险事故发生的除外；

⑨因被保险人违反本条款约定，导致无法确定的损失；

⑩精神损害抚慰金；

⑪应当由机动车交通事故责任强制保险赔偿的损失和费用；

保险事故发生时，被保险机动车未投保机动车交通事故责任强制保险或机动车交通事故责任强制保险合同已经失效的，对于机动车交通事故责任强制保险责任限额以内的损失和费用，保险人不负责赔偿。

（3）免赔率。保险人在依据本保险合同约定计算赔款的基础上，在保险单载明的责任限额内，按照下列方式免赔：

①被保险机动车一方负次要事故责任的，实行5%的事故责任免赔率；负同等事故责任的，实行10%的事故责任免赔率；负主要事故责任的，实行15%的事故责任免赔率；负全部事故责任的，实行20%的事故责任免赔率；

②违反安全装载规定的，实行10%的绝对免赔率。

（4）责任限额。

1）每次事故的责任限额，由投保人和保险人在签订本保险合同时协商确定。

2）主车和挂车连接使用时视为一体，发生保险事故时，由主车保险人和挂车保险人按照保险单上载明的机动车第三者责任保险责任限额的比例，在各自的责任限额内承担赔偿责任，但赔偿金额总和以主车的责任限额为限。

（5）赔偿处理。

1）发生保险事故时，被保险人或其允许的驾驶人应当及时采取合理的、必要的施救和保护措施，防止或者减少损失，并在保险事故发生后48小时内通知保险人。被保险人或其允许的驾驶人根据有关法律法规规定选择自行协商方式处理交通事故的，应当立即通知保险人。

2）被保险人或其允许的驾驶人根据有关法律法规规定选择自行协商方式处理交通事故的，应当协助保险人勘验事故各方车辆、核实事故责任，并依照《道路交通事故处理程序规定》签订记录交通事故情况的协议书。

3）被保险人索赔时，应当向保险人提供与确认保险事故的性质、原因、损失程度等有关的证明和资料。被保险人应当提供保险单、损失清单、有关费用单据、被保险机动车行驶证和发生事故时驾驶人的驾驶证。属于道路交通事故的，被保险人应当提供公安机关交通管理部门或法院等机构出具的事故证明、有关的法律文书（判决书、调解书、裁定书、裁决书等）及其他证明。被保险人或其允许的驾驶人根据有关法律法规规定选择自行协商方式处理交通事故的，被保险人应当提供依照《道路交通事故处理程序规定》签订记录交通事故情况的协议书。

4）保险人对被保险人给第三者造成的损害，可以直接向该第三者赔偿。被保险人给第三者造成损害，被保险人对第三者应负的赔偿责任确定的，根据被保险人的请求，保险人应当直接向该第三者赔偿。被保险人怠于请求的，第三者有权就其应获赔偿部分直接向保险人请求赔偿。被保险人给第三者造成损害，被保险人未向该第三者赔偿的，保险人不得向被保险人赔偿。

5）因保险事故损坏的第三者财产，应当尽量修复。修理前被保险人应当会同保险人检验，协商确定修理项目、方式和费用。对未协商确定的，保险人可以重新核定。

6）赔款计算：

当（依合同约定核定的第三者损失金额－机动车交通事故责任强制保险的分项赔偿限额）×事故责任比例等于或高于每次事故赔偿限额时：赔款=每次事故赔偿限额×（1－事故责任免赔率）×（1－绝对免赔率之和）；

当（依合同约定核定的第三者损失金额－机动车交通事故责任强制保险的分项赔偿限额）×事故责任比例低于每次事故赔偿限额时：赔款=（依合同约定核定的第三者损失金额－机动车交通事故责任强制保险的分项赔偿限额）×事故责任比例×（1－事故责任免赔率）×（1－绝对免赔率之和）。

7）保险人按照《道路交通事故受伤人员临床诊疗指南》和国家基本医疗保险的同类医疗费用标准核定医疗费用的赔偿金额。未经保险人书面同意，被保险人自行承诺或支付的赔偿金额，保险人有权重新核定。不属于保险人赔偿范围或超出保险人应赔偿金额的，保险人不承担赔偿责任。

8）保险人受理报案、现场查勘、核定损失、参与诉讼、进行抗辩、要求被保险人提供证明和资料、向被保险人提供专业建议等行为，均不构成保险人对赔偿责任的承诺。

3. 机动车车上人员责任保险

（1）保险责任。

1）保险期间内，被保险人或其允许的驾驶人在使用被保险机动车过程中发生意外事故，致使车上人员遭受人身伤亡，且不属于免除保险人责任的范围，依法应当对车上人员承担的损害赔偿责任，保险人依照本保险合同的约定负责赔偿。

2）保险人依据被保险机动车一方在事故中所负的事故责任比例，承担相应的赔偿责任。

被保险人或被保险机动车一方根据有关法律法规规定选择自行协商或由公安机关交通管理部门处理事故未确定事故责任比例的，按照下列规定确定事故责任比例：

被保险机动车一方负主要事故责任的，事故责任比例为70%；

被保险机动车一方负同等事故责任的，事故责任比例为50%；

被保险机动车一方负次要事故责任的，事故责任比例为30%。

涉及司法或仲裁程序的，以法院或仲裁机构最终生效的法律文书为准。

（2）责任免除。

1）不保情形：下列情况下，不论任何原因造成的人身伤亡，保险人均不负责赔偿。

①事故发生后，被保险人或其允许的驾驶人故意破坏、伪造现场、毁灭证据；

②驾驶人有下列情形之一者：事故发生后，在未依法采取措施的情况下驾驶被保险机动

车或者遗弃被保险机动车离开事故现场；饮酒、吸食或注射毒品、服用国家管制的精神药品或者麻醉药品；无驾驶证，驾驶证被依法扣留、暂扣、吊销、注销期间；驾驶与驾驶证载明的准驾车型不相符合的机动车；实习期内驾驶公共汽车、营运客车或者执行任务的警车、载有危险物品的机动车或牵引挂车的机动车；驾驶出租机动车或营业性机动车无交通运输管理部门核发的许可证书或其他必备证书；学习驾驶时无合法教练员随车指导；非被保险人允许的驾驶人；

③被保险机动车有下列情形之一者：发生保险事故时被保险机动车行驶证、号牌被注销的，或未按规定检验或检验不合格；被扣押、收缴、没收、政府征用期间；在竞赛、测试期间，在营业性场所维修、保养、改装期间；全车被盗窃、被抢劫、被抢夺、下落不明期间。

2）原因除外：下列原因导致的人身伤亡，保险人不负责赔偿。

①地震及其次生灾害、战争、军事冲突、恐怖活动、暴乱、污染（含放射性污染）、核反应、核辐射；

②被保险机动车被转让、改装、加装或改变使用性质等，被保险人、受让人未及时通知保险人，且因转让、改装、加装或改变使用性质等导致被保险机动车危险程度显著增加；

③被保险人或驾驶人的故意行为。

3）损失和费用除外：下列人身伤亡、损失和费用，保险人不负责赔偿。

①被保险人及驾驶人以外的其他车上人员的故意行为造成的自身伤亡；

②车上人员因疾病、分娩、自残、斗殴、自杀、犯罪行为造成的自身伤亡；

③违法、违章搭乘人员的人身伤亡；

④罚款、罚金或惩罚性赔款；

⑤超出《道路交通事故受伤人员临床诊疗指南》和国家基本医疗保险同类医疗费用标准的费用部分；

⑥律师费，未经保险人事先书面同意的诉讼费、仲裁费；

⑦投保人、被保险人或其允许的驾驶人知道保险事故发生后，故意或者因重大过失未及时通知，致使保险事故的性质、原因、损失程度等难以确定的，保险人对无法确定的部分，不承担赔偿责任，但保险人通过其他途径已经及时知道或者应当及时知道保险事故发生的除外；

⑧精神损害抚慰金；

⑨应当由机动车交通事故责任强制保险赔付的损失和费用。

（3）免赔率。

保险人在依据本保险合同约定计算赔款的基础上，在保险单载明的责任限额内，按照下列方式免赔：被保险机动车一方负次要事故责任的，实行5%的事故责任免赔率；负同等事故责任的，实行10%的事故责任免赔率；负主要事故责任的，实行15%的事故责任免赔率；负全部事故责任或单方肇事事故的，实行20%的事故责任免赔率。

（4）责任限额。

驾驶人每次事故责任限额和乘客每次事故每人责任限额由投保人和保险人在投保时协商确定。投保乘客座位数按照被保险机动车的核定载客数（驾驶人座位除外）确定。

（5）赔偿处理。

1）发生保险事故时，被保险人或其允许的驾驶人应当及时采取合理的、必要的施救和保护措施，防止或者减少损失，并在保险事故发生后48小时内通知保险人。被保险人或其允许的驾驶人根据有关法律法规规定选择自行协商方式处理交通事故的，应当立即通知保险人。

2）被保险人或其允许的驾驶人根据有关法律法规规定选择自行协商方式处理交通事故的，应当协助保险人勘验事故各方车辆、核实事故责任，并依照《道路交通事故处理程序规定》签订记录交通事故情况的协议书。

3）被保险人索赔时，应当向保险人提供与确认保险事故的性质、原因、损失程度等有关的证明和资料。被保险人应当提供保险单、损失清单、有关费用单据、被保险机动车行驶证和发生事故时驾驶人的驾驶证。属于道路交通事故的，被保险人应当提供公安机关交通管理部门或法院等机构出具的事故证明、有关的法律文书（判决书、调解书、裁定书、裁决书等）和通过机动车交通事故责任强制保险获得赔偿金额的证明材料。被保险人或其允许的驾驶人根据有关法律法规规定选择自行协商方式处理交通事故的，被保险人应当提供依照《道路交通事故处理程序规定》签订记录交通事故情况的协议书和通过机动车交通事故责任强制保险获得赔偿金额的证明材料。

4）赔款计算：

对每座的受害人，当（依合同约定核定的每座车上人员人身伤亡损失金额－应由机动车交通事故责任强制保险赔偿的金额）×事故责任比例高于或等于每次事故每座赔偿限额时：赔款=每次事故每座赔偿限额×（1－事故责任免赔率）；

对每座的受害人，当（依合同约定核定的每座车上人员人身伤亡损失金额－应由机动车交通事故责任强制保险赔偿的金额）×事故责任比例低于每次事故每座赔偿限额时：赔款=（依合同约定核定的每座车上人员人身伤亡损失金额－应由机动车交通事故责任强制保险赔偿的金额）×事故责任比例×（1－事故责任免赔率）。

5）保险人按照《道路交通事故受伤人员临床诊疗指南》和国家基本医疗保险的同类医疗费用标准核定医疗费用的赔偿金额。未经保险人书面同意，被保险人自行承诺或支付的赔偿金额，保险人有权重新核定。因被保险人原因导致损失金额无法确定的，保险人有权拒绝赔偿。

6）保险人受理报案、现场查勘、核定损失、参与诉讼、进行抗辩、要求被保险人提供证明和资料、向被保险人提供专业建议等行为，均不构成保险人对赔偿责任的承诺。

4．机动车全车盗抢保险

（1）保险责任。

保险期间内，被保险机动车的下列损失和费用，且不属于免除保险人责任的范围，保险人依照本保险合同的约定负责赔偿：

1）被保险机动车被盗窃、抢劫、抢夺，经出险当地县级以上公安刑侦部门立案证明，满60天未查明下落的全车损失；

2）被保险机动车全车被盗窃、抢劫、抢夺后，受到损坏或车上零部件、附属设备丢失需要修复的合理费用；

3）被保险机动车在被抢劫、抢夺过程中，受到损坏需要修复的合理费用。

（2）责任免除。

1）不保情形：下列情况下，不论任何原因造成被保险机动车的任何损失和费用，保险人均不负责赔偿。

①被保险人索赔时未能提供出险当地县级以上公安刑侦部门出具的盗抢立案证明；

②驾驶人、被保险人、投保人故意破坏现场、伪造现场、毁灭证据；

③被保险机动车被扣押、罚没、查封、政府征用期间；

④被保险机动车在竞赛、测试期间，在营业性场所维修、保养、改装期间，被运输期间。

2）损失和费用除外：下列损失和费用，保险人不负责赔偿。

①地震及其次生灾害导致的损失和费用；

②战争、军事冲突、恐怖活动、暴乱导致的损失和费用；

③因诈骗引起的任何损失；因投保人、被保险人与他人的民事、经济纠纷导致的任何损失；

④被保险人或其允许的驾驶人的故意行为、犯罪行为导致的损失和费用；

⑤非全车遭盗窃，仅车上零部件或附属设备被盗窃或损坏；

⑥新增设备的损失；

⑦遭受保险责任范围内的损失后，未经必要修理并检验合格继续使用，致使损失扩大的部分；

⑧被保险机动车被转让、改装、加装或改变使用性质等，被保险人、受让人未及时通知保险人，且因转让、改装、加装或改变使用性质等导致被保险机动车危险程度显著增加而发生保险事故；

⑨投保人、被保险人或其允许的驾驶人知道保险事故发生后，故意或者因重大过失未及时通知，致使保险事故的性质、原因、损失程度等难以确定的，保险人对无法确定的部分，不承担赔偿责任，但保险人通过其他途径已经及时知道或者应当及时知道保险事故发生的除外；

⑩因被保险人违反本条款约定，导致无法确定的损失。

（3）免赔率。

保险人在依据本保险合同约定计算赔款的基础上，按照下列方式免赔：

①发生全车损失的，绝对免赔率为20%；

②发生全车损失，被保险人未能提供《机动车登记证书》、机动车来历凭证的，每缺少一项，增加1%的绝对免赔率。

（4）保险金额。

保险金额在投保时被保险机动车的实际价值内协商确定。

投保时被保险机动车的实际价值由投保人与保险人根据投保时的新车购置价减去折旧金额后的价格协商确定或其他市场公允价值协商确定。

折旧金额可根据本保险合同列明的参考折旧系数表确定，如表4-23所示。

（5）赔偿处理。

1）被保险机动车全车被盗抢的，被保险人知道保险事故发生后，应在24小时内向出险当地公安刑侦部门报案，并通知保险人。

2）被保险人索赔时，须提供保险单、损失清单、有关费用单据、《机动车登记证书》、机动车来历凭证以及出险当地县级以上公安刑侦部门出具的盗抢立案证明。

3）因保险事故损坏的被保险机动车，应当尽量修复。修理前被保险人应当会同保险人检验，协商确定修理项目、方式和费用。对未协商确定的，保险人可以重新核定。

4）保险人按下列方式赔偿：

被保险机动车全车被盗抢的，按以下方法计算赔款：赔款＝保险金额×（1－绝对免赔率之和）；

被保险机动车发生本条款保险责任2）、3）条列明的损失，保险人按实际修复费用在保险金额内计算赔偿。

5）保险人确认索赔单证齐全、有效后，被保险人签具权益转让书，保险人赔付结案。

6）被保险机动车发生本保险事故，导致全部损失，或一次赔款金额与免赔金额之和达到保险金额，保险人按本保险合同约定支付赔款后，本保险责任终止，保险人不退还机动车全车盗抢保险及其附加险的保险费。

4.4.5 《2014版示范条款》的保险费率

1. 保费计算公式

保费=（纯风险保费/（1-附加费用率））×NCD因子×自主核保系数×渠道系数×交通违法系数，其中：

（1）纯风险保费：行业一致，由中国保险行业协会统一制定、颁布并定期更新。

（2）附加费用率：由各保险公司自行申报，经保监会审批同意后方可使用。

（3）NCD因子：为No Claim Discount缩写，即无赔优待。该因子行业一致，由中国保险行业协会定期制定并颁布，通过平台统一查询使用，如表4-24所示。

表4-24 无赔优待系数

出险记录	NCD系数值
连续3年没有发生赔款	0.6
连续2年没有发生赔款	0.7
上年没有发生赔款	0.85
新保	1.0
上年发生1次赔款	1.0
上年发生2次赔款	1.25
上年发生3次赔款	1.5
上年发生4次赔款	1.75
上年发生5次及以上赔款	2.0

（4）自主核保系数：由保险公司自行确定。

（5）渠道系数：由保险公司自行确定。

（6）交通违法系数：根据平台与交通管理平台对接情况确定。已对接的，可以使用该系数进行费率浮动，平台带出，据实使用，保险公司不得调整；未对接的，平台带出1.0，保险公司不得调整。

2. 机动车损失保险费率（见表4-25）

机动车车损险纯风险保费=基准纯风险保费+（协商的机动车实际价值-新车购置价减去折旧金额后的机动车实际价值）×全损概率。其中，全损概率由中保协统一制定，目前暂定0.09%。

表4-25 机动车损失保险基准纯风险保费表示例（山东地区）

车辆使用性质	车辆种类	车型名称	车辆使用年限			
非营业性车辆			1年以下	1~2年	2~6年	6年以上
家庭自用汽车	6座以下	北京现代 BH7141MY 舒适型	1054	1005	992	1026
家庭自用汽车	6~10座	五菱 LZW6376NF	610	581	575	594

续表

车辆使用性质	车辆种类	车型名称	车辆使用年限			
非营业性车辆			1年以下	1～2年	2～6年	6年以上
家庭自用汽车	10座以上	金杯 SY6543US3BH	1082	1032	1019	1053
企业非营业客车	6座以下	捷达 FV7160FG 新伙伴	793	752	745	769
企业非营业客车	6～10座	江铃全顺 JX6466DF-M	958	911	903	934
企业非营业客车	10～20座	依维柯 NJ6593ER6	1623	1547	1535	1573
企业非营业客车	20座以上	柯斯达 SCT6703TRB53LEX	3495	3334	3306	3388
党政机关、事业团体非营业客车	6座以下	桑塔纳 SVW7180CEi 基本型	602	573	567	585
党政机关、事业团体非营业客车	6～10座	五菱 LZW6407B3	422	403	399	410
党政机关、事业团体非营业客车	10～20座	金杯 SY6483F3	1155	1097	1085	1120
党政机关、事业团体非营业客车	20座以上	柯斯达 SCT6700RZB53L	2418	2296	2272	2345
非营业货车	2吨以下	江铃 JX1020TS3	635	604	598	617
非营业货车	2～5吨	江淮 HFC1091KST	876	835	828	849
非营业货车	5～10吨	江淮 HFC1141K2R1T	1046	995	986	1016
非营业货车	10吨以上	北方奔驰 ND4250W322JJ	2766	2638	2607	2686
非营业货车	低速载货汽车	北京 BJ5815PD-3	495	472	466	482
非营业挂车	2吨以下	仙达 XT9350TZX	391	372	368	380
非营业挂车	2～5吨	宝环 HDS9362GGY	4607	4396	4360	4466
非营业挂车	5～10吨	骏强 JQ9100	313	298	295	304
非营业挂车	10吨以上	红旗 JHK9390	541	516	510	526
营业性车辆			2年以下	2～3年	3～4年	4年以上
出租、租赁营业客车	6座以下	捷达 FV7160FG 新伙伴	2052	2033	2009	2052
出租、租赁营业客车	6～10座	别克 SGM6529ATA 舒适版	3570	3528	3496	3570
出租、租赁营业客车	10～20座	依维柯 NJ6596SFF	3357	3326	3295	3357
出租、租赁营业客车	20～36座	柯斯达 SCT6700RZB54L	5219	5170	5122	5219
出租、租赁营业客车	36座以上	金龙 KLQ6119E3	10372	10286	10168	10372
城市公交营业客车	6～10座	长安 SC6382	1083	1072	1061	1083
城市公交营业客车	10～20座	吉江 NE6732NG01	1822	1803	1790	1822
城市公交营业客车	20～36座	金龙 XMQ6771Y	3443	3406	3385	3443
城市公交营业客车	36座以上	吉江 NE6732G01	2778	2751	2723	2778
公路客运营业客车	6～10座	江淮 HFC6500A1C7F	2583	2559	2536	2583
公路客运营业客车	10～20座	中通 LCK6601D3H	1933	1914	1895	1933

续表

车辆使用性质 营业性车辆	车辆种类	车型名称	车辆使用年限			
			2年以下	2～3年	3～4年	4年以上
公路客运营业客车	20～36座	中通 LCK6858H	3713	3677	3627	3713
公路客运营业客车	36座以上	中通 LCK6125H-2	9740	9656	9541	9740
营业货车	2吨以下	江铃 JX5041XXYXGA2	1622	1607	1592	1622
营业货车	2～5吨	五十铃 QL5100XTPAR	3015	2987	2960	3015
营业货车	5～10吨	解放 CA5167XXYPK2L2EA80-1	2502	2472	2450	2502
营业货车	10吨以上	解放 CA4206P1K2T3EA80	4597	4547	4498	4597
营业货车	低速载货汽车	北京 BJ5815PD-3	1319	1306	1292	1319
营业挂车	2吨以下	杨嘉 LHL9401CXY	726	719	713	726
营业挂车	2～5吨	东岳 ZTQ9370GGYQD	3915	3880	3845	3915
营业挂车	5～10吨	骏强 JQ9100	758	749	742	758
营业挂车	10吨以上	扬天 CXQ9402TDP	1582	1566	1549	1582

3．机动车第三者责任险费率（见表 4-26）

按照被保险人类别、车辆用途、座位数/吨位数/排量/功率、责任限额直接查找纯风险保费。挂车根据实际的使用性质并按照对应吨位货车的 30%计算。

表 4-26　机动车第三者责任险基准纯风险保费表（山东地区）

车辆使用性质	车辆种类	第三者责任保险						
		5万	10万	15万	20万	30万	50万	100万
家庭自用汽车	6座以下	461.50	666.90	759.85	825.50	932.10	1118.65	1457.30
	6～10座	428.35	603.20	681.20	735.15	822.90	979.55	1275.95
	10座以上	428.35	603.20	681.20	735.15	822.90	979.55	1275.95
企业 非营业客车	6座以下	492.70	693.55	783.90	845.65	946.40	1127.10	1467.70
	6～10座	474.50	675.35	766.35	828.75	931.45	1112.15	1448.20
	10～20座	549.90	784.55	890.50	964.60	1084.85	1296.75	1689.35
	20座以上	619.45	912.60	1047.15	1145.30	1300.65	1569.75	2044.90
党政机关、 事业团体 非营业客车	6座以下	415.35	585.00	661.70	713.05	798.85	950.95	1238.25
	6～10座	397.80	560.30	633.75	682.50	765.05	910.65	1186.25
	10～20座	474.50	667.55	755.95	814.45	912.60	1086.15	1414.40
	20座以上	653.25	919.75	1040.00	1121.25	1255.15	1494.35	1946.10
非营业货车	2吨以下	520.00	731.90	828.10	892.45	999.70	1190.15	1550.25
	2～5吨	683.80	988.65	1127.10	1225.25	1383.85	1660.10	2162.55
	5～10吨	812.50	1158.95	1314.95	1424.15	1600.30	1912.95	2490.80
	10吨以上	1069.90	1507.35	1704.30	1837.55	2057.90	2450.50	3190.20
	低速载货汽车	441.35	622.05	703.95	758.55	848.90	1012.05	1317.55

续表

车辆使用性质	车辆种类	第三者责任保险						
		5万	10万	15万	20万	30万	50万	100万
出租、租赁营业客车	6座以下	1121.25	1691.95	1966.25	2152.15	2496.65	3163.55	4160.65
	6~10座	1099.80	1660.10	1929.20	2110.55	2449.20	3103.75	4082.65
	10~20座	1162.85	1783.60	2083.90	2292.55	2673.45	3406.00	4479.80
	20~36座	1563.90	2469.35	2912.65	3233.10	3803.80	4888.65	6429.80
	36座以上	2416.70	3732.95	4371.90	4819.75	5633.55	7190.30	9458.80
城市公交营业客车	6~10座	1033.50	1559.35	1812.85	1983.15	2301.00	2916.55	3836.30
	10~20座	1151.15	1737.45	2018.90	2209.35	2563.60	3248.70	4273.10
	20~36座	1595.75	2453.75	2869.10	3157.70	3685.50	4697.55	6179.55
	36座以上	2120.95	3350.10	3952.00	4386.20	5161.00	6631.95	8723.00
公路客运营业客车	6~10座	1011.40	1526.85	1774.50	1941.55	2252.90	2854.15	3755.05
	10~20座	1127.10	1700.40	1976.65	2162.55	2509.00	3179.15	4182.75
	20~36座	1657.50	2501.85	2908.10	3182.40	3691.35	4678.70	6153.55
	36座以上	2393.30	3612.05	4199.00	4594.20	5330.00	6754.80	8884.85
营业货车	2吨以下	837.20	1305.20	1535.95	1691.95	1991.60	2496.65	3261.05
	2~5吨	1347.45	2101.45	2472.60	2722.20	3205.15	4017.65	5247.45
	5~10吨	1547.00	2412.15	2838.55	3125.20	3679.00	4613.05	6024.85
	10吨以上	2119.00	3305.25	3888.95	4281.55	5041.40	6319.95	8255.00
	低速载货汽车	711.75	1109.55	1305.85	1437.80	1692.60	2121.60	2770.95
备注	1. 挂车根据实际的使用性质并按照对应吨位货车的30%计算。 2. 如果责任限额为100万元以上,则基准纯风险保费=A+0.9×N×(A-B),式中A指同档次限额为100万元时的基准纯风险保费,B指同档次限额为50万元时的基准纯风险保费;N=(限额-100万)/50万元,限额必须是50万元的整数倍。							

4. 车上人员责任险、全车盗抢险、玻璃单独破碎险基准纯风险保费表(见表4-27)

车上人员责任险费率按照被保险人类别、车辆用途、座位数查找费率,其中:驾驶人纯风险保费=每次事故责任限额×费率;乘客纯风险保费=每次事故每人责任限额×费率×投保乘客座位数。

机动车盗抢险费率按照被保险人类别、车辆用途、座位数查找基础保费和费率,纯风险保费=基础纯风险保费+保险金额×纯风险费率。

玻璃单独破碎险费率按照被保险人类别、座位数、投保国产/进口玻璃查找费率,纯风险保费=新车购置价×费率。

表4-27 车上人员责任险、全车盗抢险、玻璃单独破碎险基准纯风险保费表（山东地区）

车辆使用性质	车辆种类	车上人员责任保险		全车盗抢保险		玻璃单独破碎险	
		驾驶人	乘客	基础纯风险保费	纯风险费率	国产玻璃	进口玻璃
家庭自用汽车	6座以下	0.2730%	0.1755%	78.00	0.3185%	0.1235%	0.2015%
	6~10座	0.2600%	0.1690%	91.00	0.2860%	0.1235%	0.1950%
	10座以上	0.2600%	0.1690%	91.00	0.2860%	0.1430%	0.2340%
企业非营业客车	6座以下	0.2730%	0.1690%	78.00	0.2925%	0.0845%	0.1560%
	6~10座	0.2535%	0.1495%	84.50	0.2990%	0.0845%	0.1560%
	10~20座	0.2600%	0.1560%	84.50	0.2925%	0.0975%	0.1820%
	20座以上	0.2730%	0.1690%	91.00	0.2535%	0.1040%	0.1885%
党政机关、事业团体非营业客车	6座以下	0.2600%	0.1625%	71.50	0.2730%	0.0845%	0.1560%
	6~10座	0.2405%	0.1430%	78.00	0.2795%	0.0845%	0.1560%
	10~20座	0.2470%	0.1495%	78.00	0.2795%	0.0975%	0.1820%
	20座以上	0.2535%	0.1560%	84.50	0.2340%	0.1040%	0.1885%
非营业货车	2吨以下	0.3055%	0.1885%	84.50	0.3250%	0.0715%	0.1040%
	2~5吨	0.3055%	0.1885%	84.50	0.3250%	0.0715%	0.1040%
	5~10吨	0.3055%	0.1885%	84.50	0.3250%	0.0715%	0.1040%
	10吨以上	0.3055%	0.1885%	84.50	0.3250%	0.0715%	0.1040%
	低速载货汽车	0.3055%	0.1885%	84.50	0.3250%	0.0715%	0.1040%
车辆使用性质	车辆种类	车上人员责任保险		全车盗抢保险		玻璃单独破碎险	
		驾驶人	乘客	基础纯风险保费	纯风险费率	国产玻璃	进口玻璃
出租、租赁营业客车	6座以下	0.3250%	0.2015%	65.00	0.2990%	0.1235%	0.2015%
	6~10座	0.2600%	0.1560%	58.50	0.2795%	0.1235%	0.2015%
	10~20座	0.2730%	0.1690%	58.50	0.2730%	0.1365%	0.2275%
	20~36座	0.2730%	0.1690%	52.00	0.2665%	0.1625%	0.2795%
	36座以上	0.2730%	0.1690%	52.00	0.2665%	0.1820%	0.3120%
城市公交营业客车	6~10座	0.2730%	0.1625%	39.00	0.2990%	0.1235%	0.2015%
	10~20座	0.2860%	0.1755%	58.50	0.2795%	0.1365%	0.2275%
	20~36座	0.3250%	0.2015%	58.50	0.2860%	0.1690%	0.2860%
	36座以上	0.3250%	0.2015%	58.50	0.2860%	0.1885%	0.3185%
公路客运营业客车	6~10座	0.2730%	0.1625%	39.00	0.3055%	0.1235%	0.2015%
	10~20座	0.2860%	0.1755%	58.50	0.2925%	0.1365%	0.2275%
	20~36座	0.3250%	0.2015%	52.00	0.2340%	0.1690%	0.2925%
	36座以上	0.3250%	0.2015%	52.00	0.2600%	0.1885%	0.3185%

续表

车辆使用性质	车辆种类	车上人员责任保险		全车盗抢保险		玻璃单独破碎险	
		驾驶人	乘客	基础纯风险保费	纯风险费率	国产玻璃	进口玻璃
营业货车	2吨以下	0.5005%	0.3120%	84.50	0.3250%	0.0780%	0.1170%
	2~5吨	0.5005%	0.3120%	84.50	0.3250%	0.0780%	0.1170%
	5~10吨	0.5005%	0.3120%	84.50	0.3250%	0.0780%	0.1170%
	10吨以上	0.5005%	0.3120%	84.50	0.3250%	0.0780%	0.1170%
	低速载货汽车	0.5005%	0.3120%	84.50	0.3250%	0.0780%	0.1170%
备注				挂车根据实际的使用性质并按照对应吨位货车的50%计算			

5．附加险费率（见表4-28）

车身划痕损失险按车龄、新车购置价、保额所属档次直接查找纯风险保费。

自燃损失险按照车辆使用年限查找费率，纯风险保费＝保险金额×费率。

车上货物责任险按照营业用、非营业用查找费率，纯风险保费＝责任限额×费率。

不计免赔率特约条款按照适用的险种查找费率，纯风险保费＝适用本条款的险种纯风险保费×费率。

表4-28　附加险基准纯风险保费表

险别		保费计算			
	车辆使用年限	保额（元）	新车购置价（元）		
			30万以下	30~50万	50万以上
车身划痕损失险	2年以下	2,000	260.00	380.25	552.50
		5,000	370.50	585.00	715.00
		10,000	494.00	760.50	975.00
		20,000	741.00	1,157.00	1,462.50
	2年及以上	2,000	396.50	585.00	715.00
		5,000	552.50	877.50	975.00
		10,000	845.00	1,170.00	1,300.00
		20,000	1,235.00	1,690.00	1,950.00
自燃损失险	车辆使用性质	车辆使用年限			
		2年以内	2~4年	4~6年	6年以上
	家庭自用汽车	0.0780%	0.1300%	0.1950%	0.3250%
	企业非营业客车	0.0780%	0.1300%	0.1950%	0.3250%
	党政机关、事业团体非营业客车	0.0780%	0.1300%	0.1950%	0.3250%
	非营业货车	0.0780%	0.1300%	0.1950%	0.3250%

续表

险别		保费计算			
自燃损失险	车辆使用性质	车辆使用年限			
		2年以内	2~4年	4~6年	6年以上
	出租、租赁营业客车	0.1300%	0.1950%	0.2925%	0.3900%
	城市公交营业客车	0.1300%	0.1950%	0.2925%	0.3900%
	公路客运营业客车	0.1300%	0.1950%	0.2925%	0.3900%
	营业货车	0.1300%	0.1950%	0.2925%	0.3900%
新增加设备损失险		保险金额×车损险基准纯风险保费/车损险保险金额			
发动机涉水损失险		车损险基准纯风险保费×5.00%			
机动车损失保险无法找到第三方特约险		车损险基准纯风险保费×2.50%			
修理期间费用补偿险		约定的最高赔偿天数×约定的最高日责任限额×6.50%			
精神损害抚慰金责任险		每次事故责任限额×0.52%			
车上货物责任险		车辆使用性质	非营业货车		营业货车
		费率	0.5200%		1.7745%
指定修理厂险		国产车	车损险基准纯风险保费的10%~30%		
		进口车	车损险基准纯风险保费的15%~60%		
不计免赔率险		适用险种	费率		
		机动车损失保险	15%		
		第三者责任保险	15%		
		车上人员责任保险	15%		
		全车盗抢保险	20%		
		自燃损失险	20%		
		新增加设备损失险	15%		
		车身划痕损失险	15%		
		发动机涉水损失险	15%		
		车上货物责任险	20%		
		精神损害抚慰金责任险	20%		

本章小结

1. 第三者责任险保险责任为：保险期间内，被保险人或其允许的合法驾驶人在使用被保险机动车过程中发生意外事故，致使第三者遭受人身伤亡或财产直接损毁，依法应当由被保险人承担的损害赔偿责任，保险人依照本保险合同的约定，对于超过机动车交通事故责任强制保险各分项赔偿限额以上的部分负责赔偿。

2. 车辆损失险的保险责任：保险期间内，被保险人或其允许的合法驾驶人在使用被保险机动车过程中，因碰撞、倾覆、坠落、火灾、爆炸、外界物体坠落、倒塌、暴风、龙卷风、雷击、雹灾、暴雨、洪水、海啸、地陷、冰陷、崖崩、雪崩、泥石流、滑坡、载运被保险机动车的渡船遭受自然灾害（只限于驾驶人随船的情形）等原因造成被保险机动车的损失，保险人依照保险合同的约定负责赔偿；另外，发生保险事故时，被保险人为防止或者减少被保险机动车的损失所支付的必要的、合理的施救费用，由保险人承担，最高不超过保险金额的数额。

3. 车上人员责任险的保险责任：保险期间内，被保险人或其允许的合法驾驶人在使用被保险机动车过程中发生意外事故，致使车上人员遭受人身伤亡，依法应当由被保险人承担的损害赔偿责任，保险人依照本保险合同的约定负责赔偿。

4. 全车盗抢险的保险责任：保险期间内，被保险机动车的下列损失和费用，保险人依照本保险合同的约定负责赔偿。被保险机动车被盗窃、抢劫、抢夺，经出险当地县级以上公安刑侦部门立案证明，满60天未查明下落的全车损失；被保险机动车全车被盗窃、抢劫、抢夺后，受到损坏或车上零部件、附属设备丢失需要修复的合理费用；被保险机动车在被抢劫、抢夺过程中，受到损坏需要修复的合理费用。

5. 玻璃单独破碎险的保险责任：被保险机动车风挡玻璃或车窗玻璃的单独破碎，保险人负责赔偿。

6. 车身划痕损失险的保险责任：无明显碰撞痕迹的车身划痕损失，保险人负责赔偿。

7. 自燃损失险的保险责任：因被保险机动车电器、线路、供油系统、供气系统发生故障或所载货物自身原因起火燃烧造成本车的损失；发生保险事故时，被保险人为防止或者减少被保险机动车的损失所支付的必要的、合理的施救费用。

8. 约定了可选免赔额特约条款后，保险人按投保人选择的免赔额给予相应的保险费优惠。保险人在按照机动车损失保险合同的约定计算赔款后，扣减本特约条款约定的免赔额。

9. 新增加设备损失险的保险责任：保险期间内，投保了本附加险的被保险机动车因发生机动车损失保险责任范围内的事故，造成车上新增加设备的直接损毁，保险人在保险单载明的本附加险的保险金额内，按照实际损失计算赔偿。

10. 车上货物责任险的保险责任：保险期间内，发生意外事故致使被保险机动车所载货物遭受直接损毁，依法应由被保险人承担的损害赔偿责任，保险人负责赔偿。

11. 不计免赔率特约条款的保险责任：经特别约定，保险事故发生后，按照对应投保的险种规定的免赔率计算的、应当由被保险人自行承担的免赔金额部分，保险人负责赔偿。

12. 根据各险种保费的计算公式计算出标准保费后，再根据费率调整系数调整后的保费为客户应交保费。

13. 2015年3月24日，保监会确定自2015年4月1日起，在黑龙江、山东、青岛、广西、陕西、重庆等六个地区为商业车险改革试点地区。2016年1月1日起，启动商业车险改革第二批试点工作，包括天津、内蒙古、吉林、安徽、河南、湖北、湖南、广东、四川、青海、宁夏、新疆等12个区域。

14. 《2014版示范条款》与现行商业车险条款相比，主要在六个方面进行了重大改进和提升，一是扩大保险责任范围，提高保障服务能力；二是积极回应社会关注热点，维护消费者的合法权益；三是厘清歧义概念和表述，减少纠纷和诉讼的发生；四是精简整合附加险，扩大了主险承保范围；五是精简优化条款体例，方便消费者阅读理解；六是规范优化配套单证，便利消费者理赔。

15.《2014版示范条款》的保费计算公式为：保费=（纯风险保费/(1-附加费用率)）×NCD因子×自主核保系数×渠道系数×交通违法系数。

1. 填空题

（1）第三者责任险规定，主车和挂车连接使用时视为一体，发生保险事故时，赔偿金额总和以_____的责任限额为限。

（2）车辆损失险的保险金额一般按照_____、_____、_____等三种方式确定。

（3）因保险事故损坏的保险车辆，应_____。修理前被保险人应会同保险人检验、协商确定修理的_____。否则，保险人有权重新核定或拒绝赔偿。

（4）全车盗抢保险规定：保险车辆被盗窃、抢劫、抢夺，经_____级以上_____部门立案侦察，自立案起满3个月未查明下落的_____损失，保险人负责赔偿。

（5）全车盗抢保险规定：非全车遭盗窃，仅车上零部件或附属设备被盗窃或损坏，保险人_____。

（6）车身划痕损失险的保险责任是_____，保险人负责赔偿。

（7）车上货物责任险规定：保险期间内，发生意外事故后，因哄抢造成的损失，保险人_____。

（8）A条款中，车辆损失险的保费计算公式为_____。

（9）A条款中，玻璃单独破碎险的保费计算公式为_____。

（10）A条款中，不计免赔率特约条款的保费计算公式为_____。

2. 简答题

（1）第三者责任险责任免除的内容有哪些？

（2）第三者责任险的责任限额如何确定？

（3）不属于机动车第三者责任保险中"第三者"范围的人员有哪些？

（4）车辆损失险保险责任中的自然灾害和意外事故分别包括哪些？

（5）请对车辆损失险中属于保险责任范围的"碰撞""暴风""暴雨"等术语解释其含义。

（6）何谓营业运输？

（7）何谓不定值保险？

（8）列举5项车辆损失险中常见的免赔率。

（9）常见的费率调整系数有哪些？

（10）《2014版示范条款》与现行条款（即ABC条款）相比，有哪些改进和提升？

（11）《2014版示范条款》的保费计算公式中包含哪些影响因素？

（12）《2014版示范条款》的机动车损失保险的纯风险保费如何计算？

1．李经理非常疼爱自己的妻子，虽然家中已经有了一辆宝来牌的私家车，还是主张给已经有了驾照的妻子单独购买一辆POLO，并亲自为妻子的汽车办了保险。为交费方便，他将两辆车的车主、投保人均写成了自己，并且购买了同一家保险公司的保险产品。周末，两人各自驾车外出郊游。由于妻子驾驶技能不够熟练，来到一个路口时；追尾撞上了正在等绿灯的丈夫的车，使得宝来尾部及POLO前部受损。试问：

（1）本起事故中，责任方在谁？

（2）POLO前部的受损，是否可以从其自身的车辆损失险获得赔付？

（3）宝来尾部的受损，是否可以从其自身的车辆损失险获得赔付？

（4）宝来尾部的受损，是否可以从POLO的第三者责任险中获得赔付？

2．分析以下问题：

（1）一汽车购买了车辆损失保险、第三者责任保险、车上责任险，该车在济南7.18大雨中被淹，问对该车的损失，保险公司负责赔偿吗？为什么？若赔偿从什么险种中赔偿？

（2）一汽车购买了车辆损失保险、第三者责任保险、车上责任险，该车在四川汶川大地震中被损坏，问对该车的损失，保险公司负责赔偿吗？为什么？

3．2009年某日，出租车司机张某在某保险公司为出租车投保了车辆损失险、第三者责任险和玻璃单独破碎险。投保一个月后，张某驾驶出租车行驶时，前机盖在行驶中突然翻动，机盖与前风挡玻璃相撞，造成前机盖和前风挡玻璃损坏。在紧急情况下，司机张某采取制动，又致使该车左前部与道路中央护栏相撞，造成前保险杠、左侧大灯、边灯、翼子板损坏。事故发生后，经交警现场查勘，认定张某负全部责任，自负修车费用，并赔偿护栏损坏修复费用。张某就有关花费要求保险公司赔偿。试问：保险公司应如何赔偿张某的损失？依据是什么？

5 汽车保险承保

知识目标

- 了解承保流程
- 理解展业工作的意义,了解展业的渠道和方法
- 熟悉投保单的内容及填写要求
- 掌握核保设置模式、核保内容、车辆检验
- 了解批改业务,理解续保意义,做好续保工作

- 能够根据一般客户的情况制定承保方案
- 能够指导客户填写投保单
- 能根据核保手册确定是否接受客户投保
- 能说出客户应收到的保险单证类型

  汽车保险是通过业务承保,收取保费,建立保险基金进行的。雄厚保险基金的建立和补偿能力的加强,有赖于较好的业务承保。因此,业务承保是保险经营中的首要问题。

  汽车保险业务承保有两层含义,即业务的争取和业务的选择。前者是指业务的数量,后者是指业务的质量。如果只有数量而没有质量,大量高风险业务的招揽,会导致赔付率的上升,影响公司的效益,甚至使公司财务严重亏损。如果只有质量而没有数量,保险基金有限,公司经营效益也就非常有限。所以保险业务承保要求做到数量与质量的统一。

  汽车保险承保就是保险人通过保险宣传,使投保人产生投保愿望,并提交投保申请,而保险人再对投保人的投保申请进行审核,决定是否接受的行为。具体是,从事展业的人员向客户宣传保险产品,帮助客户分析风险种类及相应管理方法,并制定出完善的保险方案;而客户

根据自身情况以及展业人员的介绍，产生购买保险的愿望，并填写投保单；然后，保险人审查投保单，向投保人询问有关保险标的和被保险人的各种情况，或直接检验标的车辆，从而决定是否接受投保。如果保险人接受投保，则收取保险费、出具保险单和保险证，保险合同即告成立，并按约定时间生效。如果保险人根据当前的客户条件尚不能确定，则可向客户提出需要补充的事项，或表明可以接受投保的附加条件。当然，保险人也可以直接拒绝承保。同时，在保险合同有效期内，如果保险标的的所有权改变，或者投保人因某种原因要求更改或取消保险合同，则需进行批改作业。若保险合同接近期满时，保险人会征询投保人意愿，是否继续办理保险事宜，即续保。因此，一个完整的承保流程由六个环节组成，即：展业→投保→核保→签发单证→批改→续保，其核心环节为：投保→核保→签发单证。

5.1 保险展业

保险展业是保险人通过开展保险宣传，广开展业渠道争取保险业务。目前，我国汽车保险业务，除了交强险实行强制外，所有的商业汽车保险业务都是自愿的，这就有业务争取问题。因此，各家保险公司都非常重视展业工作。

5.1.1 做好展业准备

1. 掌握理论知识
（1）掌握保险的基本原理、运行原则、保险合同的基础知识。
（2）掌握汽车保险的条款及其含义、费率规章、承保规定、理赔流程，及本公司对汽车保险经营管理的规定与要求。
（3）掌握汽车使用的常见风险及其管理方法。
2. 熟悉政策法规
（1）熟悉汽车保险的相关法律法规，如《保险法》《机动车辆交通事故责任强制保险条例》等。
（2）熟悉交通管理、交通事故处理的相关法律法规，如《道路交通安全法》《交通事故处理程序规定》《最高人民法院关于审理人身损害赔偿案件适用法律若干问题的解释》等。
（3）熟悉汽车管理的相关法律法规，如《机动车登记规定》《汽车报废标准》《机动车驾驶证申领和使用规定》等。
3. 做好市场调查
（1）调查业务拓展地区的社会环境，如法制环境、治安环境等。法制环境良好的地区，被保险人和驾驶员的法制观念较强，违章、违法行为较少，同时法制环境良好的地区，事故处理也较准确、公平。治安状况好的地区，汽车发生盗窃、抢劫或抢夺的概率就会很低，反之亦然。
（2）调查本地区的汽车保险市场的动态和竞争对手的业务发展重点、展业方向及手段。
（3）调查所辖区域的汽车保有量、增长量、各类车型所占比例、以往保险情况、事故次数、出险赔付等。
（4）调查本地区客户的心理动态和需求，尤其是一些大客户，以便有针对性地做好公关工作。

4. 制定展业计划

（1）制定月、季、年度展业计划和策略，确定展业目标、展业重点，定期分析展业情况，合理安排展业时间。展业计划应符合实际，展业目标应明确。

（2）做好续保工作。根据数据库资料制定续保工作计划，对续保业务做到心中有数。保险期满之前一段时间主动和投保人联系，协商续保事宜。同时，要注意客户信息的保密，避免被竞争对手获取。

5.1.2　开展保险宣传

近年来，我国汽车保险业发展迅速，其在国民经济中的地位越来越重要，社会大众对汽车保险有了一定的认识。但从总体看，全社会的保险意识仍然不高。大力开展汽车保险宣传，普及汽车保险知识是汽车保险工作重点之一。

汽车保险宣传可从多种角度展开，比如可通过电视、电影、广播、报纸、网络、杂志、电话等多种媒体，可利用广告、新闻、保险知识讲座、大型事件理赔处理、发放宣传资料等多种方式，还可采用召开座谈会、开展公益活动、开展保险咨询活动等多个场合展开宣传。

宣传内容主要是本公司网络分布、偿付能力、服务优势、保险产品的保险责任、责任免除、投保人义务、保险人义务及承保和理赔手续等。

5.1.3　广开展业渠道

拓展汽车保险展业渠道，首先要通过努力，建立健全保险机构，提高业务人员素质，依靠自身的业务人员去争取业务；其次，广设代理机构，建立广阔的服务网；第三，要充分发挥保险经纪人的积极作用。无论是直接业务，还是间接业务，都要积极争取。无论是专职人员，还是兼职人员，都要拓展渠道，宣传保险，推销保险。汽车保险可以拓展的展业渠道如图5-1所示。

5.1.4　接触展业对象

接触展业对象的方法有直接关系的熟识圈寻找法、间接关系的关系拓展法、陌生人员的直接拜访法、权威人士的中心开花法，具体见表5-1。

面谈是接触展业对象环节中的关键问题。为了争取面谈成功，要求展业人员做到以下几点：

（1）把展业对象的具体情况寓于面谈内容之中；

（2）展业人员要大方、开朗，满怀信心地做好宣传工作；

（3）要针对不同类型的展业对象，采取不同的面谈方法；

（4）用比较的方法进行宣传，比较可以在不同公司的产品间进行，也可以在本公司产品的不同组合间进行；

（5）展业面谈要突出保险"以少量保费，获得切实保障"的特点；

（6）在一定时机，展业人员可以以典型案例做为辅助介绍，确实体现保险在关键时刻的保障作用；

（7）面谈中，要注意语言艺术，做到语言简明、通俗易懂，力求使对方完全理解所接受的信息，尽量避免使用对方难懂的专业术语或容易造成误解的含糊词汇。同时，谈话语言要有亲和力，力争引起展业对象的愉悦反应，以诚心赢得顾客的理解与合作。

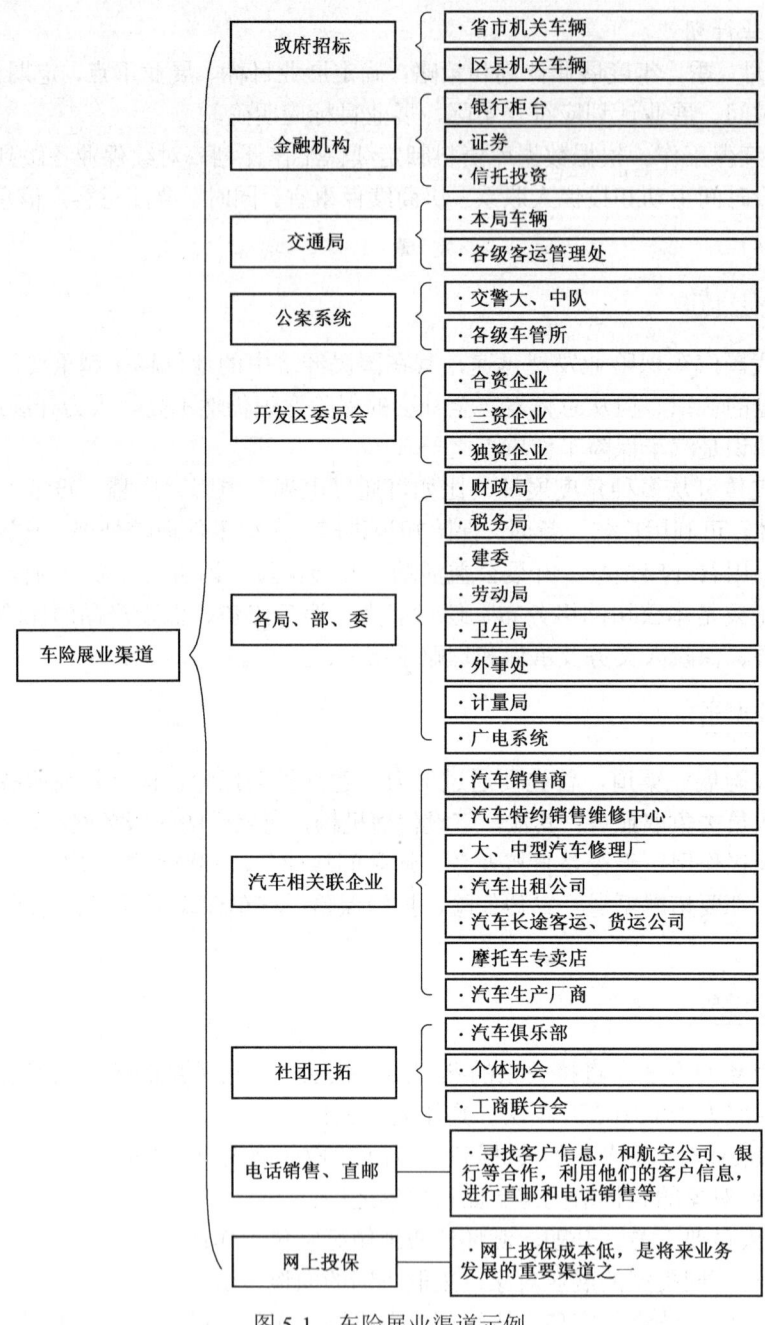

图 5-1 车险展业渠道示例

表 5-1 接触展业对象的方法介绍

方法名称	含义	适用范围	优点
熟识圈寻找法	每个人的日常生活都不会在隔绝状态下进行,由于先天的血缘关系和后天的经历都会认识一大批人,这就是所谓的熟识圈。熟识圈寻找法是一种从展业人员熟悉的人中寻找展业对象的方法	亲属、朋友、邻居、战友、同学、老师、同事等	能够相互信任,容易掌握相关信息,比较容易受到理解,在展业初期对树立从业信心有相当大的帮助

续表

方法名称	含义	适用范围	优点
关系拓展法	关系拓展法是指展业人员利用各种关系寻找展业对象的方法。所有关系都可作为你（业务人员）的介绍人，让他（她）们为你推荐他（她）们的熟人、朋友及客户等，如有可能，可进一步拓展熟人的熟人、朋友的朋友，形成链式反应	同学关系、师生关系、同事关系、上下级关系、亲属关系、老乡关系等	便于收集资料和得到与展业对象见面的机会，并在会面中相对减少拒绝
直接拜访法	直接拜访法是指展业人员在对顾客情况一无所知或知之甚少时，直接走访某一区域或某一职业的所有或某个个人或组织，以寻找展业对象的方法。注意：如有条件，拜访前最好与展业对象事先联系，因冒然造访，会引起顾客反感；此方法需要与其他方法配合使用，如广告探察法，先通过广告让顾客知道公司和产品，当展业人员拜访时，可信度就会提高	寻找素不相识的人做面谈，可以是随机的、顺路的拜访，也可以是选择自己有兴趣的单位或人做拜访	快速提升展业技巧、有效磨练自己的销售心态，强化处理拒绝问题的能力
中心开花法	中心开花法是指展业人员在一特定范围内发掘出一批具有影响力和号召力的权威人物，这些权威人物把该范围里的个人或组织变成展业人员的展业对象。一般而言，这些权威人物为展业人员的顾客或朋友	在政府机关及要害部门工作或在社会上地位较显赫的个人或群体	信息来源广，因职权范围承保容易，较易建立人际网络关系

5.1.5　制定保险方案

保险方案是在对投保人的风险进行评估基础上提出的保险建议书。为提高保险公司服务水平，各保险公司一般都要求展业人员在开展业务时，根据投保人所面临的风险种类、风险程度，向投保人提供最佳的保险方案。

1. 保险方案制定原则

（1）充分保障原则。展业人员应从专业角度对投保人可能面临的风险进行充分识别和评估，制订相应的保险方案，争取用最小成本实现最大安全，防止提供不必要的保障。

（2）充分披露原则。保险人应依据《保险法》及监管部门的有关要求，明确说明投保险种的保障范围，正确解释责任免除条款、容易发生歧义的条款及投保人、被保险人义务条款等含义，不得曲解、隐瞒或误导。

2. 保险方案的内容

主要包括：

（1）保险人情况介绍；

（2）投保标的风险评估；

（3）保险方案总体建议；

（4）保险条款及解释；

（5）保险金额和赔偿限额确定；

(6) 免赔额及适用情况；

(7) 赔偿处理程序及要求；

(8) 服务体系及承诺；

(9) 相关附件。

5.2 客户投保

5.2.1 投保单填写

1. 投保单内容

投保单是保险合同组成部分之一，投保人必须如实填写。表5-2为××财产保险股份有限公司汽车保险投保单。

2. 投保单填写

（1）投保人与被保险人的信息。

1）填写目的。

- 确定投保人，判断其资格，看是否对保险标的具有保险利益。
- 确定缴费义务人，投保人是交费义务人。
- 确定被保险人，被保险人是享有保险金请求权的人。
- 为客户提供后续增值服务。

2）填写要求。

- 投保人与被保险人为单位的，名称填写全称，应与公章名称一致。
- 投保人与被保险人为个人的，填写姓名，与身份证一致。
- 名称应与车辆行驶证相符，使用人或所有人称谓与行驶证不符或车辆是合伙购买与经营时，应在投保单规定位置注明，以便登录在保险单上。
- 地址是指法律确认的自然人的生活住所或法人的主要办事机构所在地。
- 根据被保险人单位性质，把汽车所属性质分为：党政机关（团体）车辆、事业单位车辆、军队（武警）车辆、使（领）馆车辆、个体或私营企业车辆、其他企业车辆、其他车辆等。

（2）投保车辆信息。

1）填写目的。

- 确定投保车辆的唯一性。
- 依据不同的所属性质、使用性质、车辆类型、座位/吨位、车龄、行驶区域等确定费率。

2）填写要求。

- 被保险人与车辆的关系如为所有关系，则被保险人与车主同一人，如为使用或管理关系，则被保险人与车主不是同一人。此栏主要是看被保险人是否对标的车具有保险利益。

汽车保险承保 第 5 章

表 5-2　××财产保险股份有限公司机动车保险/机动车交通事故责任强制保险投保单

No:

欢迎您到××财产保险股份有限公司投保!在您填写本投保单前请先详细阅读《机动车交通事故责任强制保险条款》及我公司的机动车辆保险条款,阅读条款时请您特别注意各个条款中的保险责任、责任免除、投保人义务、被保险人义务等内容并听取保险人就条款(包括责任免除条款)所作的说明。您在充分理解条款后,再填写本投保单各项内容(请在需要选择的项目前的"□"内划"√"表示)。为了合理确定投保机动车的保险费,并保证您获得充足的保障,请您认真填写每个项目,确保内容的真实可靠。您所填写的内容我公司将为您保密。本投保单所填写内容如有变动,请及时到我公司办理变更手续。

投保人	投保人名称/姓名				投保机动车数	辆
	联系人姓名		固定电话		移动电话	
	投保人住所				邮政编码	□□□□□□
被保险人	□自然人姓名:		身份证号码		□□□□□□□□□□□□□□□□□□	
	□法人或其他组织名称:			组织机构代码	□□□□□□□□□	
	被保险人单位性质	□党政机关、团体　　　□事业单位　　　□军队（武警）　　　□使（领）馆 □个体、私营企业　　　□其他企业　　　□其他				
	联系人姓名		固定电话		移动电话	
	被保险人住所				邮政编码	□□□□□□
投保车辆情况	被保险人与车辆的关系	□所有　□使用　□管理		车主		
	号牌号码		号牌底色	□蓝　□黑　□黄　□白　□白蓝　□其他颜色		
	厂牌型号		发动机号			
	VIN 码	□□□□□□□□□□□□□□□□□		车架号		
	核定载客	人	核定载质量	千克	排量/功率	/kW
	初次登记日期	年　　月	已使用年限	年	年平均行驶里程	公里
	车身颜色	□黑色　□白色　□红色　□灰色　□蓝色　□黄色　□绿色 □紫色　□粉色　□棕色　□其他颜色				
	机动车种类	□客车　□货车　□客货两用车　□挂车　□摩托车（不含侧三轮）　□侧三轮 □农用拖拉机　□运输拖拉机　□低速载货汽车　□特种车：请填写用途_____				
	机动车使用性质	□家庭自用　　　□非营业用（不含家庭自用） □出租/租赁　　□城市公交　　□公路客运　　□旅游客运　　□营业性货运				
	上年是否在本公司投保商业机动车保险	□是_____　□否				
	行驶区域	□省内行驶　□固定行驶路线　具体路线:_____				
	是否为未还清贷款的车辆	□是　□否	车损险与车身划痕险选择汽车专修厂		□是 □否	
	上年赔款次数	□交强险赔款次数_____次		□商业机动车保险赔款次数_____次		
	上一年度交通违法行为	□有　□无				
投保主险条款名称						
指定驾驶人	姓名	驾驶证号码			初次领证日期	
驾驶人 1		□□□□□□□□□□□□□□□□□□			___年___月___日	
驾驶人 2		□□□□□□□□□□□□□□□□□□			___年___月___日	
保险期间	____年____月____日零时起至____年____月____日二十四时止					

第 1 页,共 2 页

续表

投保险种		保险金额/责任限额（元）	保险费（元）	备注
□机动车交通事故责任强制保险				
□机动车损失险：新车购置价_____元				
□商业第三者责任险				
□车上人员责任险	投保人数_____人	/人		
	投保人数_____人	/人		
□盗抢险				
□附加玻璃单独破碎险	□国产玻璃			
	□进口玻璃			
□附加停驶损失险：日赔偿金额____元×____天				
□附加自燃损失险				
□附加火灾、爆炸、自燃损失险				
□附加车身划痕损失险		元		
□附加新增加设备损失险				
□附加车上货物责任险				
□附加不计免赔率特约条款	□机动车损失险			
	□第三者责任险			
□附加可选免赔额特约条款		免赔金额：		
保险费合计（人民币大写）：			（¥：	元）

特别约定	
保险合同争议解决方式选择	□诉讼　□提交_____仲裁委员会仲裁

本保险合同由保险条款、投保单、保险单、批单和特别约定组成。
投保人声明：保险人已将投保险种对应的保险条款（包括责任免除部分）向本人作了明确说明，本人已充分理解；上述所填写的内容均属实，同意以此投保单作为订立保险合同的依据。

投保人签名/签章：

_____年____月____日

验车验证情况		□已验车　□已验证　查验人员签名：____年____月____日____时____分		
初审情况	业务来源：□直接业务　□个人代理 □专业代理　□兼业代理 □经纪人　　□网上/电话业务		复核意见	
	代理（经纪）人名称：			
	上年度是否在本公司承保：□是　□否			
	业务员签字：_____年____月____日		复核人签字：_____年____月____日	

注：阴影部分内容由保险公司人员填写

第2页，共2页

- 号牌号码。填写车辆管理机关核发的号牌号码并注明底色，如鲁A×××××（蓝）。号牌号码应与车辆行驶证（见图5-2）一致，号牌底色分蓝、黑、黄、白、白蓝、其他颜色等六类。

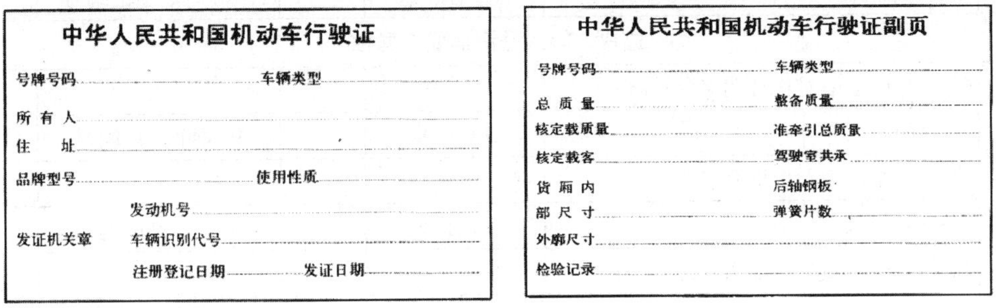

图 5-2　机动车行驶证

- 厂牌型号、发动机号、车架号、VIN 码等按照投保车辆行驶证或合格证的内容填写。对于新车尤其注意要把合格证上的发动机号码、车架号、VIN 码中的字母和数字都要写完整；对于有 VIN 码的车辆，应以 VIN 码代替车架号。
- 核定载客/核定载质量。根据车辆行驶证注明的核定载客人数或核定载质量填写。客车填核定载客人数，货车填核定载质量，客货两用车填写核定载客人数/核定载质量。
- 排量/功率。汽车、摩托车填排量，拖拉机填功率。排量单位为 L，功率单位为 kW。
- 初次登记年月。根据行驶证上"登记日期"填写。它是理赔时确定车辆实际价值的依据。
- 已使用年限。指车辆自上路行驶到保险期限起始时的已使用年数，不足一年的不计算。
- 年平均行驶里程。指投保车辆自出厂到投保单填写日的实际已行驶的总里程与已使用年限的比值。一般根据里程表上显示的总里程数计算，如里程表有损坏或进行过调整、更换，应根据车辆实际已行驶的里程计算。
- 车身颜色。按照车身颜色的主色系在黑、白、红、灰、蓝、黄、绿、紫、粉、棕10种颜色中归类选择一种颜色；多颜色车辆，应选择面积较大的一种颜色；有机动车辆登记证书（见图5-3）的车辆，按照登记证书中的"车身颜色"栏目填写。如实在无法归入上述色系中，可作为"其他颜色"。
- 车辆种类。按照车辆行驶证上注明的车辆种类填写。车辆种类主要包括货车、客车、客货两用车、挂车、摩托车（不含侧三轮）、侧三轮、农用拖拉机、运输拖拉机、低速载货汽车、特种车等种类，若为特种车，还需要写明车辆用途。
- 汽车使用性质。车辆使用性质主要分营业与非营业两类，目前，多数保险公司又将其细分为家庭自用、非营业用（不含家庭自用）、出租/租赁、城市公交、公路客运、旅游客运、营业性货运等。
- 上年是否在本公司投保商业车险，用以判定投保人能否享受无赔款优待以及优待比例，同时还判定投保人是否为本公司的续保客户或忠诚客户。
- 行驶区域。汽车可指定行驶区域，以获得费率优惠。指定行驶区域分省内行驶、固定行驶路线，对固定行驶路线的还需指明具体路线。

机动车登记证书编号：XXXXXXXXXXXX

注册登记投送要信息栏

I	1．机动车所有人/身份证明名称/号码				
	2．登记机关		3．登记日期	4．机动车登记编号	

过户、转入登记摘要信息栏

II	机动车所有人/身份证明名称/号码			
	登记机关		登记日期	机动车登记编号
III	机动车所有人/身份证明名称/号码			
	登记机关		登记日期	机动车登记编号
IV	机动车所有人/身份证明名称/号码			
	登记机关		登记日期	机动车登记编号
V	机动车所有人/身份证明名称/号码			
	登记机关		登记日期	机动车登记编号
VI	机动车所有人/身份证明名称/号码			
	登记机关		登记日期	机动车登记编号
VII	机动车所有人/身份证明名称/号码			
	登记机关		登记日期	机动车登记编号

第 1 页

注册登记机动车信息栏

5．车辆类型		6．车辆品牌	
7．车辆型号		8．车身颜色	
9．车辆识别代号/车架号		10．国产/进口	
11．发动机号		12．发动机型号	
13．燃料种类		14．排量/功率	mL kW
15．制造厂名称		16．转向形式	
17．轮距	前 后 mm	18．轮胎数	
19．轮胎规格		20．钢板弹簧片数	后轴 片
21．轴距	mm	22．轴数	
23．外廓尺寸	长 宽 高 mm	33．发证机关章	
24．货厢内部尺寸	长 宽 高 mm		
25．总质量	kg	26．核定载质量	kg
27．核写载客	人	28．准牵引总质量	kg
29．驾驶室载客	人	30．使用性质	
31．车辆获得方式		32．车辆出厂日期	34．发证日期

第 2 页

图 5-3　机动车登记证书

- 是否为未还清贷款的车辆。如果是，贷款方是谁。同时保险人一般会要求投保人选择保险范围较宽的险种，以保障财产的安全。
- 车损险与车身划痕险若选择汽车专修厂，则费率将上浮一定比例。
- 上年度的赔款次数和交通违法行为，是费率浮动的依据。

3）车辆识别代码（VIN 码）。VIN 码是 Vehicle Identification Number 的简称，由 17 位字符组成，俗称十七位码。VIN 的每位代码都代表汽车某一方面信息。按识别代码顺序，可识别出该车的生产国家、制造公司或生产厂家、车辆类型、品牌名称、车型系列、车身型式、发动机型号、车型年款、安全装置型号、检验数字、装配工厂名称和出厂顺序号码等。

车辆识别代码由三部分组成：世界制造厂识别代号（WMI）、车辆说明（VDS）、车辆指示（VIS）。对年产量≥500 辆的车辆制造厂，车辆识别代号如图 5-4 所示；对年产量<500 辆的汽车制造厂，车辆识别代号的第 1、2、3 位与第 12、13、14 位一起构成世界制造厂识别代号（WMI），生产顺序号只用第 15、16、17 位标出，如图 5-5 所示。

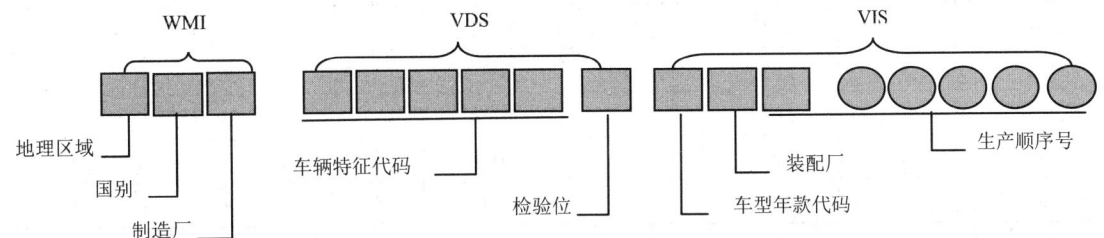

图 5-4　年产量≥500 辆的车辆识别代号

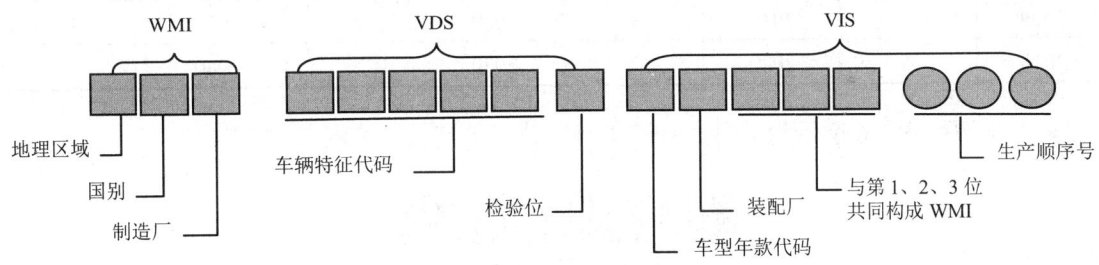

图 5-5　年产量<500 辆的车辆识别代号

车辆识别代码组成中，WMI、VDS、VIS 含义如下：

- 世界制造厂识别代号是车辆识别代码的第一部分，该代号必须经过申请、批准和备案后方能使用。由国际组织按地理区域分配给各国，各国再分配给本国的制造厂。中国部分汽车生产厂家代码见表 5-3。

表 5-3　中国部分汽车生产厂家 WMI 代码

WMI	LSV	LFV	LDC	LEN	LHG
生产企业	上海大众	一汽大众	神龙富康	北京吉普	广州本田
WMI	LKD	LSY	LSG	LS5	LHB
生产企业	哈飞汽车	沈阳金杯	上海通用	长安汽车	北汽福田

- 车辆特征说明部分为车辆识别代号的第二部分，由 6 位字码组成。如果车辆制造厂不使用其中的一位或几位字码，应在该位置用车辆制造厂选定的字母或数字来填充。VIN 中的第 4~8 位对车型特征进行描述时，其代码及顺序由车辆制造厂决定，一般包含以下信息。车系；动力系统：发动机型号、变速器型式；车身型式；约束系统配置：气囊、安全带等。第 9 位为校验位：用 0~9 或 X 表示。
- 车辆指示部分是车辆识别代号的第三部分，由 8 位字码组成。其中，第 10 位字码代表车辆年份，年份代码按表 5-4 规定使用（30 年循环一次），不能使用数字 0 或字母 I、O、Q、U、Z；第 11 位使用字母或数字来指示装配厂，若无装配厂，制造厂可规定其他的内容；第 12~17 位代表汽车的生产顺序号。

表 5-4 VIN 的年份代码

年份	代码	年份	代码	年份	代码	年份	代码
2001	1	2011	B	2021	M	2031	1
2002	2	2012	C	2022	N	2032	2
2003	3	2013	D	2023	P	2033	3
2004	4	2014	E	2024	R	2034	4
2005	5	2015	F	2025	S	2035	5
2006	6	2016	G	2026	T	2036	6
2007	7	2017	H	2027	V	2037	7
2008	8	2018	J	2028	W	2038	8
2009	9	2019	K	2029	X	2039	9
2010	A	2020	L	2030	Y	2040	A

- 示例：图 5-6 所示为上海大众汽车有限公司生产的一款汽车的 VIN 码。

图 5-6 某汽车的车辆识别代码

车辆识别代码含义如下：
LSV 代表"上海大众汽车有限公司"。
第 4 位为车身型式代码：H——4 门加长型折背式车身。
第 5 位为发动机/变速器代码：J——AYJ（06BC）/FNV（01N.A）。
第 6 位为乘员保护系统代码：1——安全气囊（驾驶员）。
第 7~8 位为车辆等级代码：33——上海桑塔纳轿车、桑塔纳旅行轿车、桑塔纳 2000 轿车。
第 9 位为校验位：采用 0~9 中任何一个数字或字母 X。
第 10 位为年份代码：2——该车为 2002 年生产的。
第 11 位为装配厂代码：2——该车由上海大众汽车有限公司组装。
第 12~17 位为车辆制造顺序号：该车的出厂编码为 221761。

解读该车整个 VIN 码，其含义就是：2002 年由上海大众汽车有限公司生产的桑塔纳 2000 型轿车，该车配备 AYJ 发动机，FNV（01N.A）自动变速器，装有驾驶座气囊，出厂编号为 221761。

（3）驾驶员信息。

1）填写目的。

- 确定指定驾驶员后的费率优惠系数。
- 为理赔做准备，如果不是指定驾驶员使用车辆出险，保险公司将增加一定的免赔率。

2）填写要求。

- 不指定驾驶员的不用填写。
- 若指定驾驶员，可以指定 1 名，也可以指定多名。
- 指定驾驶员的姓名、性别、年龄、初次领证日期、驾驶证号码等信息根据机动车驾驶证（见图 5-7）信息填写。

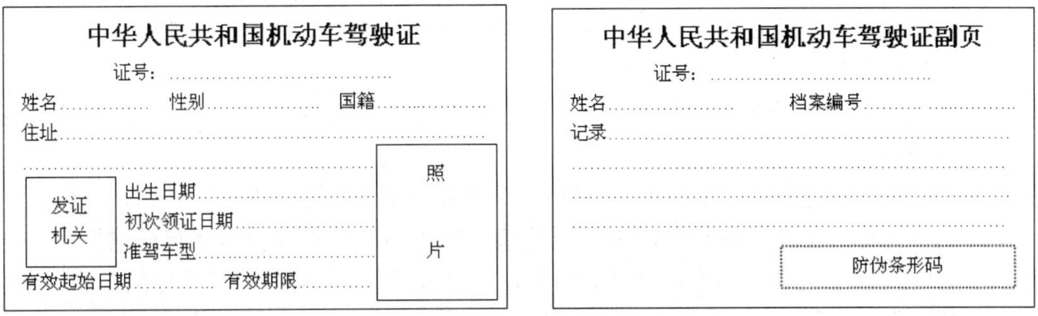

图 5-7 机动车驾驶证

（4）保险期间。

1）填写目的。

- 明确合同期限。

2）填写要求。

- 保险期限通常为 1 年，费率表中的费率是保险期限为 1 年的费率。
- 保险期限不足 1 年的按短期月费率计收保险费，不足一个月的按一个月计算。
- 短期保险费=年保险费×短期月费率系数（见表 3-1）。

（5）投保险种信息。

1）填写目的。

- 确定投保险种。
- 确定保险金额或责任限额。

2）填写要求。

- 交强险固定赔偿限额，保费根据上一年事故次数进行浮动。
- 对车辆损失保险，首先要告知客户合同为不定值保险合同，其次是要清楚新车购置价是指保险合同签订地购置与保险车辆同类型新车（含车辆购置税）的价格，最后按车辆信息从费率表中选取基础保费和相应费率。
- 对第三者责任险，根据车辆信息、个人确定的责任限额从费率表中选取不同档次的固定保险费。
- 其他险种的保险金额、责任限额及保费计算公式根据第4章内容即可确定。
- 保费计算时注意费率优惠系数的适用险种。

（6）特别约定。

1）填写目的。
- 对保险合同的未尽事宜，投保人和保险人协商后，在此栏注明。

2）填写要求。
- 特别约定内容不得与法律相抵触，否则无效。
- 投保单和保险单特别约定内容要一致，且在投保时向客户如实告知。
- 对保单收费的约定：
  —"在保险合同签订时交清保险费，否则本公司不承担保险责任"。
  —"自起保之日起**日内交清保险费，否则本公司不承担保险责任"。
  —"本保单保费分**期付款，第一期保费**元于起保前交清，剩余保费于**年**月**日前交清。逾期未交，发生保险事故，按出险时的保费到账比例赔付"。
- 对投保车辆损失险的特别约定：
  —如车损险保险金额未达到新车购置价，应约定"车损险不足额投保，出险后按比例赔付"。
  —除新车、未保车辆损失险的车辆、车辆损失险保额低于实际价值的车辆外，应约定"如标的车损超过出险时的实际价值，按出险时的实际价值计算赔偿"。
  —除前述约定外，对车况较差的车辆，也可以根据车况约定"本标的车实际价值为**元"。
- 对投保全车盗抢险的特别约定：
  —如没有办理正式牌照，应约定"盗抢险自办理正式牌照并到本公司办理批改之日起生效，保险止期不变"。
  —承保主要在本地使用的外省、市籍牌照车辆，可约定"盗抢险限在**省、市内"。
- 对投保玻璃单独破碎险的特别约定：
  —进口玻璃按国产玻璃投保，应约定"本车按国产玻璃收费，出险时按国产玻璃赔付"。
- 对投保新增设备损失险的特别约定：
  —应准确列出新增设备明细及金额。
- 对营业性大货车、长途客车：
  —应约定"装载必须符合国家法律法规中有关机动车辆装载的规定"。

（7）争议解决方式选择。

1）填写目的。
- 明确合同的履行发生争议时采取的司法手段。

2）填写要求。
- 争议处理方式分为仲裁和诉讼两种，根据投保人的要求选择相应的项目即可。

（8）投保人声明。

1）投保人声明的含义。
- 投保人声明投保单各项内容填写属实，核对无误。

- 投保人声明对条款内容特别是责任免除和投保人、被保险人义务无异议。
- 投保人同意投保,完成合同的要约步骤。

2)填写要求。
- 投保人声明必须由投保人本人(本单位)签章。

(9)标的初审。

1)审核目的。
- 完成合同是否承诺步骤。

2)填写要求。
- 查验人员要写明验车或验证情况,并签名。
- 业务来源要分类,业务员要签字。
- 复核人签发意见并签名。

5.2.2 投保人权益分析

1. 知情权

投保人有知晓保险公司财务状况和保险合同条款准确含义的权利。

保险公司的财务状况是否良好决定着其偿付能力是否充足,这会直接影响被保险人能否得到赔偿。投保人可以通过阅读保险公司对外提供的财务报表来了解其财务状况。

投保人在订立汽车保险合同时有权知晓合同条款的准确含义。投保人可以通过仔细阅读保险条款,并就其不明白的地方询问展业人员,展业人员应据实回答,尤其是关于责任免除条款的规定,不得含糊其词或作不真实的回答或承诺。

2. 选择权

投保人的选择权包括选择公司和选择产品。

选择保险公司时,主要考虑其网点分布、售后服务。保险公司的网点分布决定了投保、理赔及其他商务往来的方便程度。保险公司的售后服务包括业务人员是否热情周到、恰如其分地介绍险种,及时办理手续,送达保险单,是否及时通报新险种、新服务,出险后赔付是否及时,是否耐心听取、真心解决顾客的投诉,是否注意与顾客的沟通。

挑选保险产品时,首先要注意所选险种的保险责任与自己的风险是否对应,因为保险公司只负责赔偿保险责任范围内的事故损失。其次,机动车辆保险产品的价格也是大多数投保人的考虑因素。

3. 退保权

投保人具有随时退保的权利。退保分合同生效前退保、合同生效后退保。合同生效前退保的,保险公司需扣减手续费退还保险费;合同生效后退保的,保险公司收取自保险责任开始之日起至合同解除之日止的保险费,退还剩余部分保险费。

4. 被保密的权利

投保人在投保时履行如实告知义务,回答保险公司提问时涉及到自身业务情况或财产状况的一些重要信息,甚至是个人隐私,有被保密的权利。

5.2.3 投保方式选择

常见的投保方式有上门投保、到保险公司营业部门投保、电话投保、网上投保、通过保险代理人投保、通过保险经纪人投保等。

上门投保是指投保人与所选择的保险公司联系，保险公司派业务员前往投保人处，提供风险分析、解释条款、设计投保方案、指导投保人填写投保单等服务。

到保险公司营业部门投保即投保人亲自到保险公司的办公地点办理投保手续。

电话投保是指通过保险公司开通的服务电话办理投保业务。

网上投保是指利用网络完成投保业务。

通过保险代理人投保即保险代理人根据保险人的委托，在保险人授权的范围内代为办理保险业务。

通过保险经纪人投保即保险经纪人基于投保人利益，为投保人与保险人订立保险合同提供中介服务。

多种投保方式的费率优惠程度不同。一般，通过保险代理人、保险经纪人投保的，保费较贵，网上投保费率优惠较大。

5.3 保险核保

5.3.1 核保概念

保险公司除了要大量承揽业务以外，还要保证每笔业务的质量。核保就是业务选择环节。

核保是指保险人对于投保人的投保申请进行审核，决定是否接受承保这一风险，并在接受承保风险的情况下，确定承保费率和条件的过程。它是保险承保过程中的重要环节之一。

核保的意义是：防止逆选择，排除经营中的道德风险；确保业务质量，实现经营的稳定；实现经营目标，确保持续发展。

各保险公司都制定一系列核保政策，鼓励某些业务发展，同时也限制甚至禁止某些业务发展，目的是确保公司的业务结构合理、业务品质优良。表 5-5 为某公司核保政策。

表 5-5 某公司核保政策

核保政策	业务类型	说明
鼓励发展业务	<ul><li>直销业务</li><li>非营业团购业务</li><li>党政机关、事业单位、大众企业自用车辆</li><li>车龄 6 年内的家庭自用车辆</li><li>高档车业务（40 万元以上）</li><li>效益附加险</li><li>低档车选择绝对免配额</li><li>非营业摩托车</li></ul>	直销业务是包括门店业务、网上业务、电话销售业务等；团购业务是指在对开展业务承保团体所有车辆时，也承保团体成员个人私有车辆
限制发展业务	<ul><li>出租车、公交车</li><li>非营业车龄≥10 年</li><li>营业客车车龄≥5 年</li><li>营业货车车龄≥5 年</li><li>一些淘汰车型、稀有车型业务</li><li>摩托车投保全车盗抢险业务</li><li>营业类 10 吨以上货车</li><li>连续亏损两年且上年亏损严重的业务</li></ul>	承保上述业务时，需根据不同情况，通过限制保险金额或赔偿额、提高费率或单车保费、设定免赔额或最高赔付率、限定行驶区域、特别约定等方式改善承保条件，并报上级公司车险部同意后方可承保

续表

核保政策	业务类型	说明
禁止承保业务	• 达到国家汽车报废标准的车辆 • 行驶证过期未经年审或年审不合格的车辆 • 营业类货车单保第三者责任险 • 拖拉机 • 一些淘汰车型、特殊车型	上述车型如果核保把关不严,不但会严重影响业务品质,还极易引发理赔纠纷,甚至为骗保骗赔提供机会

5.3.2 核保机构设置

核保机构是指保险公司内部运行的以核保工作为主要目的的组织体系。根据核保机构设置原则,如对业务风险的控制要适度、确保产品和服务的统一、核保工作的开展要高效等,有三种常见设置模式。

1. 分级设置模式

该模式是根据内部机构设置情况、人员配备情况、开展业务需要、业务技术要求等设立数级核保组织,如公司可在省分公司、市支公司(或中心支公司)、县营业部设立三级核保组织。这是我国普遍采用的一种模式。

2. 个案分派模式

该模式是根据投保金额、投保类型、投保申请的地理位置或递交投保申请的代理人分派个案,核保师可根据自己的专业、特长专门从事某一类型的个案,有利于提高效率。

3. 核保中心模式

该模式是在一定的区域范围内设立一个核保中心,通过网络技术,对所辖的业务实行远程核保。其优点在于,一方面所有经营机构均可得到核保中心的技术支持,最大限度地实现技术和优势共享;另一方面核保中心可对各机构的经营行为实行有效控制和管理。按照核保管理集中的趋向,核保中心将成为今后保险公司核保的一个重要模式,同时网络技术的发展和广泛应用,为集中核保提供了有利的条件和必要的技术保证。

5.3.3 核保人员等级

目前一般分三个等级,根据核保人员的不同等级,授予不同的权限。

一级核保人主要负责审核特殊风险业务,包括高价值车辆的核保、特殊车型业务的核保、车队业务的核保,以及下级核保人员无力核保的业务。同时,还应及时解决其管辖范围内出现的有关核保技术方面的问题。

二级核保人主要负责审核非标准业务,即在核保手册中没有明确指示核保条件的业务,如保险金额、赔偿限额、免赔额等有特殊要求的业务。

三级核保人主要负责对常规业务的核保,即按照核保手册的有关规定对投保单的各个要素进行形式上的审核,也称投保单核保。

5.3.4 核保手册

核保手册,即核保指南,是将公司对于机动车辆保险核保工作的原则、方针和政策,机动车辆保险业务中涉及的条款、费率以及相关的规定,核保工作中的程序和权限规定,可能遇到的各种问题及其处理的方法,用书面文件的方式予以明确。

核保手册是核保工作的主要依据。通过核保手册,核保人员能按统一标准和程序进行核保,可实现核保工作的标准化、规范化和程序化。

5.3.5 核保流程

核保流程应根据公司核保制度的精神,结合自身业务和经营特点确定合适的方案,其核心是体现权限管理和过程控制,图 5-8 为某保险公司的核保流程。

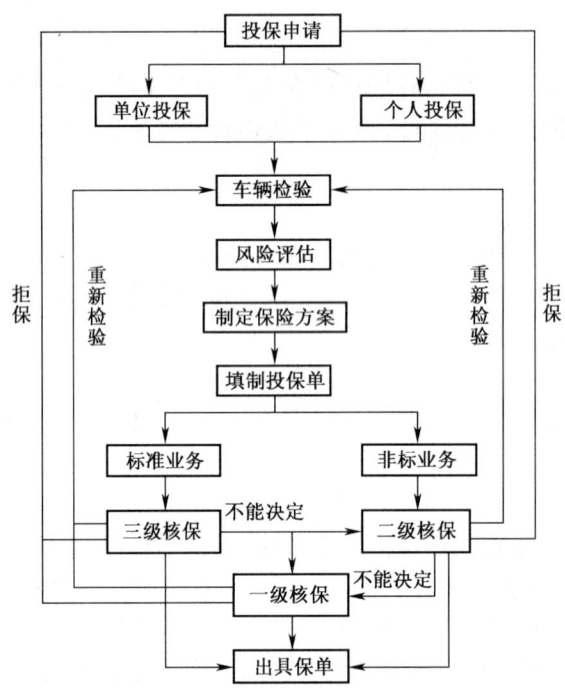

图 5-8 某保险公司的核保流程

5.3.6 核保的主要内容

核保工作内容包括:

(1)审核投保单是否按照规定内容与要求填写,有无错漏。

(2)审核保险价值与保险金额是否合理。对不符合要求的,退给业务人员指导投保人进行相应更正。

(3)审核业务人员或代理人是否验证和查验车辆,是否按照要求向投保人履行了告知义务,对特别约定的事项是否在特约栏内注明。表 5-6 为某公司验车规定。

表 5-6 某公司验车规定

项目	规定
免验范围	• 按期续保的车辆(指续保日期与上年保单日期吻合的车辆) • 新车销售行新销售的车辆 • 党政机关单位车辆 • 在公司续保的成规模的业务(非营业车 10 台,营业车辆 20 台以上) • 只投保第三者责任险及所属附加险的车辆

续表

项目	规定
验车工作重点	• 私有车辆，包括小型企业所有的车辆，特别是投保盗抢险和自燃险的车辆 • 续保时增保车损险、盗抢险、自燃险、新增设备险、玻璃单独破碎险等险种的车辆 • 保险金额超过30万元的车辆 • 在保险期限内增保车损险、盗抢险、自燃险、不计免赔特约险等险种的车辆 • 盗抢险出险频率高的车型 • 使用年限较长，并且承保车损险及其附加险的车辆，尤其是营业大货车使用年限≥5年、非营业小型客车≥10年
验车内容	• 查验车辆外观，确定整车新旧程度，拍摄能反映当天日期的该车照片，附贴于验车单上。要求拍摄一张所验车辆正面45°角的照片；如所验车辆有缺陷，还应拍摄特写照片，并加以说明 • 检验车辆本身实际的牌照号码、车型、发动机号、车架号、VIN码，并检验是否与行驶证相符 • 核对所验车辆有关证明文件，判定车辆是否年检合格 • 验车人填写验车登记簿，便于对验车工作考核和监督

（4）审核费率标准和计收保险费是否正确。

（5）对于高保额和投保盗抢险的车辆，审核有关证件，查验实际情况是否与投保单的填写一致，是否按照规定拓印牌照存档。

（6）对高发事故和风险集中的投保单位，提出限制性承保条件。

（7）对费率表中没有列明的车辆，视风险情况提出厘订费率的意见。

（8）审核其他相关情况。

5.4 缮制与签单

核保完毕后，核保人在投保单上签署意见，将投保单、核保意见一并转业务内勤据以缮制保险单证。对超出本级核保权限的，应报上级公司核保。交强险和商业险必须分别出具保险单、保险标志、保险卡、发票。

5.4.1 交强险单证缮制

使用保监会监制的保险单、保险标志进行打印。盖章后清分，保单业务联与发票业务联、投保单、投保资料、交强险费率浮动告知单一并装订归档，保单财务联与发票财务联交财务留存，保单正本（见表5-7）与发票正本、保险标志一并交投保人保存，保单公安交管留存联由投保人在公安交管部门进行登记、检验等时交公安交管部门留存。另外，摩托车和农用拖拉机使用定额保险单。交强险标志分内置型（见图5-9）和便携型（见图5-10）两种。具有前挡风玻璃的投保车辆应使用内置型；不具有前挡风玻璃的投保车辆应使用便携型。

表 5-7　机动车交通事故责任强制保险单

保险单号：

被保险人							
被保险人身份证号码（组织机构代码）							
地　　址					联系电话		
被保险机动车	号牌号码		机动车种类		使用性质		
	发动机号码		识别代码（车架号）				
	厂牌型号		核定载客		人	核定载质量	千克
	排量		功率		登记日期		
责任限额	死亡伤残赔偿限额	110000 元		无责任死亡伤残赔偿限额			11000 元
	医疗费用赔偿限额	10000 元		无责任医疗费用赔偿限额			1000 元
	财产损失赔偿限额	2000 元		无责任财产损失赔偿限额			100 元
与道路交通安全违法行为和道路交通事故相联系的浮动比率							%
保险费合计（人民币大写）：			（¥：	元）其中救助基金（%）¥：			元
保险期间自　　年　月　日　　时起至　　年　月　日　　时止							
保险合同争议解决方式							
代收车船税	整备质量			纳税人识别号			
	当年应缴	¥：	元	往年补缴	¥： 元	滞纳金	¥： 元
	合计（人民币大写）：				（¥：		元）
	完税凭证号（减免税证明号）			开具税务机关			
特别约定							
重要提示	1.请详细阅读保险条款，特别是责任免除和投保人、被保险人义务。 2.收到本保险单后，请立即核对，如有不符合或疏漏，请及时通知保险人并办理变更或补充手续。 3.保险费应一次性交清，请您及时核对保险单和发票（收据），如有不符，请及时与保险人联系。 4.投保人应如实告知对保险费计算有影响的或被保险机动车因改装、加装、改变使用性质等导致危险程度增加的重要事项，并及时通知保险人办理批改手续。 5.被保险人应当在交通事故发生后及时通知保险人。						
保险人	公司名称：						
	公司地址：						
	邮政编码：		服务电话：		签单日期：		（保险人签章）

核保：　　　　　　　　制单：　　　　　　　　经办：

5.4.2　商业险单证缮制

用现行印制的商业险单证打印保单、发票和保险证。盖章后清分，保单业务联与发票业务联、投保单、投保资料一并装订归档，保单财务联与发票财务联交财务留存，保单正本（见表 5-8）与发票正本、保险证（见图 5-11）一并交投保人。

汽车保险承保　第 5 章

（a）正面

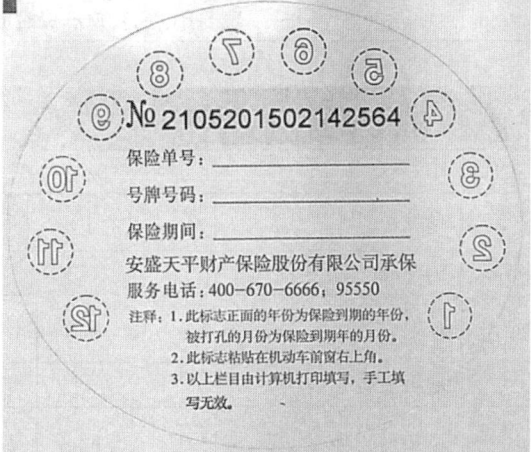
（b）背面

图 5-9　内置型交强险标志

（a）正面

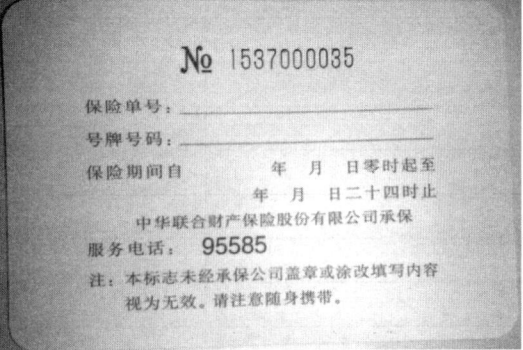
（b）背面

图 5-10　便携型交强险标志

（a）正面

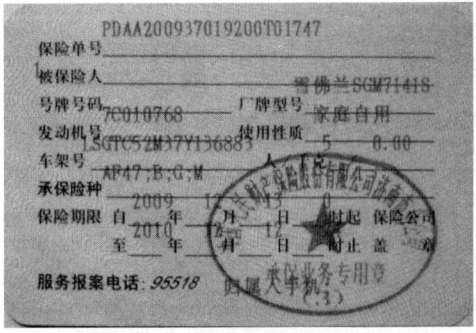
（b）背面

图 5-11　人保公司机动车保险证

表 5-8 ××财产保险股份有限公司机动车保险单

保险单号：						
鉴于投保人已向保险人提出投保申请，并同意按约定交付保险费，保险人依照承保险种及其对应条款和特别约定承担赔偿责任。						
被保险人						
保险车辆情况	号牌号码			厂牌型号		
	VIN码/车架号			发动机号		
	核定载客		人	核定载质量	千克	初次登记日期
	使用性质			年平均行驶里程	公里	机动车种类
承保险种		不计免赔	费率浮动（±）	保险金额/责任限额（元）		保险费（元）
保险费合计（人民币大写）：					（¥：	元）
保险期间自　　年　　月　　日　　时起至　　年　　月　　日　　时止						
特别约定						
保险合同争议解决方式						
重要提示	1.本保险合同由保险条款、保险单、投保单、批单和特别约定组成。 2.收到本保险单、承保险种对应的保险条款后，请立即核对，如有不符或疏漏，请在48小时内通知保险人并办理变更或补办手续；超过48小时未通知的，视为投保人无异议。 3.请详细阅读承保险种对应的保险条款，特别是责任免除和投保人、被保险人义务。 4.被保险机动车因改装、加装、改变使用性质等导致危险程度增加以及转卖、转让、赠送他人的，应书面通知保险人并办理变更手续。 5.被保险人应当在交通事故发生后及时通知保险人。					
保险人	公司名称：　　　　　　　　　公司地址： 　　　　　　　　　　　　　　联系电话：　　　　　　　　网址： 邮政编码：　　　　　　　　　签单日期：　　　　　　　　　　（保险人签章）					

核保：　　　　　　　　　　　　制单：　　　　　　　　　　　　经办：

保险单是被保险人向保险人索赔保险事故损失的法律凭证，被保险人应妥善保存。保险卡是投保人购买汽车保险的凭证，内容简单，应随车携带，便于车辆出险后被保险人能及时向保险公司报案。

5.5 保险合同变更与终止

5.5.1 合同变更

投保人在保险合同有效期内，因其投保标的保险要素发生改变，依照合同规定，需事先向保险人书面通知并申请办理批改，保险人根据投保人提交的批改申请，进行审核。认为其批改申请内容符合承保条件后，出具批单。批单内容效力等同于合同内容。

下列投保要素发生改变，需要办理批改：

（1）被保险人信息；
（2）行驶证车主、驾驶员信息；
（3）车辆信息；
（4）保险期限；
（5）争议约定；
（6）主险保费计算；
（7）附加险保费计算；
（8）费率系数计算；
（9）特别约定。

5.5.2 合同终止

若保险人认为投保人提交的批改申请内容不符合承保条件，则可以终止合同效力。

1. 合同终止批改

合同终止的原因很多。原因不同，终止批改措辞也有所不同。示例如下：

（1）保险车辆因报废、转让、赠送他人等原因中途终止合同的批单措辞（见表5-9）。

表5-9　车辆因报废、转让、赠送他人等原因中途终止合同的批单措辞

＿＿＿＿＿（牌照号码）保险车辆，因封存（或报废、转让、赠送他人），自＿＿＿＿年＿＿＿＿月＿＿＿＿日零时起终止保险责任，应退还保险费人民币（大写）＿＿＿＿＿＿＿元（计算公式＿＿＿＿＿＿＿＿＿＿）。 特此批改

（2）保险车辆由于发生全损保险事故，合同终止的批单措辞（见表5-10）。

表5-10　车辆因发生全损保险事故中途终止合同的批单措辞

＿＿＿＿＿（牌照号码）保险车辆，因发生全损保险事故，我公司已按照合同约定履行了保险赔偿义务，因此，有关该车辆的＿＿＿＿＿＿＿（保单号）保险合同自＿＿＿＿年＿＿＿＿月＿＿＿＿日零时终止。 特此批改

2. 合同终止退费

保险合同责任开始前,投保人提出解除合同的,保险人退还保险费,但按照规定收取一定数额的手续费。保险合同责任开始后,投保人提出终止保险合同的,应退还未到期责任的保险费。但下列情况下合同终止的,不办理退费手续:

(1) 保险车辆发生保险事故造成全损,保险人已履行了赔偿义务后保险合同终止的;

(2) 保险合同有效期届满而自然终止的;

(3) 投保人在签订合同时,不履行如实告知义务,故意隐瞒事实,足以影响保险人决定是否承保,保险人提出解除合同的;

(4) 被保险人在未发生保险事故的情况下,谎称发生了保险事故,保险人提出解除合同的;

(5) 投保人、被保险人故意制造保险事故,保险人提出解除合同的。

5.6 续保

保险合同到期后,其效力会自然终止,被保险人利益将不再享受保险保障。为避免合同因到期而效力丧失,投保人一般会采取续保行为。

续保是指在原有的保险合同即将期满时,投保人向保险人提出继续投保的申请,保险人根据投保人的实际情况,对原有合同条件稍加修改而继续签约承保的行为。

5.6.1 续保意义

续保是一项保险合同双方"双赢"的活动。

对投保人来说,通过及时续保,一方面可以从保险人那里得到连续不断的、可靠的保险保障与服务,另一方面,作为公司的老客户,可以在保险费率方面享受续保优惠。

对保险人来说,老客户的及时续保,可以稳定业务量,同时还能利用与投保人建立起来的关系,减少许多展业工作量与费用。

5.6.2 续保办理

续保业务一般在原保险期到期前的一段时间内开始办理。为防止续保后至原保险单到期这段期间发生保险责任事故,在续保通知书内应注明:"出单前,如有保险责任事故发生,应重新计算保险费;全年无保险责任事故发生,可享受无赔款优待"等字样。如果保险标的的危险程度有变化,应对保险费率做出相应调整。

本章小结

1. 汽车保险业务承保有两层含义,即业务的争取和业务的选择。前者是指业务的数量,后者是指业务的质量,数量与质量要统一。

2. 六环节承保流程为:展业→投保→核保→签发单证→批改→续保,其核心环节为:投保→核保→签发单证。

3. 展业工作内容包括做好展业准备、开展保险宣传、广开展业渠道、接触展业对象、制定保险方案。

4. 投保单内容包括投保人与被保险人的信息、投保车辆信息、驾驶员信息、保险期间、投保险种信息、特别约定、争议解决方式选择、投保人声明、标的初审。

5. 常见的投保方式有上门投保、到保险公司营业部门投保、电话投保、网上投保、通过保险代理人投保、通过保险经纪人投保等。

6. 核保是业务选择环节，其意义是：防止逆选择，排除经营中的道德风险；确保业务质量，实现经营的稳定；实现经营目标，确保持续发展。

7. 核保机构设置模式有分级设置模式、个案分派模式、核保中心模式，其中，分级设置模式是我国目前普遍采用的一种模式，核保中心模式是今后保险公司的一个重要模式。

8. 交强险保险单由正本和副本组成。正本由被保险人留存，副本包括业务留存联、财务留存联和公安交管部门留存联。商业险保险单由正本和副本组成。正本由被保险人留存，副本包括业务留存联和财务留存联。

9. 交强险标志分内置型和便携型两种。具有前挡风玻璃的投保车辆应使用内置型；不具有前挡风玻璃的投保车辆使用便携型。

10. 续保是一项保险合同双方"双赢"的活动。

1. 填空题

（1）承保流程的核心三环节为：_____→_____→_____。

（2）因保险合同的要约一般要求为书面形式，所以汽车保险的投保需填写_____。

（3）核保机构设置模式一般有_____、_____、_____三种类型。按照核保管理集中的趋向，_____将成为今后保险公司核保的一个重要模式。

（4）车辆识别代码（VIN码）由_____位字符组成，第_____位表示车型年份。

（5）当前于路上行驶的一车VIN码为1GNDM15Z83B122003，则该车为_____年款。

（6）交强险单证分为_____、_____和批单三个类别，摩托车拖拉机使用_____。

（7）在保险单证签发后，对保险合同内容进行修改、补充或增删所进行的一系列作业称为_____，其所签发的一种书面证明称为_____。

（8）交强险标志是证明投保人已经投保的标志，分_____型和_____型两种，具有前挡风玻璃的投保车辆应使用_____型。

（9）接触展业对象的方法有_____、_____、_____、_____。

（10）在原有保险合同即将期满时，投保人向保险人提出继续投保的行为，称为_____。

2. 简答题

（1）简述汽车保险承保流程。
（2）如何拓展展业渠道？
（3）接触展业对象时，面谈环节应注意哪些事项？
（4）投保单中包含哪些车辆信息？
（5）机动车行驶证、登记证、驾驶证分别包含哪些信息？

（6）调查身边的 10 辆汽车，记录其 VIN 码及其位置。

（7）如何理解核保工作的重要性？

（8）核保验标时，验车内容有哪些？

（9）某投保人购买汽车保险后，保险公司应交给他哪些单证？

（10）如何理解续保工作的意义？

1．赵先生，35 岁，驾龄五年，新买了一辆奥迪，作为家庭自用，新车购置价 32 万元，车带双安全气囊，平时一般停放在露天停车位，经常驾车出游，有两次追尾事故记录。赵先生的妻子也经常用车，驾龄一年，无不良驾驶记录。若你是保险公司的业务员，应建议赵先生如何投保车险？

2．刘某于 2006 年购买了一辆夏利，从事个体出租营运，并一直在当地保险公司投保。2008 年，刘某感到从事出租营运太辛苦，便停止了营运，另外找了一份工作，夏利改为上下班私用。若你是保险公司的业务员，如何建议刘某处理原来的车辆保险？

6 汽车保险理赔

知识目标

- 了解车险理赔的含义、特点、原则及流程
- 熟悉车险理赔的受理程序
- 掌握车险案件现场查勘的基本方法
- 掌握施救费用、车辆定损、人身伤亡、其他财产定损、残值处理的基本方法
- 熟悉交强险、商业险的赔款计算方法
- 了解核赔的流程及内容
- 掌握结案处理的基本方法
- 熟悉特殊案件的处理方法
- 了解车险欺诈现象的产生原因、表现形式及防范措施

能力目标

- 能根据汽车理赔原则主动、迅速、准确、合理地处理理赔案件
- 能快速、有效地开展车险案件现场查勘工作
- 能准确确定汽车事故中车辆的损失
- 能知晓汽车事故中物损的确定方法
- 能知晓汽车事故中人身伤亡的赔偿项目及计算依据
- 能准确计算车险案件的赔款
- 能根据车险欺诈特征识别常见的车险欺诈案件

6.1 汽车保险理赔概述

在汽车保险双方关系中,投保人购买保险的主要目的就是为了在万一发生保险事故时能

够及时得到保险保障。所以，保险车辆在发生事故之后，保险人应及时履行赔偿责任，使被保险人尽快恢复生产。

6.1.1　汽车保险理赔的含义

汽车保险理赔，是指保险汽车在发生事故后，保险人依据保险合同约定，对被保险人提出的索赔请求进行合理处理的行为。

保险汽车发生事故后，被保险人发生的经济损失有的属于保险风险引起的，而有的则属于非保险风险引起的。即使被保险人的损失是由保险风险引起的，因多种因素和条件的制约，被保险人的实际损失金额也不一定等于保险人的赔偿金额。所以，汽车保险理赔涉及到保险合同双方权利与义务的实现，是保险经营中的一项重要内容。

汽车保险理赔的质量，决定于保险人赔案处理的效率和是否履行了保险合同的约定，关系到保险人的经营成本与社会信誉，也关系到被保险人的切身利益。所以，汽车保险理赔是整个汽车保险过程中非常重要的一个环节，保险人应当谨慎处理。

6.1.2　汽车保险理赔特点

（1）被保险人的多样性。我国汽车保险的被保险人在整个 20 世纪主要是机关、企事业单位。进入 21 世纪后，随着私家车数量的增加，被保险人中私家车车主的比例在逐年增加，其身份特征、知识结构、从业岗位均具有多样性。

由于这些被保险人对汽车结构、使用的专业知识有限，加之对保险、交通事故处理、车辆修理等方面知识的匮乏，使得他们购买汽车保险具有较大的被动性。

另一方面，由于个人利益的驱动，使得保险公司的检验和理算人员在理赔过程中与其交流时存在着较大的障碍。

（2）标的流动性大。由于汽车的使用功能特点，决定了其具有相当大的流动性。因此，汽车发生事故的地点和时间均具有不确定性。这就要求保险公司必须拥有一个强大的理赔服务网络（分布范围广、全天候受理、工作效率高）来支持其理赔服务，做到随时随地都能接受报案并予以及时处理。

（3）单次事故损失幅度较小但损失频率高。汽车保险的另一个特征是每次保险事故所造成的损失金额一般都不大，但事故发生频率却很高，保险公司在经营过程中需要投入的精力和理赔费用也较大。另外，虽然个案赔偿金额不大，但小案件、低赔偿积少成多也会对保险公司的经营产生不利影响，同样应该引起足够重视。

（4）保险事故理赔受制于社会其他单位（部门）的程度较大。由于汽车保险所造成的事故损失，就损失范围而言，有可能涉及到车辆损坏、财产损失、人员伤亡；就事故处理而言，涉及到公安机关车辆管理部门、物价鉴定部门或公估中介机构、医院、汽车修理厂以及保险公司内部，因而，理赔质量受制于社会其他单位、部门的程度较大。这些部门或单位，任何一个环节存在工作不认真或道德风险的话，都会最终影响赔偿结果。尤其是汽车修理厂，由于目前对保险事故车辆损失的赔偿方式多以维修为主，所以修理厂在汽车保险理赔中扮演着十分重要的角色，其修理价格、修理工期、修理质量都会直接影响汽车保险理赔的形象。因为多数被保险人在发生事故后，均会认为由于自己购买了汽车保险，保险公司就必须负责将车辆完全修复。所以，在将事故车辆交给修理厂之后就很少过问。一旦因修理质量、修理工期、修理项目、修理价格等产生纠纷，均会将保险公司和修理厂一并指责。而事实上，保险公司在保险合同项下承担的仅仅是经济补偿义务，对于事故车辆的修理以及相关的事宜并没有完全负责的义务。

（5）道德风险普遍。在所有的财产保险业务中，汽车保险属于道德风险的"重灾区"。这主要是由于汽车保险具有标的流动性强、标的户籍管理中存在一定缺陷、保险信息不对称、汽车保险条款不够完善、相关法律环境不够健全、事故发生率较高、事故理赔受制于社会其他单位（部门）的程度较大等特点，在很大程度上给了不法分子以可乘之机。

6.1.3 汽车保险理赔原则

"主动、迅速、准确、合理"的八字理赔原则是理赔人员在长期的工作实践中总结出来的宝贵经验，是理赔工作优质服务的基本要求，是整个保险行业应该坚持的基本理赔原则。

（1）主动。主动是指保险公司接到被保险人或其许可的使用人的报案通知后，工作人员应主动热情地受理报案；积极、主动地调查、了解和勘察现场，掌握出险情况；进行认真的事故分析以确定保险责任；对前来索赔的客户要热情接待，多替保户着想。

（2）迅速。迅速是指理赔人员接到出险通知后，应该及时赶赴事故现场展开查勘，不要让车主在事故现场焦急等待。在索赔手续完备的情况下，应该尽快赔偿被保险人的损失。即，要求"办得快、查得准、赔得及时"。迅速是效率的关键，认真执行这两个字，缩短理赔时间，能提高保户满意度。

（3）准确。准确是指在理赔中要正确认定责任范围和责任程度，准确核定赔付金额。尽量避免出现差错，保证双方当事人的合法权益。在汽车保险理赔实务中，理赔不准确的情况时有发生，表现为同样的案子在不同保险公司之间掌握尺度不一样；在同一家保险公司内，不同定损人员掌握的标准不一样；同一个定损人员在不同时间掌握的标准不一样。这种混乱现象的发生，容易让客户无所适从，从而对保险公司的服务质量产生怀疑。

（4）合理。合理就是要求在理赔工作中，要本着实事求是的精神，坚持按条款办事。在许多情况下，对保险赔案要结合案情准确定性，尤其是在对事故车辆进行定损的过程中，要合理确定事故车辆的维修方案。

理赔工作的"八字"原则是辨证的统一体，不可偏废。如果片面追求速度，不深入调查了解，不对具体情况作具体分析，盲目下结论，或者计算不准确，草率处理，虽然做到了"迅速"，但可能会发生错案，甚至会引起法律诉讼。当然，如果只追求准确、合理，而忽视了速度，不讲究工作效率，使赔案久拖不决，则可能造成极坏的社会影响，损害保险公司的形象。

6.1.4 汽车保险理赔流程

如果车主在使用被保险汽车时发生了保险责任事故，保险公司一般要求在48小时内报案。报案后，保险公司会派查勘员到现场判定事故痕迹是否相符。如果事故痕迹相符，而且不存在主观故意行为，一般都会予以认可的。尽管各家保险公司的规定不尽相同，但基本的理赔流程一般都是：出险—报案—查勘—定损—核价—核损—核赔—赔付。

当然，事故损失所涉及到的项目不同，理赔流程也有所差异（见图6-1）。

（1）出险：是指发生事故。

（2）报案：发生事故后，应妥善保护现场，按《机动车辆保险条款》规定在48小时内向保险公司报案，应如实陈述事故发生的经过，并提供保险单和保险费收据，待事故处理后，填写"出险通知书"。道路事故同时还要报请交通部门处理，非道路交通事故（如车辆因驾驶原因撞在树或墙上），应由相关部门出具证明材料或直接让保险公司查勘人员前来确认。

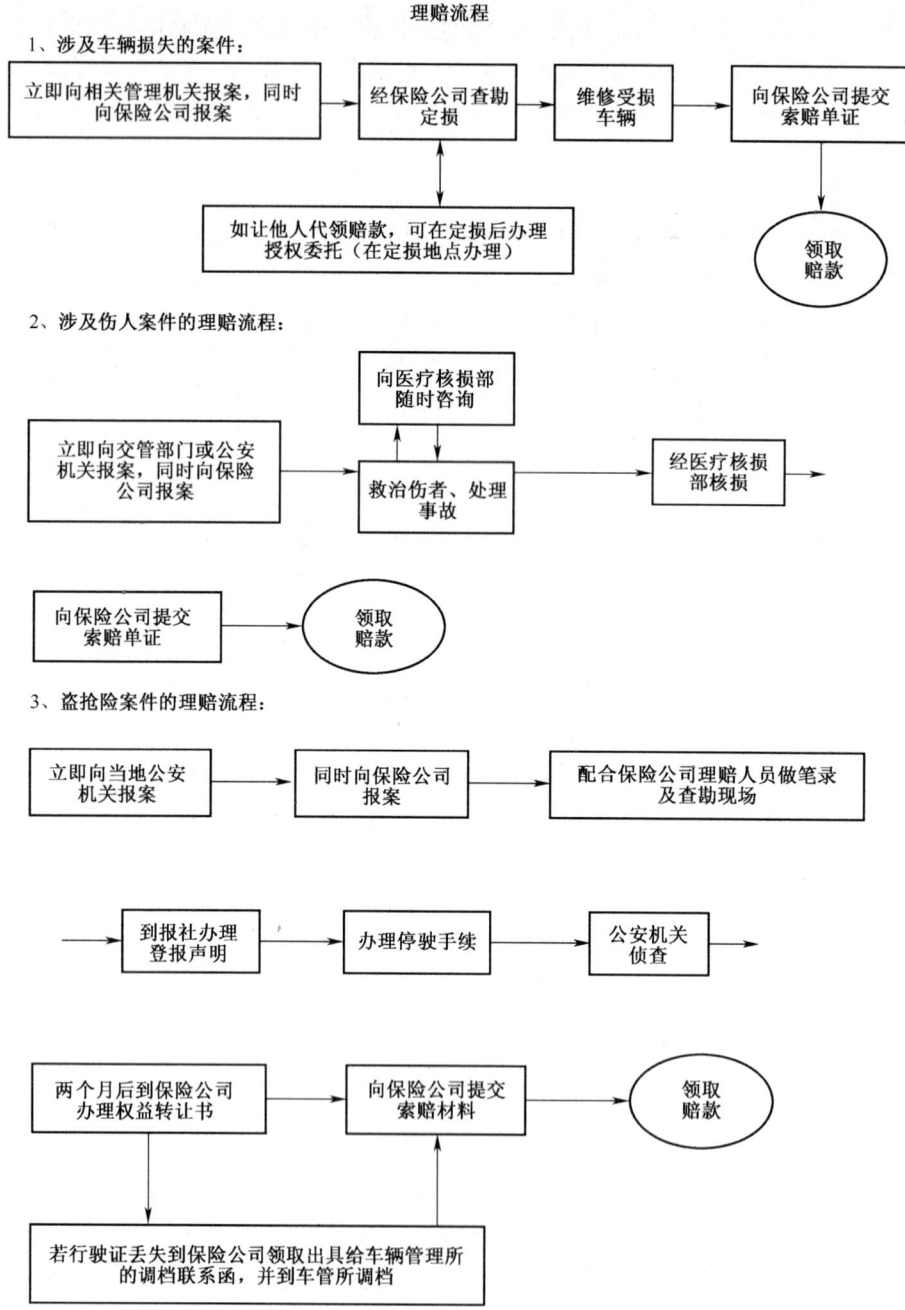

图 6-1　汽车保险理赔流程图

（3）查勘：车主报案后，保险公司会视情况派查勘定损人员到现场进行初步查勘或到交通部门了解出险情况，以判定是否属于保险责任，事故痕迹是否相符，事故的发生是否属实。

（4）定损：查勘定损人员根据损失部位的痕迹及损失程度，会在现场定损或将车拖（开）

到修理厂、4S 店、定损中心，以便对车辆进行定损，估算合理费用。如车主要求自行修理，应办理自修手续，修理费如超出定损费用，将由车主自行支付超出部分的费用。

（5）核价：保险公司会在后期核定损失，评价修理或更换的配件价格是否合理。

（6）核损：根据查勘、核价结果，给出本次事故损失的综合定论。

（7）核赔：通过以上理赔环节之后，被保险人将相关单证（行驶证、驾驶证、索赔申请书、事故证明、医疗发票、维修发票赔偿调解书等）拿到保险公司。核赔岗位会再对整个案件进行审核。如果证件有效，事故真实，属于保险责任，那么在核赔环节就可结案了。

（8）赔付：结案后，被保险人就可以到保险公司领取赔款了。

6.2 受理案件

6.2.1 报案

如果客户投保的汽车发生了保险事故，被保险人应及时向保险公司报案。

及时报案是被保险人履行合同义务的一个重要内容，一般来说，除不可抗拒力外，被保险人应在保险事故发生后的 48 小时内通知保险公司。《保险法》第 21 条规定，投保人、被保险人或者受益人知道保险事故发生后，应当及时通知保险人。故意或者因重大过失未及时通知，致使保险事故的性质、原因、损失程度等难以确定的，保险人对无法确定的部分，不承担赔偿或者给付保险金的责任，但保险人通过其他途径已经及时知道或者应当及时知道保险事故发生的除外。因此，如果被保险人不及时通知保险公司，导致所造成的损失无法确定或扩大的部分，保险人不承担赔偿责任。

保险公司及时受理案件，早期进行调查，容易掌握事故的真实原因，有利于尽快确定案件损失，履行赔偿责任。

（1）报案方式。一般说来，保险人都向被保险人提供了多种便捷、畅通的报案渠道。通常被保险人报案时可采取的报案方式有客户上门报案、客户电话报案、客户传真方式报案等。其中，电话报案方式快捷方便，是最常用的报案方式，各大保险公司也提供了全国统一的、自己特定的报案电话，保户应该记住自己所投保公司的报案电话（见表 6-1）。

表 6-1　各车险公司报案电话

公司名称	报案电话	公司名称	报案电话
中国人民财产保险股份有限公司	95518	安邦财产保险股份有限公司	95569
中国太平洋财产保险股份有限公司	95500	永诚财产保险股份有限公司	95552
中国平安财产保险股份有限公司	95511	阳光财产保险股份有限公司	95510
天安保险股份有限公司	95505	中国人寿财产保险股份有限公司	95519
永安保险股份有限公司	95502	安信农业保险股份有限公司	4008060606
华泰财产保险股份有限公司	95509	安盛天平财产保险股份有限公司	95550
中华联合财产保险股份有限公司	95585	都邦财产保险股份有限公司	95586
中国大地财产保险股份有限公司	95590	亚太财产保险有限公司	95506
华安财产保险股份有限公司	95556	中银保险有限公司	95566

（2）报案部门。被保险人报案时，可向保险公司的理赔部门、客户服务中心、经营单位或业务人员、代理人等处报案。对于在外地出险的事故，如果保险人在出险当地有分支机构的，被保险人可以直接向其所在地的分支机构报案。

（3）报案记录。无论是被保险人的电话报案还是上门报案，保险公司均应对报案内容进行记录，这些需要记录的内容主要包括：

1）报案人、被保险人、驾驶员姓名和联系方式等人员信息。

2）出险的时间、地点、简单原因、事故形态等案件基本情况。

3）保险车辆的厂牌、车型、牌照等车辆信息。如涉及第三方车辆，还要询问其车型、牌照等信息，根据这些信息去查询第三方车辆是否为本公司承保的车辆。如果对方车辆也在本公司承保，且在事故中负有一定比例的责任，则一并登记，进行报案处理。

4）记录保单号码，以便查询保单信息，核对承保情况。

表 6-2 为××财产保险公司机动车辆保险出险报案表。若被保险人用电话报案，应在事后补填出险报案表。

表 6-2 ××财产保险公司机动车辆保险出险报案表

机动车辆保险出险报案表

报案编号：

被保险人：			保险单号：		
厂牌型号：		号牌号码：	牌照底色：		车辆种类：
出险时间：			出险原因：		
报案人：			报案时间：		
报案方式：	□电话 □传真 □上门 □其他		是否第一现场报案：□是 □否		
联系人：			联系电话：		
出险地点：			出险地邮政编码：		
出险地点分类	□高速公路 □普通公路 □城市道路 □乡村便道和机耕道 □场院及其他		车辆已行驶里程：		已使用年限：
			车辆初次登记日期：		
处理部门：□交警 □其他事故处理部门 □保险公司 □自行处理				排量/功率：	
驾驶人员情况	驾驶人员姓名：		初次领证日期： 年 月 日		
	驾驶证号码：□□□□□□□□□□□□□□□□□□				
	准驾车型：□A □B □C □其他		性别：□男 □女		年龄：
	职业分类	□职业驾驶员 □国家社会管理者 □企业管理人员 □私营企业主 □专业技术人员 □办事人员 □个体工商户 □商业服务业员工 □产业工人 □农业劳动者 □军人 □其他			
	文化程度	□研究生及以上 □大学本科 □大专 □中专 □高中 □初中及以下			
事故经过：（请您如实填报事故经过。报案时的任何虚假、欺诈行为，均可能成为保险人拒绝赔偿的依据。）					
			报案人签字： 年 月 日		

续表

事故处理结果：
查勘人员签字： 年　月　日

6.2.2　查核保单信息

接到客户报案之后，应该根据保单号码，查询保单的信息，核对承保情况。如：

（1）查验出险时间是否在保险期限以内、出险时间是否接近保险期限起讫时间、与上起案件报案时间是否比较接近；

（2）查明投保人投保了哪些险种、是否存在不足额投保、是否已经交费；

（3）核对驾驶员是否为保单中约定的驾驶员；

（4）初步审核报案人所述事故原因与经过是否属于保险责任等。

6.2.3　安排查勘

保险公司在接到客户报案，并进行了保单信息的认真核查，确认属于自己承保的车辆之后，应该立即进行相关的答复或应对：对于明显不属于保险责任的出险情况，应向客户做出说明，并耐心细致地向客户做好解释工作；对属于保险责任的事故和不能明确确定是否拒绝赔偿的案件，应登入保险车辆报案登记簿，并立即调度查勘人员赶赴现场，同时通知查勘人员进一步了解有关情况；对于本地公司承保的车辆在外地出险的，接到出险地公司的通知以后，应将代查勘公司名称登录报案、立案登记，并进行相关权限的委托。

6.3　现场查勘

现场查勘是指查勘人员运用科学的方法和技术手段，对交通事故现场进行实地验证和查询，将所获得的结果完整而准确记录下来的工作过程。

现场查勘在车险理赔中具有非常重要的地位，它是理赔服务的基础环节，它是确定事故责任的关键依据，它是开展事故真相核查的起始步骤，它是汽车保险风险控制的前沿阵地。

现场查勘是查明事故发生真相的有效措施，是分析事故原因和认定事故责任的基本依据，也可以为事故损害的赔偿提供有力证据。

现场查勘应该实现"五定"，即：第一，确定事故的真实性和发生事故的原因；第二，确定被保险人在事故中的责任；第三，确定被保险人与保险人之间的合同责任；第四，确定事故造成的损害程度、损失的具体项目；第五，确定事故造成的经济损失。

现场查勘应弄清七个问题："何时、何地、何情、何故、何人、何物、何事"。

现场查勘应该坚持公正、客观原则，科学规范地进行。

6.3.1 现场查勘的准备

（1）查阅抄单，了解标的的保险期限、新车购置价、承保险种、保险金额、责任限额、交费情况等。

（2）查勘人员在公司内接到查勘通知的，接受并打印报案记录，以了解被保险人名称、保险车辆车牌号、出险时间、地点、原因、处理机关、损失概要、被保险人、驾驶员及当事人联系电话；在公司外接到查勘通知的，查勘结束回到公司后补打报案记录。

（3）检验查勘设备与资料。查勘设备包括查勘车辆、照相机、其他用具。查勘车辆应保持车况良好、车容整洁、油箱加满油；照相机应检验其性能、电池、胶卷（数码相机存储卡空间）等。其他用具主要包括手电筒、卷尺、砂纸、笔、记录本、录音笔、即时贴、照明设备、反光背心、防雨装备、反光锥、反光牌、通讯工具、电脑等。查勘资料主要包括出险报案表、索赔申请书、报案记录、现场查勘报告及附表、索赔须知、询问笔录及附页、事故车辆损失确认书等各项单证；带好相应车型的技术资料。

（4）必须着公司统一查勘服，并佩带胸卡、携带工作证件外出查勘。

（5）赶赴现场途中，应尽快与报案人取得电话联系，进一步核实查勘地点，并注意礼貌用语，告知客户自己已经出发，再次确认出险地点，并预估到达所需时间。

（6）因特殊原因不能按约定时间到达现场的，应及时与客户联系并说明原因。

（7）到达现场后，应先问候客户，进行自我介绍，并询问、确认对方身份（被保险人或驾驶员或报案人），得到对方肯定回答后，对客户所遭受的损失表示同情，用适当语言进行安慰，缓解客户着急的心情。

6.3.2 现场查勘的工作内容

现场查勘是识别车险事故真相最为重要的一个环节，必须引起高度的重视。查勘时，一般包括"询问、嗅闻、查看、丈量、摄影、收集、绘图、填写"等几个环节的工作。

1. 询问

一起交通事故发生后，查勘人员对相关人员的询问内容很多，也没有一定之规。

一般说来，询问的主要内容包括出险时间、出险地点、出险原因、出险经过、财产损失、人员伤亡、施救情况等。

（1）出险时间。查明出险时间的主要目的是判断事故是否发生在保险期限内。汽车保险期限一般为一年，具体是×年×月×日零时起至×年×月×日二十四时止。对接近保险期限起止时间的案件应特别注意，更应认真查实，排除道德风险。

其中，对接近保险期限起期的事故，要注意是否为先险后保情况。实施先险后保时，采用的手段有两种：一是伪造出险日期，二是伪造保险日期。伪造出险日期时，一般通过关系，由有关单位出具假证明，或伪造、变造事故证明，待投保后方按正常程序向保险人报案索赔。这类案件保险人即使去现场复勘，若不深入调查了解很难察觉。伪造保险日期时，一般是投保人串通保险签单人员，内外勾结，利用"倒签单"的手法，将起保日期提前，瞒天过海，混水摸鱼。有的车辆在到期脱保后要求保险人按上年保单终止日续保也属此类。

而对接近保险止期的事故，要注意是否为故意行为。有些投保人对汽车保险缺乏正确认识，认为交付保险费后，如果在保险期内没有得到赔偿，就等于自己亏了。因此，在保险快到期时，会想方设法从保险公司把保险金要回来，或者把车辆的一些非保险赔偿的损失通过事故获得赔款，于是，故意出险就成了最好的选择。

为确认真实的出险时间，应仔细核对公安部门的证明与当事人的陈述时间是否一致，同时详细了解车辆的启程时间、返回时间、行驶路线、伤者住院治疗时间等。如涉及装载货物出险的，还要了解委托运输单位的装卸货物时间等。同时，对出险时间和报案时间进行比对，看是否在48小时之内。

确定出险时间有时还可对事故原因的判断提供帮助。尤其是在一些特定时间、对一些特定的驾驶员群体，更是如此。

通过各个时间关系的相互联系，还原事故发生的真实时间，排除道德风险因素。

（2）出险地点。查明出险地点主要是为事故分析、事故测量、事故绘图做准备。事故分析时要考虑事故地点的道路、视距、视野、地形、地物对事故发生的客观影响，判断事故是否在此处发生，和车辆损坏特征是否吻合，否则要查明变动原因。尤其是对擅自移动出险地点或谎报出险地点的，必须排除道德风险。事故测量、事故绘图时需在出险现场附近选取基准点。

汽车事故的出险地点分为：高速公路、普通公路、城市道路、乡村便道和机耕路段、场院及其他，查勘时要详细写明，并记录出险地的邮政编码。查明以上出险地点，主要是判断事故是否在此处发生，如果不是，要查明变动原因。同时，确定出险地点还可确定车辆是否超出保单所约定的行驶区域，是否属于在责任免除地发生的损失，如车辆在营业性修理场所、收费停车场出险等。

事故现场分为原始现场、变动现场和恢复现场三类。

1）原始现场。原始现场是指事故发生后现场的车辆、人员、有关散落物、痕迹等的相互位置关系没有任何改变和破坏，仍然保持着事故发生后的原始状态。原始现场保留了事故原貌，可为事故原因分析与认定提供直接证据，是现场查勘最理想的现场。但是，由于抢救伤者、施救财产等原因，原始现场在所有事故现场中所占比例较小。

2）变动现场。变动现场是指由于自然因素、特殊情况或人为原因，致使出险现场的原始状态发生部分改变或全部改变的事故现场。事故现场变动的原因包括由于风吹、雨淋、下雪、日晒、冰雹、洪水、地震、海啸、塌方等自然因素，导致事故现场被破坏；为抢救事故中的受伤人员而移动车辆，致使现场的车辆、物体或人员位置发生了变化，甚至使事故损失进一步扩大等；为抢救事故中的受损财产，致使现场的车辆、物体或人员位置发生了变化；因保护不善，导致事故现场被过往车辆、行人或围观人员破坏；在一些主要交通干道或城市繁华地段发生事故，或遇到执行任务的消防车、救护车、抢险车、军车，为疏导交通而导致事故现场改变；因工作需要，事故车辆必须驶离现场而导致事故现场改变，如正在执行任务的消防车、救护车、抢险车、军车和重要外宾、外交使节乘坐的车辆发生事故后，若车辆执行特护任务的能力未受影响，可以离开现场而先去完成任务；事故当事人为逃避责任或嫁祸于人，有意改变现场遗留物的原始状态；事故当事人为逃避责任而驾车逃逸，导致事故现场原貌改变的现场；其他原因导致事故现场变化，如发生事故后，当事人没有察觉而离开现场的。

3）恢复现场。恢复现场是指事故现场撤离后，为分析事故或复查案件，需根据现场调查记录资料重新布置恢复的现场，称为恢复现场。

对擅自移动出险地点或谎报出险地点的，要查明原因。

（3）事故原因。查明事故原因是现场查勘的重点，要深入调查，利用现场查勘技术进行现场查勘，并采取多听、多问、多看、多想、多分析的办法，索取证明，收集证据，全面分析。凡是与事故有关的重要情节，都要尽量收集以反映事故全貌。

若驾驶人员有饮酒、吸食或注射毒品、被药物麻醉后使用保险车辆或无照驾驶、驾驶车辆与准驾车型不符、超载等嫌疑时，应立即协同交警部门获取相应证人证言和检验证明。

对于所查明的事故原因，应说明是客观因素还是人为因素，是车辆自身因素还是车辆以外因素，是违章行驶还是故意违法行为。

对于复杂或有疑问的理赔案件，要走访现场见证人或知情人，了解事故真相，做出询问记录，载明询问日期和被询问人地址并由被询问人确认签字。

对于造成重大损失的保险事故，如果事故原因存在疑点难以断定，应要求被保险人、造成事故的驾驶员、受损方对现场查勘记录确认并签字。

事故原因可简单分为三类：

1）车辆自身原因导致事故。包括车辆故障原因、车辆质量原因（分为整车质量原因、零部件质量原因、维修质量原因）、车辆装载问题（如装载尺寸过大、装载质量过大等）。

车辆故障原因导致的事故一般是保险人对故障部分不予赔偿，但由于故障而引起保险事故（如碰撞、倾覆等），造成保险车辆其他部位的损失，保险人应予赔偿。

车辆质量原因导致的事故一般是保险人不予赔偿，即使赔偿也要向汽车生产厂家、销售厂家、维修厂家进行追偿。对整车质量是否有问题或设计缺陷，主要是根据国家公布的汽车召回公告；对零部件质量是否有问题，可委托有关车辆鉴定部门进行鉴定；对维修质量是否有问题，主要是依据交通部公布的机动车维修管理规定。

车辆装载问题导致的事故主要是由违规装载情况引起，应根据《中华人民共和国道路交通安全法》《中华人民共和国道路交通安全法实施条例》的相关规定进行判断。

2）人为原因导致事故。包括故意行为、过失行为（分为：可保风险、不可保风险）。人的故意行为属于道德风险，由其导致的事故，汽车保险中保险人绝对不给予赔偿。过失行为导致的事故，应视情况而定，如为可保风险则给予赔偿，如为不可保风险不予赔偿。可保风险如驾驶人员的疏忽驾驶导致车辆碰撞、倾覆、坠落等。不可保风险如驾驶人饮酒、吸食或注射毒品、被药物麻醉后使用车辆，或驾驶人不具备有效驾驶资格使用车辆等。

3）他方原因导致事故。包括第三方原因导致事故（含第三方逃逸、第三方已赔偿、本方放弃向第三方索赔等）、自然因素导致事故（如暴风、龙卷风、雷击、雹灾、暴雨、洪水、海啸、地陷、冰陷、崖崩、雪崩、泥石流、滑坡、载运车辆的渡船遭受自然灾害等危险）。

第三方原因导致的事故中，如第三方已逃逸，无法找到第三方时，保险人一般是增加免赔率，如免赔 30%。第三方已赔偿的，保险公司不再负责赔偿。本方主动放弃向第三方索赔的事故，保险人一般不负责赔偿。

自然因素导致事故保险人一般负责赔偿。其关键因素是查勘自然因素是否符合机动车辆保险条款中各自然因素的含义，同时还需要被保险人提供相关部门的事故证明。

（4）事故现场受损财产。主要是查明本车车上承运货物、随车携带行李物品、随车携带的宠物以及第三者的车上货物、路旁的花草树木、农田庄稼、路产路面等的损失情况。

施救受损财产是查勘人员的义务，到达现场后，如果险情尚未控制，应立即会同被保险人及有关部门共同研究、确定施救方案，采取合理施救措施，以防损失进一步扩大。

保险车辆受损后，如果当地修理价格合理，应安排就地修理，不得使车辆带"伤"行驶。

如果当地修理费用过高需拖回本地修理的，应采取防护措施，拖拽牢固，以防再次发生事故，扩大损失。如果无法修复的，应妥善处理残值部分。

（5）事故损失情况。查清受损车辆、承运货物和其他财产的损失情况，查清事故各方所承担的事故责任比例，确定损失程度。同时应核查保险车辆有无重复保险情况，以便理赔计算时分摊赔款。

（6）人员伤亡情况。具体了解车上人员、车下人员的伤亡情况，在第一时间准确区分出谁是车上人员，谁是第三者。具体应掌握受伤人员的姓名、人数、救治医院、伤情等。

现场查勘结束后，查勘人员应按上述内容及要求认真填写现场查勘记录。如果可能，应力争让被保险人或驾驶员签字确认。

2. 嗅闻

查勘时，通过对驾驶室内以及驾驶员的嗅闻，可以判断驾驶员是否饮酒，以确定是否应该拒赔。如每天尤其是节假日的13点至16点，20点至23点（东部地区），青壮年男性驾驶员、经营人员，出险后应考虑是否存在酒后驾车问题，设法与公安人员一起取证。

3. 查看

查看时，主要看车辆的情况、驾驶员的情况、现场的情况等。

（1）出险车辆。查明出险车辆的情况，主要涉及以下几个方面：

1）识别车辆身份，需查勘车型、牌照号码、发动机号码、VIN码或车架号码、行驶证、车身颜色，并与保险单或批单核对是否相符。

2）查明车辆出险时的使用性质是否与保险单记载的一致。车辆使用性质与其使用风险直接相关，当使用性质改变，导致车辆危险程度增加后出险的，保险人一般是不予赔偿的。

3）要查明车辆使用的合法性，如存在运载危险品、运载超长、超宽、超高、超重等大件物品时，是否有审批手续并符合相关规定。

4）要查明车辆结构有无改装或加装。对汽车的自行改装，有可能破坏了原有的性能，影响了行车的安全，出险后的损失保险人也是不予赔偿的。

5）本车车辆损失情况，如损失部位、损失程度等。

6）如果是与第三方车辆发生事故，还应查明第三方车辆的基本情况。

（2）驾驶员情况。查勘时要查清驾驶员姓名、驾驶证号码、准驾车型、初次领证时间等。注意检查驾驶证的有效性；是否为被保险人或其允许的驾驶员；是否为保险合同中约定的驾驶员；特种车辆出险、营运性客车出险时，要查验驾驶员是否具有有关部门核发的有效资格证书。

（3）出险现场的车损情况。通过查看现场状况，对比事故车的损坏情况，可以分析出基本的事故情况。

分析事故损坏时，应重点把握第一碰撞点，假如是正面碰撞，第一接触点一般应该是前保险杠。如果碰的是树，前保险杠上会有树皮；如果碰的是电线杆，前保险杠上会有灰屑；如果碰的是墙，前保险杠上会有土屑、砖屑；如果碰的是护栏，前保险杠上一般会有油漆。

（4）出险现场的车载货物情况。充分注意车辆的总载货量、载客量是否超出规定，注意在现场的货物损坏情况。帮助客户归拢有可能走失、散失的货（活）物。

（5）出险现场的人员伤亡。通过分析伤亡人员所处的位置，车上物体及地面所遗留的血迹等，准确判断伤亡人员究竟谁是车上人员，谁是第三者。

【案例 6-1】驾驶员冒名顶替案件

2009 年 6 月 20 日，一辆伊兰特报案，称其于 6 月 19 晚 21:30 分左右驾驶标的车在县城周边道路上与二轮摩托车相撞，造成双方车损及摩托车上三人受伤。标的车位于停车场（见图 6-2）。

（a）碰撞后的依兰特驾驶室内　　　　　　　　（b）被撞坏的摩托车

图 6-2　事故造成的依兰特及摩托车损失

接到报案后，保险公司查勘员立即前往停车场查勘受损车辆。发现标的车左前侧撞击损坏，气囊爆开，预估车辆损失约为 25000 元，作为第三者的摩托车基本报废。联系被保险人，称其没有时间到停车场，要查勘员先行查勘。在停车场查勘后，查勘员前往交警部门了解情况。交警介绍，他们到达现场时，当事人因害怕受到摩托车上受伤人员家属的伤害，让过路行人报警后离开现场，次日上午到交警队接受处理。另外，摩托车上三人受伤其中一人伤势较重，正在医院抢救，已经支付医疗费 15000 元。

根据上述情况，查勘人员觉得该起事故损失较大，首先，事故发生于 21:30 分左右并且驾驶员非被保险人本人；其次，事故发生后当事人离开现场；第三，查勘时被保险人拒绝来现场配合。因此，该起事故存在酒后驾驶，出险后当事人离开现场让其他人冒名顶替的嫌疑。

6 月 28 日，查勘员再次联系当事人及被保险人要求他们配合调查。当事人陈述：他于晚饭后出门，与朋友喝茶后准备打的去会朋友，刚好碰到被保险人，就向其借车，结果行驶到事发地时与摩托车相撞。查勘员询问当事人，三者车的车损、人伤、物损情况，当事人陈述不清；问及事故后是否将事故情况告诉车主，当事人回答说事故后发现手机找不到了。后来，要求当事人带路到事故现场去查勘，但当事人无法正确指认现场；要求当事人及被保险人提供手机通话清单，但他们均以隐私为由加以拒绝。当事人这些不合常理的描述及行为更加深了查勘人员的疑问，他们立即向交警队提出了疑问，建议调看事故现场及行驶轨迹的监控资料，在交警部门的大力协助下，从 110 指挥中心调看了事故当晚标的车的行驶轨迹，发现了标的车在事发前 15 分钟通过卡口时的抓拍照片，照片上显示的驾驶员不是报案所称的当事人而是被保险人本人。

当保险公司向被保险人出示轨迹截图照片及有关证据后，对方不得不承认事发后因考虑到酒后驾驶保险公司拒赔等因素，请朋友冒名顶替出险驾驶员。依据《保险法》第 27 条第 3 款规定，保险公司对此事故不承担保险责任，此案注销，减损金额超过 4 万元。

4. 丈量

现场丈量是对事故分析、绘制现场图的基础，所以现场丈量与事故有关的物体和痕迹时应逐项进行并做好相应记录。

（1）确定事故现场方位。事故现场的方位以道路中心线与指北方向的夹角来表示。如果事故路段为弯道，以进入弯道的直线与指北方向夹角和转弯半径表示。

（2）事故现场定位。定位事故现场时，首先应选择一个基准点。

基准点选择原则：基准点应是事故现场原来就有的、能比较长久性的、材质坚硬的固定物体，基准点应不易移动和消失，不易被自然侵蚀或人为破坏，且距离肇事车辆和重要痕迹应较近。如里程碑、电线杆、建筑物的棱角等可以作为基准点，而树木、堆料、临时房屋等不能作为基准点。常用基准点：在公路上一般选择里程碑或百米桩作为基准点，在城市街道上一般选择电线杆作为基准点。事故现场定位有三点定位法、垂直定位法、极坐标定位法等。

三点定位法是用基准点、事故车辆某一点以及基准点向道路中心线作垂线的交点三个点所形成的三角形来固定现场位置，所以此时只需要量取三角形各边的距离即可（见图6-3）。

垂直定位法是用经过基准点且平行于道路边线的直线与经过事故车辆某一个点且垂直于道路边线的直线相交所形成的两个线段来固定事故现场，所以该方法只需要量取基准点与交点、交点与事故车辆某一点两条线段的距离即可（见图6-4）。

极坐标定位法是用基准点与事故车辆某一点连接形成线段的距离以及线段与道路边线垂直方向的夹角来固定事故现场，所以该方法只需量取线段长度和夹角度数即可（见图6-5）。

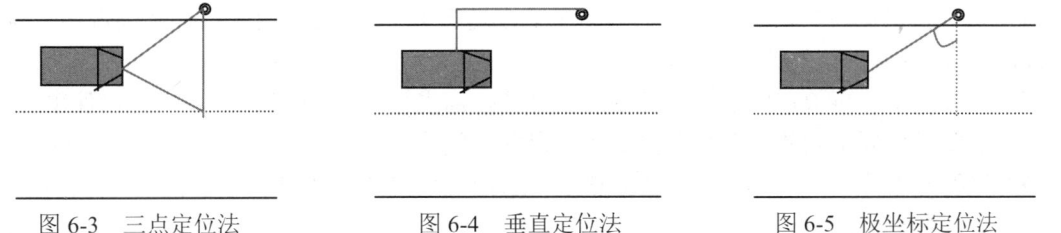

图6-3　三点定位法　　　　图6-4　垂直定位法　　　　图6-5　极坐标定位法

（3）道路丈量。道路结构和尺寸，如路面宽度、弯道半径、纵坡、路肩宽度以及边沟的深度等参数，一般需要丈量。

（4）车辆位置丈量。事故车辆位置用车辆的四个轮胎外缘与地面接触中心点到道路边缘的垂直距离来确定，所以只需量取四个轮胎距离即可。车辆行驶方向可根据现场遗留的痕迹判断，如从车上滴落的油点、水点，一般其尖端的方向为车辆的行驶方向，等等。

（5）制动印痕丈量。直线形的制动印痕的拖印距离直接测量即可；量取弧形制动印痕的拖印距离时，一般是先四等分弧形印痕，分别丈量等分点至道路一边的垂直距离，再量出制动印痕的长度即可。

（6）事故接触部位丈量。事故接触部位的丈量，最关键的是先准确判定事故接触部位。事故接触部位是形成事故的作用点，是事故车辆的变形损坏点，因此，可根据物体的运动、受力、损坏形状以及散落距离等因素科学判断事故的接触部位。对其丈量时，一般应测量车与车、车与人，或者车与其他物体接触部位距地面的高度、接触部位的形状大小等。

（7）其他丈量。如果事故现场还有毛发、血皮、纤维、车身漆皮、玻璃碎片、脱落的车辆零部件、泥土、物资等遗留物，并且他们对事故认定起着重要作用，则一并需要丈量他们散落的距离或黏附的高度等。

5. 摄影

现场摄影是真实记录现场和受损标的客观情况的重要手段之一,它比现场绘图和文字记录可以更直观地反映现场和事故车辆的情况,它是处理事故的重要证据(见图6-6)。

图6-6 事故现场摄影

(1)现场摄影的原则。对事故现场进行摄影时一般应遵循以下原则:

1)应有反映事故现场全貌的全景照片。

2)应有反映受损车辆号牌及受损财产部位和程度的近景照片。

3)要有事故车辆某些重要局部(如车牌号、发动机号码、VIN码等)的特写照片。

4)要有拍摄保险车辆的行驶证(客运车辆准运证)、驾驶员的驾驶证(驾驶客运车辆驾驶员准驾证,特种车辆驾驶员操作资格证)的特写照片。

5)双方或多方事故,应拍摄三者车的"交强险标志"(正面及背面)或交强险保单。

6)必要时可要求相关证人与受损车辆拍摄合影照片。

7)坚持节省原则,以最少的照片数量反映事故现场最佳的效果。

(2)现场摄影的方式。

1)方位摄影。即以事故车辆为中心反映周围环境情况的拍摄。此拍摄方式重在突出事故现场的全貌,目的是反映出事故车辆与其他物体之间的相互关系,如图6-7所示。

图6-7 方位摄影

2)中心摄影。即以事故接触点为中心,反映事故接触的各部位及其相关部位的拍摄。此拍摄方式重在突出拍摄现场的中心地段,目的是反映出事故损坏部位及其相关部位的特点、状态,如图6-8所示。

3)细目摄影。即分别对事故中具体损失物体进行的拍摄。此拍摄方式重在突出各个具体物证,目的是反映出重要物证的大小、形状、特征,如图6-9所示。

图6-8 中心摄影

图6-9 细目摄影

4)宣传摄影。即运用技巧突出反映事故某一侧面的拍摄。此拍摄方式重在突出事故某一侧面的状态、特点,目的是为了相关宣传和收集资料,如图6-10所示。

(a)闯红灯横穿马路的行人

(b)被行驶的汽车撞飞

图6-10 宣传摄影

(3)现场摄影的方法。

1)相向拍摄法。即从两个相对的方向对现场中心部分进行拍摄,如图6-11所示。该方法可较为清楚地反映现场中心两个相对方向的情况。

2)十字交叉拍摄法。即从四个不同地点对现场中心部分进行交叉的拍摄,如图6-12所示。该方法可从前、后、左、右四个角度准确反映现场中心情况。

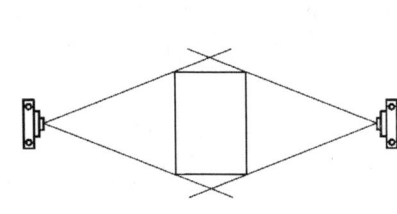

图6-11 相向拍摄法

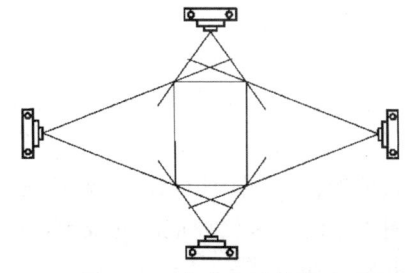

图6-12 十字交叉拍摄法

3）连续拍摄法。即将面积较大的事故现场分段拍摄，如多车连续追尾事故。连续拍摄法分回转连续拍摄和平行连续拍摄（见图 6-13）。为获得事故现场完整照片，需对分段照片进行接片，所以分段拍摄时各照片取景应略有重合，并要求同样的拍摄距离和光圈等。

4）比例拍摄法。即将带有刻度的尺子放在被损物体旁边进行的摄影，如图 6-14 所示。该方法可确定被摄物体的实际大小和尺寸，常用于痕迹、碎片以及微小物证的摄影。

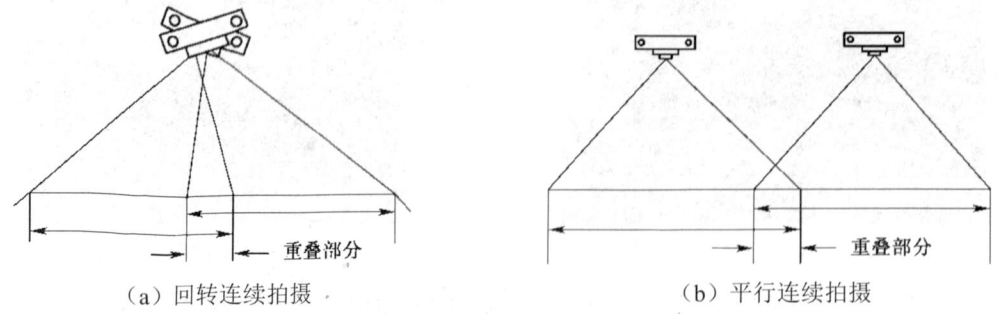

(a) 回转连续拍摄　　　　　　　(b) 平行连续拍摄

图 6-13　连续拍摄法

图 6-14　比例拍摄法

（4）现场摄影的一般技巧。现场摄影有一定的技巧，需要查勘人员事先去掌握。如取景、接片技术在现场拍摄中的运用、滤色镜的使用、事故现场常见痕迹的拍摄等。

1）取景与用光。取景时，应根据拍摄的目的和要求，合理确定拍摄的角度、距离和光照，力求所要表达的主体物突出、明显和准确。

根据拍摄者立足点和被拍物体方位，拍摄角度可分俯视拍摄、平视拍摄、仰视拍摄、正面拍摄、侧面拍摄等。根据拍摄者立足点和被拍物体的远近，拍摄距离可分为远景拍摄、中景拍摄、近景拍摄、特写拍摄等。根据光线和拍摄方向，拍摄光照可分为正面光拍摄、侧面光拍摄、逆光拍摄等。

车辆事故的发生因时间、地点、光源条件不同，而使得拍摄画面的效果不同，为获得良好的画面效果，查勘人员应正确地认识光线的变化规律，分析各种光线的性能条件，并熟练地加以运用。

雾天情况进行现场拍摄时不要使用闪光灯，因为空气中的水分子多，就像是一层幕纱，当使用闪光灯时，雾气会把闪光反射回来，使得画面非常模糊。同时，曝光要充分，比没有雾的情况下稍增加一些。

拍摄玻璃照片时要注意玻璃的反光，玻璃单独破碎险中玻璃损坏不严重，先拍一张照片，再击打玻璃受损处使损伤扩大明显后,再拍一张照片。

夜间的现场拍摄必须使用人工光源,如闪光灯、手电或现场其他照明工具(如车辆前照灯),以提高现场亮度,保证照片清晰可辨。其中闪光灯应用较多,需注意,当拍摄事故车全貌时,要注意车窗玻璃的反光情况,此时,以用手举闪光灯进行拍摄为宜;当在车外拍摄车内物体时,闪光灯和照相机镜头都应紧贴玻璃窗,以防车窗玻璃的反射。但若拍摄较大的场景时,由于闪光灯功率有限,使用时可能反而无法拍出现场状况。图 6-15 就是属于使用闪光灯不当的实际案例。

图 6-15　闪光灯使用不当,导致反光

2)为了记录事故的发生地,应尽量选择静止的固定参照物进入拍摄画面。要拍摄好两个 45°照片:前 45°照片反映侧面和前牌照;后 45°照片反映另一侧面及后牌照。

3)受损货物、路产照片应能够反映出财产损失的全貌及损失部位,多处受损应分别拍摄;带包装的物品受损应将包装拆下后拍摄,并注意拍摄包装物上的数量、类型、型号、重量等;价值较高的货物在分类后单独编号拍摄。

4)一张照片可以反映多个部件、部位受损真实情况的,不需单个或重复拍照,但重大配件或价格较贵的配件必须有能反映损伤、型号规格或配件编码的单独照片,小的损失、低值零件视情拍摄。

5)翻砂件(如气缸体、变速器壳、主降速器壳等)发生裂纹时,直接拍摄无法反应出裂纹。可以先在裂纹处涂抹柴油,再用滑石粉或粉笔末撒在油上,用小锤敲击裂纹附近,形成一条线后再拍摄。对于照片不能反映出的其他裂纹、变形,要用手指向损坏部位拍照或对比拍照或标识拍照,并能反映损伤原因,涉及轴、孔损伤时,一定要有实测尺寸照片。

6)对碰撞痕迹的拍摄,要通过合理选择拍摄角度和光线,以准确反映其凹陷、隆起、变形、断裂、穿孔或破碎等特征。对于较小、较浅的凹陷一般要采用侧面光、反光板、闪光灯等进行拍摄。同时,凹陷越深,光线入射光线角度越大;凹陷越浅,光线入射光线角度越小。

对刮擦痕迹,如果为有颜色物质,可选择滤色镜拍摄,突出被粘挂物。

7)拍摄血迹时,应选用滤色镜拍摄。如血迹滴落在泥土粘污的油路上,可用黄色滤色镜拍摄。

8)拍摄制动拖印时,为反映制动拖印的起止点及其特征,可对拖印起点用白灰或树枝等进行标记,并要注意反映起点与道路中心线或路边的关系。拍摄各种痕迹物证时,为有效表示痕迹长度,应在被摄物一侧同一平面放置比例尺或卷尺。

9)照相机的日期顺序调整为年、月、日,且显示日期必须与拍摄日期一致,严禁以各种理由调整相机后备日期；数码相机象素调整要适当，不可过大，比如可调为480×640以使照片大小不超过150KB等。

10）现场拍摄时，尤其是重大事故拍摄时，可采用数码相机和光学相机两种工具。数码相机拍摄的照片便于计算机管理，便于网上传输，成像快，但缺点是易被修改、伪造，而光学相机正好相反。

6．收集

物证是分析事故原因最为客观的依据，收取物证是现场查勘的核心工作。事故现场物证的类型有散落物、附着物和痕迹。

（1）散落物。散落物可分为车体散落物、人体散落物及他体散落物三类。车体散落物主要包括零部件、钢片、木片、漆片、玻璃、胶条等；人体散落物主要包括事故受伤人员的穿戴品、携带品、器官或组织的分离品；他体散落物主要包括事故现场人、车之外的物证，如树皮、断枝、水泥、石块等。

（2）附着物。附着物可分为喷洒或粘附物、创痕物与搁置物三类。喷洒或粘附物主要包括血液、毛发、纤维、油脂等；创痕物主要包括油漆微粒、橡胶颗粒、热熔塑料涂膜、反光膜等；搁置物主要包括织物或粗糙面上的玻璃颗粒等。

（3）痕迹。不同的痕迹，各有其形状、颜色和尺寸，往往是事故过程某些侧面的反映，因此也是事故现场物证收集的重点。痕迹可分为车辆行走痕迹、车辆碰撞痕迹及涂污与喷溅痕迹三类。

车辆行走痕迹主要包括轮胎拖印、压印和擦印等。

车辆碰撞痕迹主要包括车与车间的碰撞痕迹、车与地面间的撞砸与擦刮痕迹、车与其他物体间的碰撞与擦刮痕迹。车与车间的碰撞痕迹包括车辆正面与正面、正面与侧面、追尾等的碰撞痕迹；车与地面间的碰撞与擦刮痕迹常见于车辆倾覆或坠落的事故；车与其他物体间的碰撞与擦刮痕迹主要有车与路旁建筑物、道路设施、电杆、树木等的接触而产生的痕迹。

涂污与喷溅痕迹主要包括油污、泥浆、血液、汗液、组织液等的涂污与喷溅。

7．绘图

对重大赔案的查勘应绘制事故现场草图。事故现场草图应在出险现场当场绘制。由于是在查勘现场绘制，且绘制时间较短，所以对事故现场草图不要求十分工整，只要求内容完整，尺寸数字准确、物体位置、形状、尺寸、距离的大小基本成比例即可。绘图时应按照GB/T 11797—2005《道路交通事故现场图形符号》要求绘制，参见图6-16。

（1）事故现场草图的基本内容。事故现场草图要反映出事故车的方位、道路情况及外界因素，要表明车辆以及与事故有关的遗留痕迹和散落物的相互位置。

简单的平面图加上适当文字说明，即可反映出事故现场概况。如果道路线形复杂，为准确表达事故现场的空间位置和道路纵横断面几何线形的变化，事故现场草图也经常采用立体图或剖面图等。

（2）事故现场草图的绘制过程。

1）选比例。根据出险情况，选用适当比例进行草图的总体构思。

2）画轮廓。按照近似比例画出道路边缘线和中心线。确定道路走向，在图的右上方绘制指北标志。标注道路中心线与指北线的夹角。

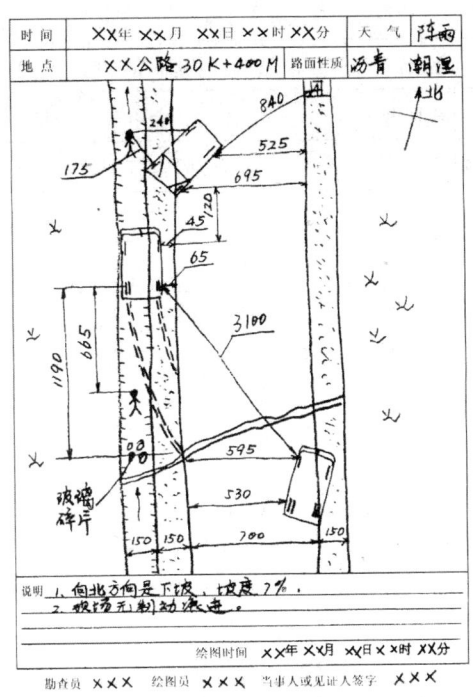

图 6-16 事故现场草图

3）画车辆。以同一近似比例绘制出险车辆，再以出险车辆为中心绘制各有关物体图例。

4）标尺寸。根据现场具体条件，选择基准点和定位法，为现场出险的车辆和主要物品、痕迹定位，标注尺寸。

5）小处理。根据需要绘制立体图、剖面图和局部放大图，必要的地方加注文字说明。

6）先校核。两名查勘人员，一名负责绘制现场草图，另一名负责校核。

7）后签名。草图绘制完成后，由绘图人、校核人、当事人、见证人分别签名。

现场查勘结束后，应根据现场查勘草图所标明的尺寸和位置，按照正投影的绘图原理，选用一定比例和线型，工整准确地绘制出正式的事故现场图，它是理赔和申请诉讼的依据。

8．填写

查勘记录（见表 6-3）是查勘人员对整个保险事故进行全面调查的记录以及责任确定、损失估计、零部件更换与修复的初步意见的汇总。

表 6-3　××财产保险公司机动车辆保险事故现场查勘记录

保险单号码：		报案编号：		立案编号：	
保险车辆	厂牌型号：	发动机号：		车辆已行驶里程：	已使用年限：
	号牌号码：	车架号（VIN）：			初次登记日期：
驾驶人员姓名：		驾驶证号码：□□□□□□□□□□□□□□□□□□			职业：
初次领证日期：　年　月　日		性别：□男　□女	年龄：	准驾车型：□A　□B　□C　□其他	
查勘时间：　年　月　日　时		查勘地点：		是否第一现场报案：□是　□否	

续表

赔案类别：	□一般　□特殊（□简易　□互碰　□救助　□其他）双代（□委托外地查勘　□外地委托查勘）			
出险地点：	年　月　日　时	出险地点：	省　　市　　县	
第三方车辆	厂牌型号：	号牌号码：	是否保险：□是　□否	车辆已行驶里程：
	驾驶人员姓名：	驾驶证号码：□□□□□□□□□□□□□□□□□□		车辆初次登记日期：
	初次领证日期：	准驾车型：□A　□B　□C　□其他　职业：		车辆已使用年限：
现场查勘时请按右侧所列内容仔细查验并认真完整填写	1. 出险原因：□碰撞　□倾覆　□火灾　□爆炸　□自燃　□外界物体倒塌　□外界物体坠落　□雷击　□暴风　□暴雨　□洪水　□雹灾　□玻璃单独破碎　□其他（　） 2. 事故原因：□制动失灵　□转向失灵　□其他机械故障　□疲劳驾驶　□超速行驶　□违章并线　□逆向行驶　□安全间距不够　□违章装载　□其他违章行驶　□疏忽大意、措施不当　□其他 3. 事故所涉及险种：□交强险　□车损险　□三责险　□盗抢险　□玻璃单独破碎险　□自燃损失险　□车上人员责任险　□车上货物责任险　□其他（　） 4. 保险车辆的号牌号码、发动机号、车架号与保险单上所载明的是否相符　□是　□否 5. 出险时间是否在保险有效期内　□是　□否 6. 出险时间接近保险起讫期的，有无相应时间证明　□有　□无 7. 出现地点：（1）分类：□高速公路　□普通公路　□城市道路　□乡村便道和机耕道　□场院及其他； 　　　　　　（2）与报案人所报是否一致　□是　□否 8. 实际使用性质与保险单上所载明的是否一致　□是　□否 9. 保险车辆驾驶人员情况与报案人所述是否一致　□是　□否 10. 保险车辆驾驶人员的驾驶证是否有效　□是　□否 11. 保险车辆驾驶人员准驾车型与实际驾驶车辆是否相符　□是　□否 12. 使用各种专用机械车、特种车的人员是否有国家有关部门核发的有效操作证　□是　□否 13. 驾驶营业性客车的驾驶人员是否国家有关部门核发的有效资格证书　□是　□否 14. 保险车辆驾驶人员是否为被保险人允许的驾驶人员　□是　□否 15. 保险车辆驾驶人员是否为保险合同约定的驾驶人员　□是　□否 16. 保险车辆驾驶人员是否为酒后驾车　□是　□否 17. 事故车辆损失痕迹与事故现场痕迹是否吻合　□是　□否 18. 保险车辆安全配置情况：□安全气囊　□ABS　□倒车雷达　□卫星定位　□其他防盗装置 19. 第三者车辆是否已向其承保公司报案、索赔　□是　□否 20. 事故是否涉及第三方人员伤亡　□是（伤＿＿＿人，亡＿＿＿人）　□否 21. 事故是否涉及第三方财产损失　□是　□否 22. 事故是否涉及本车上人员伤亡　□是（伤＿＿＿人，亡＿＿＿人）　□否 23. 确定或预计责任划分：□全部　□主要　□同等　□次要　□无责任　□单方肇事 24. 保险车辆损失程度：□全部损失　□部分损失 25. 其他需要说明的内容：			
是否属于保险责任：□是　□不是　□待确定（原因：　　　　　　　　　　　　　　　　　　　　　）				

续表

事故估损金额	事故损失金额估计合计：							
	其中：强制险损失							
	强制保险	死亡伤残：			财产损失：			
		医疗费用：			其他费用：			
	车辆损失险损失：			第三者损失：			其他损失：	
	商业保险	车辆损失险	标的损失：	第三者责任险	车辆：	其他险别		
			施救费：		人员：			
					财产：			
查勘人意见（包括事故经过简单描述和初步责任认定）：							询问笔录	张
							现场草图	张
查勘人签字：							事故照片	张

说明：（1）估计损失金额单位为人民币元。
（2）第三方车辆不止一辆，可增加《机动车辆现场查勘记录》用纸。

对于查勘记录最基本的要求是真实地反映事故的情况。因此，应全面、具体和完整地记录与事故有关的细节，如出险的时间、地点和经过，涉及的有关人员和责任等。同时查勘人员应当用专业的眼光对事故进行观察和分析，对碰撞的原因、损失的可能程度、修复方案的可行性以及修复的费用进行初步的分析。

现场查勘工作非常重要，而现场查勘的内容又非常多，为防止查勘员疏忽某些细节，同时为规范查勘工作，各保险公司一般都制定有《机动车辆保险现场查勘记录》，查勘人员根据现场查勘情况，如实填写现场查勘记录表即可。

6.4 损失确定

6.4.1 车辆定损

1. 定损原则

（1）修理范围仅限于本次事故中所造成的车辆损失（包括车身损失、车辆的机械损失）。
（2）能修理的零部件，尽量修复，不要随意更换新的。
（3）能局部修复的零部件，不要扩大到整体修理（如车身漆面）。
（4）能更换零部件的坚决不能更换总成件。
（5）根据修复工艺的难易程度，参照当地工时费用水平，准确确定工时费用。
（6）准确掌握汽车零配件价格。

2. 定损程序

（1）一般应派两名定损员对事故车辆进行定损。
（2）定损时，根据查勘记录，认真检查受损车辆，搞清本次事故造成的直接损伤，由此判断和确定因肇事部位的被撞击、振动可能间接引起的其他部位损伤。最后，确定出损失部位、损失项目以及损失程度，并对损坏的零部件进行逐项登记，同时进行修复与更换的分类。

鉴定、登记工作是一项复杂细致的工作，对挤干理赔水分起着一定的影响作用。

具体鉴定、登记的方法是：按照"由前到后，由左到右，由外及内"的原则，先登记外附盖件（即钣金覆盖件，外装饰件），其次按发动机、底盘、电气设备等分类登记。

（3）与客户协商确定修理方案。在修理项目方面，需列明各项目的工时费；在更换项目方面，需明确所更换零件的价格，零件价格可以通过询价、报价等程序来确定。

（4）对更换的零部件属于本级公司询价、报价范围的，要将换件项目清单交报价员进行审核，报价员根据标准价或参考价核定所更换的配件价格；对于估损金额超过本级处理权限的，应及时报上级公司并协助定损。

（5）定损员接到核准的报价单后，再与被保险人和（或）第三者车损方协商修理、换件项目和费用。协商达成一致意见后，与被保险人同签订《汽车保险车辆损失情况确认书》一式两份，保险人、被保险人各执一份。

（6）对损失金额较大，双方协商难以定损的，或受损车辆技术要求较高，难以确定损失金额的，可以聘请专家或委托公估机构定损。

（7）受损车辆原则上应一次定损。定损完毕后，由被保险人自选修理厂修理或到保险人推荐的修理厂修理。

（8）保险车辆修复后，保险人可根据被保险人的委托直接与修理厂结算修理费用，明确区分被保险人自己负担的部分费用，并在《汽车保险车辆损失情况确认书》上注明，由被保险人、保险人和修理厂签字认可。

3. 事故车辆定损注意事项

（1）应注意区分本次事故造成的损失和非本次事故造成的损失，正常维护与事故损失的界限。对确定为事故损失的部位应坚持尽量修复的原则，如果被保险人或第三者提出扩大修理范围或应该修理而要求更换的，超出部分的费用应由其自行承担，并在合同中注明。

区分本次事故造成的损失和非本次事故造成的损失时，一般根据事故部位的痕迹进行判断。对本次事故的碰撞部位，一般有脱落的漆皮痕迹和新的金属刮痕，而对非本次事故的碰撞部位一般有油污和锈迹。进行区分本次事故损失和非本次事故损失的目的主要是避免重复估价重复赔偿。因为部分小事故在定损估价赔偿后，由于被保险人的某些原因，车辆往往不进行修复，如本次事故定损时再考虑以往事故的损失，就会造成重复估价、重复赔偿。

区分事故损失与机械损失的界限主要是对车损险来说的，保险人只承担条款载明的保险责任所致事故损失的经济赔偿。因汽车的制动失灵、机械故障和轮胎爆裂，以及零部件的锈蚀、朽旧、老化、变形等所造成的汽车车身损失，不应负赔偿责任。若因这些原因而事实上已构成碰撞、倾覆、爆炸等保险责任的，对当时的事故损失部分可予负责，而非事故损失部分不能赔偿。

（2）经保险人同意，对事故车辆损失原因进行鉴定的费用应该负责赔偿。

（3）受损车辆解体后，如发现尚有因本次事故损失的部位没有定损的，经核实后，可追加修理项目和费用。

（4）受损车辆未经保险人同意而由被保险人自行送修的，保险人有权重新核定修理费用或拒绝赔偿。在重新核定费用时，应对照现场查勘记录，逐项核对修理费用，剔除扩大修理的

费用或其他不合理的项目和费用。

(5) 更换零部件的残值应合理折价,如果被保险人接受,则在定损金额中扣除;如果被保险人不愿接受,则保险人拥有所更换下来零部件的处理权。

(6) 如果被保险人要求自选修理厂修理的,必须首先确定保险责任和损失金额。

(7) 检验定损人员应随时掌握最新的零配件价格,了解机动车辆修理工艺和技术,以避免因不掌握最新的零配件价格和不了解机动车辆修理工艺和技术而一味压低理赔价格,造成修理厂无法按常规修复的错误。

4. 几种典型情况的定损处理

(1) 在确定工时费用方面处理好与修理厂的矛盾。机动车辆出险后,采取以修为主原则。但修理厂考虑到自身的经济效益,总是希望价格定的越高越好,有些修理厂为了笼络车主,往往同意保户的某些额外要求。例如:个别保户希望从修理厂提取部分现金或给修理厂交修车款时,免交保险公司事故责任的免赔部分。所以,修理厂可能会有意抬高估损价格。而保险公司从自身利益考虑,总是希望支付的赔款较少为好。所以,修理厂与保险公司之间存在着利益冲突。以上种种情况,都给事故车辆的定损工作带来了很大困难和矛盾,处理办法主要有以下几点:

1) 在初步拟定修理方案后,对工时费用部分实行包干。一般说来,大的事故往往需要分解检查后,才能拿出准确的定损价格。在此情况下,不宜先分解后定价,而应先与修理厂谈妥修理工时费用后,再对事故车辆进行分解。若盲目分解,一旦在工时费用方面与修理厂方无法达成一致,则给后期变更修理厂家等工作带来很大被动。

2) 在与修理厂谈判工时费用时,可对事故车辆的作业项目按部位、项目进行工时分解,并逐项核定解释,以理服人。

(2) 在确定更换配件方面处理好与保户的关系。大多数保户在车辆出险后,对于损坏的零部件(特别是钣金件),不论损坏程度轻重,能否达到更换程度,都欲要求更换。解决好此类问题的基本方法和原则:

1) 向保户说明损坏的零部件在车辆结构上所起的作用,以及修复后对汽车原有技术性能及外观没有影响。

2) 采取避重就轻策略,对配件价值较大,可换可不换的,尽量说服不予更换;对配件价值较小的,则可考虑照顾保户情绪,同意更换。

(3) 对重大事故及特殊车型的定损。对于重大事故,保险公司尽可能安排在定点修理厂。避免在分解过程中有弄虚作假现象,以及在分解过程中,有意扩大损坏部位,加大损坏程度。对其他修理厂则在工时费用包干的前提下,由定损人员现场监督分解,并尽快确定更换配件项目。

对于特殊车型、配件奇缺的车辆,可在确定更换配件项目的前提下,先行安排其他项目的修复,避免因配件价格无法确定而延迟出单、修理时间。在车辆修复过程的同时,积极联系采购配件。对部分奇缺零件根本无法买到的,可采用加工制作方法解决。

(4) 赴外地查勘定损处理方法与技巧。赴外地查勘定损往往比在本地区定损要困难得多,特别是对第三者车辆(事故发生地当地车辆)无责任的情况下,协商修理定价往往更为艰辛,须经多次协商洽谈,才能达到谅解。

派往外地的查勘定损人员必须具有丰富的交通法规及道路驾驶知识以及丰富的定损估价

经验，以应付各种困难局面。

去外地查勘定损时估价留有余地，修理厂对外地车辆往往有哄抬价格现象，在估价时留一定余地可作为让步条件。

在外地估价时切忌拖泥带水，能够实行费用包干的，尽可能包干，一般情况下不能留待查项目，对确实无法判断的可现场分解。

对事故车辆修理价格与修理厂无法达成共识时，亦可请当地保险公司参与协助招标。

5. 常损零件换修原则

在对事故致损车辆进行定损时，损坏的零部件究竟是更换还是维修，必须坚持一定的原则，具体如下：

（1）总体原则。

1）维修质量、使用寿命有保证。修理后零部件的使用寿命应能达到新件使用寿命的80%以上，且应能与整车的使用寿命相匹配。

2）修理零部件的费用与新件价格的关系。零部件价值较低的，一般修理费用应不高于新件价格的30%；中等价值的，一般修理费用应不高于新件价格的50%；总成的修理费用，不可大于新件价格的80%。

3）确保行车安全。与汽车使用安全直接相关的零部件受损变形后，从质量和安全角度考虑，应适当放宽换件的标准。如转向摇臂、直臂等，在无探伤条件，无法确定其内部是否受损时，就要更换，以确保安全。对于某些零件，如轿车的稳定杆、货车的传动轴等，受伤变形若无校正检验设备来保证校正质量也要更换。

4）灵活掌握。对大保户单位的车，考虑到扩展业务的需要，对外观部件可适当放宽换件标准。对政府机关、公安、交警单位的领导用车，考虑到社会影响问题，对外观部件可适当放宽换件标准。以上这些都需要有支公司经理参加定损，或经支公司经理批准，定损人员不得擅自放宽换件标准。

5）对某些老旧车型。凡市场上已很难购到的配件，且尚可修理的，其修理费用虽高一些，也要修复。

6）某些致损的汽车零部件，虽然从技术的角度可以修复，但从经济学的角度考虑，基本没有修复价值了，即修复价值接近或超过零部件原价值的零部件，此时应考虑更换。

7）某些结构件，由于所用原材料的缘故，一旦造成破损，一般无法进行维修，只能进行更换。脆性材料的结构件，一般都具有这一特性，如汽车玻璃等。

8）某些结构件，由于工艺设计就存在不可修复后再使用的特点，如胶贴的风窗玻璃饰条、门饰条、翼子板饰条等。这些零部件一旦被损坏或开启后，就无法再用，应更换。

（2）车身结构钣金件修与换的掌握。车身结构钣金件是指通过点焊或激光焊接工艺连在一起，构成一个高强度的车身箱体的各组成件，通常包括纵梁、横梁、减振器塔座、前围板、散热器框架、车身底板、门槛板、立柱、行李箱底板等。车身结构钣金件碰撞受损后修复与更换的判断原则是"弯曲变形就修，折曲变形就换"。弯曲变形的特点是：损伤部位与非损伤部位的过渡平滑、连续；通过拉拔矫正可使它恢复到事故前的形状，而不会留下永久的塑性变形。折曲变形的特点是：变形剧烈，曲率半径小于3mm，通常在很短长度上弯曲可达90°以上；矫正后，零件上仍有明显的裂纹或开裂，或者出现永久变形带，不经调温加热处理不能恢复到事故前的形状。

（3）非结构钣金件修与换的掌握。非结构钣金件又称车身覆盖钣金件，它们通过螺栓、胶粘、铰接或焊接等方式覆盖在车体表面，起到密封车身、减小空气阻力、美化车辆的作用。承载式车身的覆盖钣金件通常包括可拆卸的前翼子板、车门、发动机盖、行李箱盖，和不可拆卸的后翼子板、车顶等。

1）前翼子板。无须将其从车上拆下来才能修复，如整体形状还在，只是中间局部凹陷，一般不考虑更换。损伤程度达到必须将其从车上拆下来才能修复，并且前翼子板的材料价格低廉、供应流畅，材料价格达到或接近整形修复的工时费，应考虑更换。

2）车门。如果门框产生塑性变形，一般来说是无法修复的，应考虑更换。许多车的车门面板是作为单独零件供应的，损坏后可单独更换，不必更换总成。

3）发动机盖和行李箱盖。绝大多数汽车的发动机盖和行李箱盖，是用两个冲压成形的冷轧钢板经翻边胶粘制成的。判断碰撞损伤变形的发动机盖或行李箱盖，应看其是否要将两层分开进行修理。如果不需将两层分开，则不应考虑更换；若需将两层分开整形修理，如果工时费加辅料接近或超过其价值，则不应考虑修理。反之，应考虑修复。

4）不可拆卸件修与换的掌握。碰撞损伤的汽车中最常见的不可拆卸件就是三厢车的后翼子板，由于更换需从车身上将其切割下来，而国内绝大多数汽车维修厂在切割和焊接上，满足不了制造厂提出的工艺要求，从而造成车身结构方面新的修理损伤。所以，在国内现有修理行业的设备和工艺水平条件下，后翼子板只要有修理的可能都应采取修理的方法修复，而不应像前翼子板一样存在值不值得修理的问题。

（4）塑料件修与换的掌握。随着汽车工业的发展，车身各种零部件越来越多地使用了各种塑料，特别是在车身前端（包括保险杠、格栅、挡泥板、防碎石板、仪表工作台、仪表板等）。许多损坏的塑料件可以经济地修理而用不着更换，如划痕、擦伤、撕裂和刺穿等。此外，由于某些零件不一定有现货供应，修理则可缩短修理工期。塑料件修与换的掌握应从以下几个方面来考虑：对于燃油箱及要求严格的安全结构件，必须考虑更换；整体破碎以更换为主；价值较低、更换方便的零件应以更换为主；应力集中部位，应以更换为主；基础零件，并且尺寸较大，受损以划痕、撕裂、擦伤或穿孔，这些零件拆装麻烦、更换成本高或无现货供应，应以修理为主；表面无漆面的、不能使用氰基丙烯酸酯粘结法修理的、且表面光洁度要求较高的塑料零件，由于修理处会留下明显的痕迹，一般应考虑更换。

（5）悬挂系统零件修与换的掌握。汽车悬挂系统中的任何零件是不允许用校正的方法进行修理的，当车轮定位仪器检测出车轮定位不合格时，用肉眼和一般量具无法判断出具体损伤和变形的零部件，不要轻易做出更换悬挂系统中某个零件的决定。首先分析是否因碰撞造成，由于碰撞事故不可能造成轮胎的不均匀磨损，可通过检查轮胎的磨损是否均匀，初步判断事故前的车轮定位情况；再检查车身定位尺寸，使相关定位尺寸正确后，做车轮定位检测。如果此时车轮定位检测仍不合格，再根据其结构、维修手册判断具体的损伤部件，逐一更换、检测，直至损伤部件确认为止。

（6）铸造基础件修与换的掌握。发动机缸体、变速器、主减速和差速器的壳体往往用球墨铸铁或铝合金铸造而成。在遭受冲击载荷时，常常会造成固定支脚的断裂，而球墨铸铁或铝合金铸件都是可以焊接的。一般情况，对发动机缸体、变速器、主减速和差速器的壳体的断裂是可以进行焊接修理的。当然，不论是球墨铸铁或铝合金铸件，焊接都会造成其变形。这种变形通常用肉眼看不出来，但由于焊接部位附近对形状尺寸要求较高（如发动机汽缸壁、

187

变速器、主减速和差速器的轴承座）附近产生断裂，一般应考虑更换。

（7）电器件修与换的掌握。电器件损坏一般考虑更换。但需要鉴别电器件是真的"坏了"，还是系统中的电路保护装置出现问题。碰撞会造成系统过载，熔断器、熔丝链、大限流熔断器和断路器等会因过载而工作，出现断路，"症状"就是"坏了"，此时对保护装置更换即可，不需更换电器。

（8）纺织品修与换的掌握。汽车上的纺织品、橡胶很多（如内饰、座垫、轮胎等）。发生碰撞时，纺织品的损坏形式一般是漏油污染、起火燃烧、撕裂等。只要纺织品受到损坏，一般需更换，个别污染不太严重的，可通过清洗等方式予以恢复。

（9）橡胶品修与换的掌握。橡胶具有良好的耐磨性、柔性、不透水性、不透气性及电绝缘性等。主要用作轮胎、垫圈、地板等，起到耐磨、缓冲、防尘、密封等作用。汽车上的橡胶制品损坏形式一般为老化、破损、烧损等。损坏后，无法修复或没有修复价值的，只能更换。

6. 维修费用确定

目前，我国汽车维修行业的服务价格一般是由各省交通厅和物价局根据当地市场和物价指数联合制定的。

事故车辆的维修费用主要由三部分构成：修理工时费、材料费和其他费用。

（1）工时费。工时费=定额工时×工时单价

其中，定额工时是指实际维修作业项目核定的结算工时数。工时单价是指在生产过程中，单位小时的收费标准。

（2）材料费。材料费=外购配件费（配件、漆料、油料等）+自制配件费+辅助材料费

其中，外购配件费按实际购进的价格结算。漆料、油料费按实际消耗量计算，其价格按实际进价结算。自制配件费按实际制造成本结算。辅助材料费是指在维修过程中使用的辅助材料的费用，但是，在计价标准中已经包含的辅助材料不得再次收取。

（3）其他费用。其他费用=外加工费+材料管理费

其中，外加工费是指在汽车维修过程中，实际发生在厂外加工的费用。材料管理费是指在材料的采购过程中发生的采购、装卸、运输、保管、损耗等费用，其收取标准是：一般是按单件购进价格或根据购置地点的距离远近确定。如单件配件购进价格在 1000 元以下（含 1000 元），可按实际进价的 15%结算；单件配件购进价格在 1000 元以上，可按实际进价的 10%结算。

7. 零配件的询报价

对需要更换的零配件需要确定其价格，且须使确定的零配件价格符合市场情况，能让修理厂保质保量地完成维修任务，所以零配件报价应做到"有价有市"。

汽车配件价格信息掌握的准确度对降低赔款起着举足轻重的影响作用。由于零配件的生产厂家众多，市场上不但有原厂或正规厂家生产的零配件，而且还有许多小厂家生产的零配件，因此零配件市场价格差异较大。另外，由于生产厂家的生产调整、市场供求变化、地域的差别等多种原因也会造成零配件价格不稳定，处于时刻的波动状态，特别是进口汽车零部件缺乏统一的价格标准，其价格差异更大。

对此，保险公司认识到了建立一个完整、准确、动态询报价系统的重要性，如人保建立了独立的报价系统——"事故车辆定损系统"，这使得定损人员在定损过程中能够争取主动，保证定出的零配件价格符合市场行情，大大加快了理赔速度。

零配件报价中常见的问题及处理方式：

（1）询价单中车型信息不准确、不齐全，甚至互相矛盾，造成无法核定车型，更无法确定配件，导致报价部门不能顺利报价。为此，一般要求准确填写标的车的详细信息。

（2）配件名称不准确或配件特征描述不清楚。针对这种情况，一般要求选择准确的配件名称或规范的术语或相近的名称，并在备注栏加以说明，对于重要或特殊的配件，查找实物编码或零件编码或上传照片。

（3）混淆了总称与零部件的界限。针对这种情况，一般要求向配件商咨询或上传照片。

（4）对老旧、稀有车型的配件报价，应准确核对车型，积极寻找通用互换件。

（5）报价后价格波动或缺货。报价有一定的时效，一般为 3~7 天，市场上货源紧张时价格上涨，所以报价、供货时间要快，避免涨价或缺货。

（6）无现货而必须定货的，原则上按海运价报价。

6.4.2 人身伤亡费用

1. 伤残案件调查内容

（1）伤者个人基本信息、创伤诊疗信息、既往疾病史。个人基本信息主要指个人的基本信息及联系方式。创伤诊疗信息，包括伤者门诊治疗的医院、伤者诊断、实际已发生的医疗费，事故经过及责任认定情况，伤者治疗效果，下一步治疗方案等。既往疾病史，包括疾病名称、创伤前是否服药治疗及治疗效果等。

（2）向伤者核实并记录出险经过和原因。核实肇事机动车的牌号、肇事驾驶员出险时的状况、事故导致人车物的损失情况、肇事机动车的交强险投保信息等。注意核实伤者的医疗费用是否属于交强险责任免除或垫付医疗费义务的交通事故。

（3）伤者及护理人员的职业状况、收入情况，护理人数及护理时段。

（4）对于涉及整容、治牙、引发既往病症、评残等复杂案件，应重点核实整容、治牙、引发的既往病症、伤残与交通事故创伤的关联性及合理性。

（5）向主管医生咨询伤者具体诊断、治疗方案、后续治疗等医疗专业问题，预计达到伤残评定标准的，估评伤残等级。

（6）对需垫付、支付医疗费的案件，告知按照道路交通事故人员创伤诊疗指南和当地抢救的社会基本医疗保险的标准诊治。并向医院索取伤者病历或诊断证明，抢救费用单据和明细证明，收集治疗医院交强险医疗费用专用账号，医疗费管理部门、联系人、联系方式。

（7）复印伤者的病历、诊断证明或其他治疗及费用资料。拍摄病房内伤者病床卡等相关照片。

（8）制作人伤查勘报告。绘制人体损伤部位图，描述具体损伤部位。

2. 死亡案件调查内容

（1）送医院抢救无效死亡及治疗出院后由于交通事故创伤原因导致死亡的案件，应先按上述住院案件要求进行查勘。核实交通事故创伤或创伤所致并发症是否为导致死亡的主要原因，对死亡原因不明确的案件，尤其是伤者有严重既往疾病史或怀疑医院因素时，应要求被保险人方尽快向司法部门申请鉴定死亡原因。

（2）进行死亡案件调查时应注意死者籍贯、户籍、常住地及居住时间、被抚养人、赡养人信息。

(3) 收集亡者在常住地的收入情况、实际年龄等信息。

(4) 死亡案件可能涉及的其他赔偿项目。

(5) 其他信息调查按伤残案件要求执行。

3. 人身伤亡费用的赔偿项目

(1) 医疗费。医疗费是指在交通事故中受伤人员的医疗费用,包括医疗机构门诊挂号费、门诊观察治疗费、住院费、救护车费和救护出诊费、聘请院外专家费、医疗机构护理费、必要的整容费、必要的器官移植费、未来的再次治疗费。

1) 医疗费审核的依据。保险条款的约定;国务院卫生主管部门组织制定的《道路交通事故受伤人员临床诊疗指南》;国家基本医疗保险标准。

2) 医疗费审核的方法。医疗费根据医疗机构出具的医药费、住院费等收款凭证,结合病历和诊断证明等相关证据确定。没有有效发票的不予赔付,住院发票中如有伙食费、餐具费、陪伴费、护工费、其他物品费应在医疗费中剔除。住院期间未经医院同意自购的药费、国家规定的自费药品不予计算赔偿。

3) 医疗费的赔偿数额。按照一审法庭辩论终结前实际发生的数额确定。器官功能恢复训练所必需的康复费、适当的整容费以及其他后续治疗费,应待实际发生后另行确定。但根据医疗证明或鉴定结论确定必然发生的费用,可与已发生的医疗费一并赔偿。

(2) 误工费。误工费是指受害人本人因伤害治疗期间直至恢复期间、定残日以前,不能劳动、上班工作和承包经营而减少的收入,以及死亡受害人的家属办理丧葬事宜导致的合理误工损失。

1) 误工费范围。误工包括三种情形,一是受害人本人因受伤、治疗及治疗结束后,需一段时间进行康复休息而误工;二是受害人本人因达到伤残等级无法劳动至定残之日这段时间的误工;三是受害人死亡的,其亲属因办理丧葬事宜而误工。

2) 误工费的确定。根据受害人的误工时间和收入状况确定。误工时间根据受害人接受治疗的医疗机构出具的证明确定。

受害人因伤致残持续误工的,误工时间可以计算至定残日前一天;受害人有固定收入的,误工费按照实际减少的收入计算;受害人无固定收入的,按照其最近3年的平均收入计算,受害人不能举证证明其最近3年的平均收入的,可参照受诉法院所在地相同或相近行业上一年度职工的平均工资计算。

(3) 护理费。护理费是指伤者、残者或死者生前,在医院抢救治疗期间或康复过程中所必须的陪护人员误工费或工资,主要根据受害人的护理依赖程度或护理级别、需要的护理人数等确定金额。可见,护理包括两种情形,一是在住院治疗期间以及康复过程中因生活不能完全自理而需要相关人员陪护;二是残疾评定之后因生活不能自理而需要相关人员陪护。

1) 护理费的计算。护理人员有收入的,参照误工费的规定计算;护理人员没有收入或者雇佣护工的,参照当地护工从事同等级别护理的劳务报酬标准计算。

2) 护理人数。护理人员原则上为一人,但医疗机构或者鉴定机构有明确意见的,可以参照确定护理人员人数。

3) 护理期限。护理期限应计算至受害人恢复生活自理能力为止。

受害人因残疾不能恢复生活自理能力的,可以根据其年龄、健康状况等因素确定合理的护理期限,但最长不超过20年。受害人定残后的护理,应根据其护理依赖程度并结合配制残疾辅助器具的情况确定护理级别。超过确定的护理期限，赔偿权利人向人民法院起诉请求继续给付护理费的，人民法院应予受理。赔偿权利人确需继续护理的，人民法院应当判令赔偿义务人继续给付相关费用5～10年。

（4）交通费。交通费是指受害人及其必要的陪护人员因就医或转院治疗以及受害人死亡后其亲属办理丧葬事宜时实际发生的交通费用。可见，交通费包括四种费用，一是受害人去医院就医时的交通费用；二是受害人转院就医时的交通费用；三是护理人员（陪护人员）的交通费用；四是受害人死亡后其亲属办理丧葬事宜时的交通费用。交通费应以正式票据为凭，有关凭据应与就医地点、时间、人数、次数相符合。

（5）住宿费。住宿费是指受害人确有必要到外地治疗，因客观原因不能住院，受害人本人及其陪护人员实际发生的住宿费用。住宿费的合理部分保险人应予赔偿。住宿费凭住宿发票计算赔款。

（6）住院伙食补助费。住院伙食补助费，是指对受害人住院治疗期间伙食费用的一定补助。如果受害人没有住院，就没有这项赔偿费用。

受害人确有必要到外地治疗，因客观原因不能住院，其本人及其陪护人员实际发生的伙食费，其合理部分应予赔偿。住院伙食补助费可参照当地国家机关一般工作人员的出差伙食补助标准确定。

（7）必要的营养费。营养费是指受害人通过平时的食品摄入尚不能达到受损前身体康复的要求，而需要增加营养品作为对身体补充所支出的费用。营养费根据受害人伤残情况参照医疗机构的意见确定。

（8）残疾赔偿金。残疾赔偿金根据受害人丧失劳动能力的程度或伤残等级，按照受诉法院所在地上一年度城镇居民人均可支配收入或者农村居民人均纯收入标准，自定残之日起按20年计算。但60周岁以上的，年龄每增加1岁减少1年；75周岁以上的，按5年计算。

（9）残疾辅助器具费。这是指为补偿因伤致残的受害人遭受创伤的肢体器官功能、辅助其实现生活自理或者从事生产劳动而购买、配置的生活自助器具所支付的必要费用。

一般按照普通适用器具的合理费用标准计算。有特殊需要的，可参照辅助器具配制机构的意见确定相应的合理费用。辅助器具的更换周期和赔偿期限参照配制机构的意见确定。

（10）被扶养人生活费。这是指死者生前或残者丧失劳动能力前实际抚养的未成年子女或没有其他生活来源的配偶、父母等亲属在物质和生活上提供扶助与供养的费用。

被扶养人生活费根据扶养人丧失劳动能力程度，按照受诉法院所在地上一年度城镇居民人均消费性支出或农村居民人均年生活消费支出标准计算。被扶养人为未成年人的，计算至18周岁；被扶养人无劳动能力又无其他生活来源的，计算20年。但60周岁以上的，年龄每增加1岁减少1年；75周岁以上的，按5年计算。

（11）后续治疗费。后续治疗费是指对损伤经治疗后体征固定而遗留功能障碍需再次治疗的或伤情尚未恢复需二次治疗所需要的费用。后续治疗费可待实际发生后予以赔偿。但根据医疗证明或鉴定结论确定必然发生的费用，可与已经发生的医疗费一并赔偿。

（12）死亡赔偿金。死亡赔偿金是指对于在交通事故中死亡人员的一次性补偿。死亡赔偿金按受诉法院所在地上一年度城镇居民人均可支配收入或者农村居民人均纯收入标准，按20年计算。但60周岁以上的，年龄每增加1岁减少1年；75周岁以上的，按5年计算。

（13）丧葬费。丧葬费是指为在交通事故中死亡人员的有关丧葬费用，包括整容、寄存尸体、火化、骨灰盒、搬运尸体等必需的费用。丧葬费按受诉法院所在地上一年度职工月平均工资标准，以6个月总额计算。

（14）精神损害抚慰金。精神损害抚慰金适用《最高人民法院关于确定民事侵权精神损害赔偿责任若干问题的解释》予以确定。

4. 常见虚假人伤案件特点与识别

（1）先出险，后投保。对在保险单起期和止期7天内出险的保险事故应该予以高度关注，特别是单方事故，由于无现场、无目击证人，很不容易取证。因此，对于客户主动上门投保和推迟报案时间的，应展开详细调查，特别是对在医院保留的就诊时间和病理描述做重点调查，不能仅凭有关部门的证明。

（2）伪造单证，骗取赔款。常见的虚拟或篡改单证有：假医疗发票、假住宿发票、假交通费发票、假出院证明书、假疾病诊断证明、假医生或相关人员签字、假公章、假法医伤残评定书、假事故责任认定书、假事故当事人协议书、假收据、假身份证、假户籍证明、假残疾证明、假供养证明等。

（3）小伤大养。例如门诊能治疗的要求住院治疗、医生认为可出院的拖延出院、挂床住院、在门诊长期看病开病假条等，此类案件应加强人伤调查和监控的力度，及时阻止事态蔓延，必要时可对伤情进行司法鉴定。

（4）搭车看病，冒名顶替。借交通事故之名治疗原发疾病或作美容手术，还有张三受伤李四看病等现象。

（5）混淆险种。常见现象为车上人员受伤谎称第三者人员受伤，特别是货车、货箱人员受伤谎称撞到行人。这种混淆险种的现象，往往会使保险公司的支出赔偿金大幅度增加，因为车上人员或不买车上人员责任险，或保障数额较低，可一旦混淆为第三者，则赔付金额往往会增加数十万元。

（6）增加被扶养人，减少扶养义务人。常见现象为计算被扶养人时虚拟被扶养人，把伤情或死亡前实际无扶养义务的人列为被扶养人。另一种现象是把伤残或死亡者列为扶养义务人或按农村风俗只算男不算女。

【案例6-2】提供虚假证明，谋求高额赔偿

驾驶员柳某驾驶本人所有的解放货车，于2009年4月3日11时30分在县城街道行驶，将时后车轮刮到了行人，导致行人高某严重受伤。柳某不知道已经发生事故，驾车回了家，后被交警部门找到。基于事故实际情况及驾驶员的态度，交警部门没有认定柳某属于肇事逃逸。认定车辆碰撞到行人，致人受伤的事故由解放牌货车负全责。

伤者高某经治疗后鉴定为三处十级伤残。因赔偿不能达成一致，伤者提起诉讼，将柳某和保险公司一并告上法庭。

经保险公司调查，作为第三者的伤者高某属于农村户口，但对方却提供了城镇暂住证、某电子有限责任公司的工资表以及聘用证明，要求按照城镇户口计算赔偿金额。

保险公司根据早期应诉此类案件的经验以及原告所提供证据的瑕疵，认为原告提供的工收入证明有造假嫌疑。在获得初步调查结果，证实了判断的基础上，申请法院对伤者暂住证及工作情况展开司法调查。

经法院到"出具"城镇暂住证的派出所、"发放"聘用证明和工资表的某电子有限责任公

司调查，派出所从未给高某办理过城镇暂住证；电子有限责任公司在最近3年内，从未聘用过高某，也未聘用过与高某同名的人，更谈不上为其发放工资，所出具的工资表系更换本公司某员工真实姓名伪造的，而聘用证明则纯系伪造。由此，法院驳回了原告的诉讼请求。

【案情分析】对于涉及人伤的相关赔案，由于目前大多数地区区分城镇、农村户口计算赔偿金额，因而，有人就充分利用这一差别，通过种种不正当手段变更自己的户口属性。

遇到此类案件，应该首先积极开展相关调查，掌握第一手的真实资料，以便在进行司法诉讼时掌握主动。该案因保险公司积极应诉，对有疑问的证据积极展开调查，成功地将伤者想利用虚假证据从而获得高额不合理赔偿的请求拒之门外，减损金额4万多元。

6.4.3 其他财产定损

保险事故导致的财产损失，除了车辆本身的损失和第三者人员伤害外，还可能会造成第三者的财产损失和车上承运货物的损失，从而构成交强险、第三者责任险、车上货物责任险项下的赔偿对象。

1. 第三者财产损失确定

对于第三者财产损失的定损因其涉及范围较大，定损标准、技术以及掌握的尺度相对机动车辆来讲要困难得多。

按照《交通事故处理程序规定》的规定，对于交通事故造成财、物损失应赔偿直接损失，其赔偿办法是修复或者折价赔偿。修复费用、折价赔偿费用按照实际价值或者评估机构的评估结论计算。

第三者财产损失包括第三者车辆所载货物、道路、道路安全设施、房屋建筑、电力和水利设施、道旁树木花卉、道旁农田庄稼等。常见第三者财产损失的定损处理方法为：

（1）市政设施。市政设施遭损后，市政部门对肇事者索要的损失赔偿往往有一部分属于处罚性质以及间接损失方面的赔偿。但保险公司依据条款规定只能承担因事故造成的直接损失。因此定损人员在定损过程中应该掌握和区分在第三者索要赔偿部分，哪些属于间接费用，哪些属于罚款性质。同时，为使定损合理，定损人员要准确掌握和收集当地的损坏物体的制造成本、安装费用及赔偿标准。一般情况，各地市内绿化树木及草坪都有规定的赔偿标准及处罚标准。在定损过程中，只能按损坏物体的制造成本、安装费用及赔偿标准进行定损。

（2）道路及道路设施。车辆倾覆后很容易造成对道路路面的擦痕，以及燃油对道路的污染。很多情况下路政管理部门都要求对路面进行赔偿，尤其是高速公路路段。道路两旁的设施（护栏等）也可能因车辆碰撞造成损坏。对于以上两方面所造成的损失，保险公司有责任与被保险人一起同路政管理部门商定损失。因道路及设施的修复施工一般都由路政管理部门组织，所以大部分损失核定都以路政管理部门为主，但在核损时定损人员必须掌握道路维修及设施修复费用标准，定损范围只限于直接造成损坏的部分。对于路基路面踢陷应视情况确定是否属于保险责任。若在允许的载重吨位下，车辆通过所造成的路基路面塌陷，不在赔偿范围之内；若车辆严重超载，在超过允许吨位下通过所造成的路基路面损失，应由被保险人自行赔偿，不在保险公司赔偿范围之内。

（3）房屋建筑物。碰撞事故可能造成路旁房屋建筑物的损坏。在对房屋建筑物的损失核定方面，除要求定损人员掌握有关建筑方面知识之外（建筑材料费用、人工费用），在定损方面最好采取招标形式进行。请当地建筑施工单位进行修复费用预算招标，这样一方面便于准确定损，另一方面也比较容易说服第三者（受害者）接受维修方案。

（4）道旁农田庄稼。车辆倾覆可能造成道旁农田庄稼（青苗）的损坏，此部分损失核定可参照当地同类农作物亩产量进行测算定损。

（5）第三者车上货物的损坏。在对第三者损失定损的过程中，实际确定的损失费用往往与第三者向被保险人所索要的赔偿费用有一定的差距。保险公司定损人员应当向被保险人解释清楚，即保险公司只能对造成第三者的实际损坏部分的直接损失费用进行赔偿，超出部分（如间接损失费用、处罚性质费用以及第三者无理索要的部分费用）应由被保险人与第三者进行协商处理。

2. 车上承运货物损失确定

（1）机动车辆保险条款在车上责任保险条款中一般都明确规定："由于诈骗、盗窃、丢失、走失、哄抢造成的货物损失，保险人概不负责任"。根据这一规定，在车辆发生保险责任事故，如碰撞、倾覆造成车上货物损失，查勘定损人员在对车上货物进行查勘定损时，只需对损坏的货物进行数量清点，并分类确定其受损程度。

（2）对于易变质、易腐烂的（如食品、水果类）等物品在征得保险公司有关领导同意后，应尽快现场变价处理。

（3）对机电设备损坏程度的确定，应联系有关部门进行严格的技术鉴定。当地有条件的可在当地进行，当地无条件的可将设备运回进行技术鉴定（或送往设备制造单位）。在对机电类设备进行定损时仍坚持以修复为主的定损原则。坚持可更换局部零件的，不更换总成件，一般不轻易作报废处理决定。

（4）对确实已达报废程度，无修理恢复使用价值可能性的，可作报废处理，但必须将残值折归给被保险人。

6.4.4 施救费用确定

施救费用是指当被保险标的遭遇保险责任范围内的灾害事故时，被保险人或其代理人、雇佣人员为了减少事故损失而采取适当措施抢救保险标的时支出的额外费用。所以，施救费用是用一个相对较小的费用支出来控制损失的扩大。

1. 确定施救费用应遵循的原则

（1）保险车辆出险后，失去正常的行驶能力，被保险人雇用吊车及其他车辆进行抢救的费用，以及将出险车辆拖运到修理厂的运输费用，保险人应按当地物价部门核准的收费标准予以负责。

（2）抢救车辆在拖运受损保险车辆途中，发生意外事故造成保险车辆的损失扩大部分和费用支出增加部分，如果该抢救车辆是被保险人自己或他人义务派来抢救的，应予赔偿；如果该抢救车辆是受雇的，则不予赔偿。

（3）在抢救过程中，因抢救而损坏他人的财产，如果应由被保险人赔偿的，可予以赔偿。但在抢救时，抢救人员个人物品的丢失，不予赔偿。

（4）保险车辆发生火灾时，应当赔偿被保险人或其允许的驾驶员使用他人非专业消防单位的消防设备、施救保险车辆所消耗的合理费用及设备损失。

（5）保险车辆出险后，被保险人或其允许的驾驶员，或其代表奔赴肇事现场处理所支出的费用，不予负责。

（6）保险人只对保险车辆的施救保护费用负责。如果施救对象为受损保险车辆及其所装载货物，且施救费用无法区分，则应按保险车辆与货物的获救价值进行比例分摊，机动车辆保险人仅负责保险车辆应分摊的部分。

（7）保险车辆为进口车或特种车，发生保险事故后，当地确实不能修理，经保险人同意后去外地修理的移送费，可予适当负责。但是，应当明确的是这种费用属于修理费用的一部分，而不是施救费用。另外，护送保险车辆者的工资和差旅费，不予负责。

（8）保险车辆发生保险责任事故后，对其停车费、保管费、扣车费及各种罚款，保险人不予负责。

2．常见的不合理施救

在对车辆进行施救时，对于不合理的施救费用，保险人不予负责。常见不合理施救有：

（1）对倾覆车辆在吊装过程中未合理固定，造成二次倾覆。

（2）在使用吊车起吊中未对车身合理保护，导致车身大面积损伤。

（3）对拖移车辆未进行检查，造成车辆机械损坏，如轮胎缺气或转向失灵硬拖硬磨造成轮胎损坏。

（4）在分解施救过程中拆卸不当，造成车辆零部件损坏或丢失。

6.4.5 残值处理

残值处理是指保险公司根据保险合同履行了赔偿并取得对受损标的所有权后，对尚存一部分经济价值的受损标的进行的处理。

车险的损余物资包括更换后仍具一定价值的车辆部件、成套销售的零配件的未使用部分、推定全损车辆的未损坏部分、承保的本车车上货物及第三者的财产等。

按照保险合同规定，损余物资的处理需经双方协商，合理确定其残值。残值确定后，一般采取折归被保险人并冲减损失金额的方式。当协商不成时，需将残值物品全部收回。

6.5　赔款理算

6.5.1　交强险赔款计算

在赔偿顺序上，交强险是第一顺序，商业机动车保险是第二顺序。因此，交强险的赔款理算，将影响到商业机动车保险的赔款理算。

1．交强险赔偿的责任承担方式

在商业车险中，按事故责任比例来计算赔偿额度，交强险则不然。

《机动车第三者责任强制保险条例》第 23 条规定："机动车交通事故责任强制保险在全国范围内实行统一的责任限额。责任限额分死亡伤残赔偿限额、医疗费用赔偿限额、财产损失赔偿限额以及被保险人在道路交通事故中无责任的赔偿限额"。据此，交强险的责任限额分一般事故赔偿限额与无责任赔偿限额。如果有责，即按损失与一般责任限额的对比来确定赔偿；如果无责，则按无责任限额进行赔偿。这与商业车险按照全部责任、主要责任、同等责任和次要责任等具体的责任比例来计算赔偿是不同的。

2. 交强险理算注意事项

（1）未投保交强险的车辆，将视同已投保交强险，商业车险仅负责对应在交强险项下获得赔偿以外的部分进行赔偿。

（2）无责方车辆对有责方车辆损失应承担的财产损失赔偿金额，由有责方在本方交强险无责任财产损失赔偿限额项下代赔。

（3）对被保险人依照法院判决或者调解承担的精神损害抚慰金，原则上在其他赔偿项目足额赔偿后，在死亡伤残赔偿限额内赔偿。

（4）初次计算后，如果有致害方交强险限额未赔足，同时有受害方损失没有得到充分补偿，则对受害方的损失在交强险剩余限额内再次进行分配，在交强险限额内补足。对于待分配的各项损失合计没有超过剩余赔偿限额的，按分配结果赔付各方；超过剩余赔偿限额的，则按每项分配金额占各项分配金额总和的比例乘以剩余赔偿限额分摊；直至受损各方均得到足额赔偿或应赔付方交强险无剩余限额。

6.5.2 商业险赔款计算

1. 车辆损失保险赔款理算

（1）投保时按被保险机动车的新车购置价确定保险金额。

1）全部损失。保险车辆发生全部损失包括实际全损或推定全损两种。实际全损是指保险车辆在事故中发生整体损毁；推定全损是指保险车辆在事故中受损严重，失去修复价值或事故后的施救费用与修复费用之和超过车辆价值的。

保险金额高于保险事故发生时被保险机动车实际价值时：

赔款=（实际价值−残值−交强险赔偿金额）×事故责任比例×（1−免赔率之和）

"免赔率之和"是指保险条款中约定的各项免赔率之和。

其中，保险事故发生时被保险机动车的实际价值根据新车购置价减去折旧金额后的价格确定。新车购置价根据保险合同签订的同类型新车的市场销售价确定，无同类型新车市场销售价的，双方协商确定。

折旧金额=保险事故发生时的新车购置价×被保险机动车已使用月数×月折旧率

事故责任比例以公安交通管理部门确定的值为准，但在特殊情况下，如出现公安交通管理部门确定的事故责任比例与实际"赔偿比例"不一致，且经过核赔人员认真审核，认为此种判定不符合实际情况时，可用"赔偿比例"代替"事故责任比例"。如果被保险人或被保险机动车驾驶人根据有关法律法规规定选择自行协商或由公安交通管理部门来确定事故责任比例的，应按下列规定确定事故责任比例：被保险机动车方负主要责任的，比例为70%；负同等责任的，比例为50%；负次要责任的，比例为30%。

2）部分损失。赔款=（实际修理费用−残值−交强险赔偿金额）×事故责任比例×（1−免赔率之和）

此时，还需比较赔款与被保险车辆的实际价值。若赔款大于等于实际价值，则按实际价值赔付，即：赔款=实际价值；若赔款小于实际价值，则按实际计算出的赔款赔付。

3）施救费赔款计算：施救费赔款=实际施救费用×事故责任比例×（保险财产价值/实际施救财产总价值）×（1−免赔率之和）

（2）投保时按被保险机动车的实际价值确定保险金额或协商价格确定保险金额。

1）全部损失。

保险金额高于保险事故发生时被保险机动车的实际价值时：

赔款=（实际价值−残值−交强险赔偿金额）×事故责任比例×（1−免赔率之和）

保险金额等于或低于保险事故发生时被保险机动车的实际价值时：

赔款=（保险金额−残值−交强险赔偿金额）×事故责任比例×（1−免赔率之和）

如果保险金额低于实际价值，残值=总残余值×（保险金额/实际价值）。

2）部分损失。

赔款=（实际修理费用−残值−交强险赔偿金额）×事故责任比例×（保险金额/投保时保险车辆的新车购置价）×（1−免赔率之和）

如果赔款大于等于实际价值，则按实际价值赔付，即：赔款=实际价值；如果赔款小于实际价值，则按实际计算出的赔款赔付。

（3）施救费赔款计算。

赔款=实际施救费用×事故责任比例×（保险金额/投保时保险车辆的新车购置价）×（保险财产价值/实际施救财产总价值）×（1−免赔率之和）

2．第三者责任保险赔款理算

（1）当第三者损失减去交强险赔付金额后，被保险人按事故责任比例应承担的赔偿金额高于责任限额时：赔款=责任限额×（1−免赔率之和）。

（2）当第三者损失减去交强险赔付金额后，被保险人按事故责任比例应承担的赔偿金额低于责任限额时：赔款=应承担的赔偿金额×（1−免赔率之和）。

【案例6-3】交强险和商业险的赔款理算案例

甲车投保交强险、足额车损险、商业第三者责任险50万元，乙车投保交强险、足额车损险、商业第三者责任险20万元。两车互撞，甲车承担主要责任，车损10000元，车上司机的医疗费20000元；乙车承担次要责任，车损5000元，车上人员残疾费用200000元。按条款规定主要责任免赔率为15%、次要责任免赔率为5%，则甲、乙两车能获得多少保险赔款？

【案情分析】甲、乙两车的赔款理算分别为：

（1）交强险赔偿：

甲车的第三者财产损失=5000元，大于交强险中财产损失赔偿限额的2000元，所以保险公司应赔偿甲车2000元。

甲车的第三者死亡伤残=200000元，大于交强险中死亡伤残赔偿限额的110000元，所以保险公司应赔偿甲车110000元。

乙车的第三者财产损失=10000元，大于交强险中财产损失赔偿限额的2000元，所以保险公司应赔偿乙车2000元。

乙车的第三者医疗费用=20000元，大于交强险中医疗费用赔偿限额的10000元，所以保险公司应赔偿乙车10000元。

（2）商业车险：

甲车车损赔偿=（10000−2000）×70%×（1−15%）=4760元。

甲车三者赔偿=（5000+200000−2000−110000）×70%×（1−15%）=55335元。

乙车车损赔偿=（5000−2000）×30%×（1−5%）=855元。

乙车三者赔偿=（10000+20000−2000−10000）×30%×（1−5%）=5130 元。

（3）甲车赔款理算总额=2000+110000+4760+55335=172115 元。

（4）乙车赔款理算总额=2000+10000+855+5130=17985 元。

3. 车上人员责任险赔款理算

（1）当被保险人按事故责任比例应承担的每座车上人员伤亡赔偿金额未超过保险合同载明的每人责任限额时：每人赔款=应承担的赔偿金额×（1−免赔率之和）。

（2）当被保险人按事故责任比例应承担的每座车上人员伤亡赔偿金额超过保险合同载明的每人责任限额时：每人赔款=责任限额×（1−免赔率之和）。

（3）赔款=Σ每人赔款。赔款人数以投保座位数为限。

4. 全车盗抢险赔款理算

（1）全部损失：赔款=保险金额×（1−免赔率之和）。

（2）部分损失：赔款=实际修理费用−残值。

5. 附加险赔款的理算方法

（1）火灾、爆炸、自燃损失险。

1）全部损失：赔款=（保险金额−残值）×（1−20%）。

2）部分损失：赔款=（实际修理费用−残值）×（1−20%）。

3）施救费用：赔款=实际施救费用×（保险财产价值/实际施救财产总价值）×（1−20%），以不超过保险金额为限。

（2）自燃损失险。

1）全部损失：赔款=（保险金额−残值）×（1−20%）。

2）部分损失：赔款=（实际修理费用−残值）×（1−20%）。

3）施救费用：赔款=实际施救费用×（保险财产价值/实际施救财产总价值）×（1−20%），以不超过保险金额为限。

（3）车身划痕损失险。在保险金额内按实际修理费用计算赔偿。在保险期限内，赔款金额累计达到保险金额时，保险责任终止。

（4）可选免赔额特约条款。赔款=按车辆损失险计算的赔款−选定的免赔额。

（5）新增加设备损失保险。车上新增设备的直接损毁，保险人在保险单所载明该项目的保险金额内，按实际损失计算赔偿。

（6）发动机特别损失险。

1）全部损失：赔款=（保险金额−残值）×（1−20%）。

2）部分损失：赔款=（实际修理费用−残值）×（1−20%）。

3）施救费用：赔款=实际施救费用×（保险财产价值/实际施救财产总价值）×（1−20%），以不超过保险金额为限。

（7）机动车停驶损失险。

1）全部损失：赔款=保险合同中约定的日赔偿金额×保险合同中约定的最高赔偿天数。

2）部分损失：在计算赔偿天数时，以约定的修理天数和实际修理天数二者中短者为准。

当赔偿天数未超过合同约定的最高赔偿天数：

赔款=保险合同中约定的日赔偿金额×赔偿天数

当赔偿天数超过合同约定的最高赔偿天数：

赔款=保险合同中约定的日赔偿金额×保险合同中约定的最高赔偿天数

3）在保险期限内，赔款金额累计达到保险单载明的保险金额，此附加险保险责任终止。

4）在保险期限内发生保险事故，约定赔偿天数超出保险合同终止期限部分，仍应赔偿。

（8）代步机动车服务特约条款。

1）保险人提供代步机动车服务的期限与修理期限一致。实际修理期限少于协商修理期限的，以实际修理期限为准；实际修理期限超过协商修理期限的，以协商修理期限为准。

2）保险人对每次提供代步机动车服务的期限累计计算，累计服务期限最长为60日。

（9）玻璃单独破碎险：赔款=实际修理费用。

（10）车上货物责任险。

1）当被保险人按责任比例应承担的车上货物损失金额未超过保险合同载明的责任限额时：赔款=应承担的赔偿金额×（1-20%）。

2）当被保险人按责任比例应承担的车上货物损失金额超过保险合同载明的责任限额时：赔款=责任限额×（1-20%）。

（11）不计免赔特约条款。赔款=一次赔款中已承保且出险的各险种免赔额之和。

但下列情况下，应由被保险人自行承担的免赔金额，保险人不负责赔偿：

- 机动车损失保险中应由第三方负责赔偿而无法找到第三方的。
- 因违反安全装载规定增加的。
- 被保险人根据有关法律法规选择自行协商方式处理交通事故，但不能证明事故原因。
- 投保时指定驾驶人，保险事故发生时为非指定驾驶人使用被保险机动车而增加的。
- 投保时约定行驶区域，保险事故发生在约定行驶区域以外而增加的。
- 因保险期间内发生多次保险赔偿而增加的。
- 附加险条款中规定的。

6.6 核赔

6.6.1 核赔意义

核赔是指负责理赔质量控制的人员在所获得授权范围之内，按照保险条款及公司内部的有关规章制度对赔案进行审核的一项工作。

核赔是对整个赔案处理过程所进行的一项控制，是保险公司控制业务风险的最后关口。通过核赔，可对承保风险控制的效果、防灾防损工作的实施进行监督和检验核赔制度的运用，可在公司内部建立一套平衡制约、运作有序的内部控制机制。

6.6.2 核赔流程

1. 核赔流程

核赔流程（见图6-17）。

2. 核赔主要内容

（1）核定保险责任。主要审核内容有：被保险人与索赔人是否相符，驾驶员是否为保险合同约定的驾驶员；出险车辆的厂牌型号、牌照号码、发动机号、车架号、VIN 码与保险单证是否相符；出险原因是否为保险责任；出险日期是否在保险期限内；赔偿责任是否与保险险别相符；事故责任划分是否准确合理。

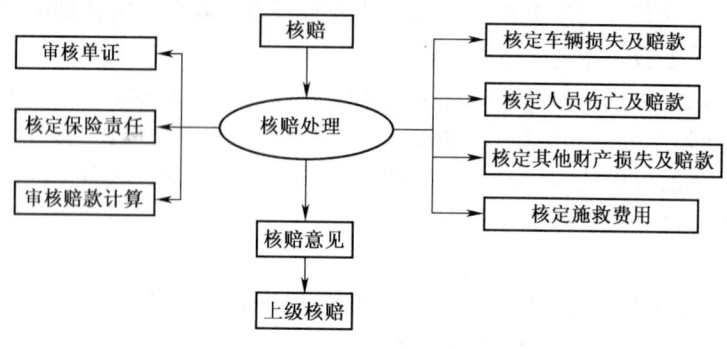

图 6-17　核赔流程

（2）审核单证。主要审核内容有：审核被保险人提供的单证、证明及相关材料是否齐全有效，有无涂改、伪造；审核经办人员是否规范填写有关单证并签字，必备的单证是否齐全等；审核相关签章是否齐全。

（3）核定车辆损失及赔款。主要审核内容有：车辆损失项目、损失程度是否准确合理；更换的零部件是否按照规定进行了询报价，定损项目与报价项目是否一致；换件部分拟赔款金额是否与报价金额相符；残值确定是否合理。

（4）核定人身伤亡损失与赔款。主要审核内容有：根据现场查勘记录、调查证明和被保险人提供的"事故认定书""事故调解书"和伤残证明等材料，按照相关规定审核；核定伤亡人员数、伤残程度是否与调查情况和证明相符；核定人员伤亡费用是否合理；被扶养人口、年龄是否属实。

（5）核定其他财产损失。主要审核内容有：根据照片和被保险人提供的有关货物、财产的原始发票等有关单证，核定其他财产损失和损失物资处理等有关项目是否合理。

（6）核定施救费用。主要审核内容有：根据案情和施救费用的相关规定，对涉及施救费用的有关单证和赔付金额进行审核。

（7）审核赔付计算。主要审核内容有：残值是否扣除；免赔率使用是否正确；赔付计算是否准确。

6.7　结案处理

6.7.1　结案登记

赔案经过审批后，业务人员根据核赔金额，填发《机动车辆保险领取赔款通知书》，并将赔案编号填写在赔款计算书上，通知被保险人领取赔款。被保险人在收到《赔款通知书》后在赔款收据上签章，财会部门即可支付赔款。

在被保险人领取赔款时，业务人员应在保险单正、副本上加盖"×年×月×日出险，赔款已付"字样的条形印章。

被保险人领取赔款后,业务人员按照赔案编号,输录《保险车辆保险已决赔案登记簿》,同时在《机动车辆保险报案、立案登记簿》备注栏中注明赔案编号与日期,作为续保时是否给付无赔款优待的依据。

6.7.2 单据清分

赔付结案时,应进行理赔单据的清分。赔款收据一联交被保险人;一联连同一联《机动车辆赔款计算书》或《机动车辆保险赔案审批表》交财会部门作付款凭证;一联和《机动车辆赔款计算书》或《机动车辆保险赔案审批表》,连同全案的其他材料归档。

6.7.3 理赔案卷管理

理赔案卷应按照一案一卷整理、装订、登记、保管。

赔款案卷应单证齐全,编排有序,目录清楚,装订整齐,照片与原始单证应粘贴整齐并附必要说明。机动车辆保险理赔案卷单证一般包括赔款计算书、赔案审批表、出险通知书、汽车保险单及批单的抄件、事故认定书、判决书或其他出险证明文件、现场查勘报告、保险车辆定损协议书及其财产损失清单、询报价单、第三者及车上人员伤亡的费用清单、照片、有关原始单据、权益转让书,以及其他有关的证明与材料等。

6.8 特殊案件处理

6.8.1 简易赔案

由于很多案件出险原因清楚,保险责任明确,事故金额低,可在现场确定损失。为简化手续,方便客户,加快理赔速度,可对这些案件实行简易处理,称之为简易赔案。

简易赔案处理流程如图 6-18 所示,简易赔案理赔处理必须同时具备以下条件:

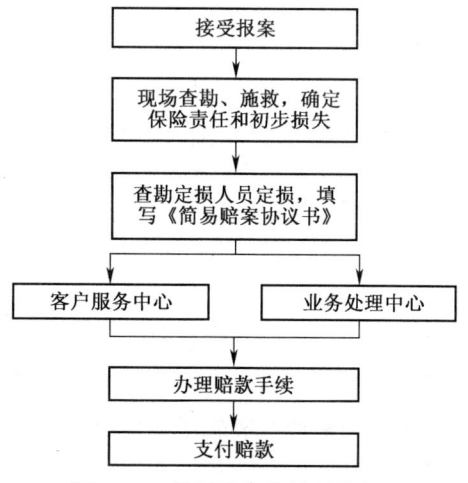

图 6-18 简易赔案的处理流程

(1)案情简单,出险原因清楚,保险责任明确,损失容易确定。不涉及第三者,只是保险人单方车辆损失的案件。

（2）车辆损失为保险条款列明的自然灾害和被保险人或其允许的合格驾驶员或约定驾驶员导致的损失。

（3）车损部位可以一次核定，且事故损失金额在 5000 元以下，受损的零部件按照公司询报价系统可准确定价。

6.8.2 疑难案件

（1）争议案件。指保险人和被保险人对条款理解有异议或责任认定有争议的案件，实际操作中应采用集体讨论、聘请专家论证和向上级公司请示等方式解决，保证案件圆满处理。

（2）疑点案件。指赔案要素不全、定损过程中存在疑点或与客户协商不能达成一致的赔案。疑难案件调查采取四种形式：由查勘定损人员对在查勘定损过程中发现的有疑点案件，通过认真询问当事人和见证人并做好笔录等方式进行调查，对疑点问题必须调查落实；由客户服务中心综合岗对在赔案制作和审批过程中发现有疑点的案件，通过熟悉案情、拟定调查方案、实施调查等步骤进行调查；由监察部门或专门人员对群众举报的骗赔、错赔案件和虚假赔案进行调查；由客户服务中心综合岗对重大伤人案件调查。

6.8.3 注销案件

注销案件指保险车辆发生保险责任范围内的事故，被保险人报案、立案后未行使保险金请求权致使案件注销的。分为超出索赔时效注销和主动声明放弃索赔注销两种情况。

（1）超出索赔时效注销。即被保险人知道保险事故发生之日起 2 年内未提出索赔申请的案件，由业务处理中心在 2 年期满前 10 天发出《机动车辆保险结案催告、注销通知书》。被保险人仍未索赔的，案件报业务管理部门后予以注销处理。

（2）主动声明放弃索赔权利注销。在业务处理中心发出《机动车辆保险结案催告、注销通知书》后，由被保险人在回执栏签署放弃索赔意见。案件报业务管理部门后予以注销。

6.8.4 拒赔案件

（1）立案前拒赔。指受理报案时，根据查阅的底单信息，对于超出保险期限、未投保险种出险等明显不属于保险责任的情形，明确告知报案人拒赔理由的拒赔案件。

（2）立案后拒赔。指案件确立后，查勘定损人员经查勘后发现不属于保险责任，或由业务处理中心在赔款理算过程中发现不属于理赔责任，经业务管理部门最终审批确定应拒赔的案件，给于拒赔处理。

6.8.5 预付案件

（1）可确定最低金额预付案件。指根据《保险法》规定，保险人自收到赔偿或者给付保险金的请求和有关证明、资料之日起六十日内，对其赔偿或者给付保险金的数额不能确定的，应当根据已有证明和资料可以确定的最低数额先予支付；待保险人最终确定赔偿或者给付保险金的数额后，再支付相应的差额部分。

（2）重大赔案预付案件。指伤亡惨重、社会影响面大，被保险人无力承担损失的重大案件，经审核确定为保险责任，但赔款金额暂不能确定的，可在估计赔偿金额的一定比例范围内先行预付，最终确定赔偿金额后，支付相应差额。

6.9 保险欺诈分析

6.9.1 保险欺诈成因分析

1. 历史原因

保险欺诈伴随保险业的产生而出现。当保险出现后，从事欺诈骗赔活动的人员把眼光转移到了保险领域，产生了保险欺诈骗赔。

众所周知，保险合同的权利义务关系是不对等的。不发生保险事故时，投保人的保险费给了保险人，他们之间的权利义务是不对等的；当发生保险事故时，保险人须偿付比保险费高得多的费用给投保人。这使得保险合同带有一定的赌博色彩，保险人或投保人非赢即输，不可能成为平手。而正是因为权利义务的不对等，尤其是保险人给投保人的偿付费用比保险费高得多这一点构成了保险欺诈骗赔的物质基础。

2. 社会原因

我国保险业起步较晚，宣传力度及相关法律法规不健全，公众的法制观念淡漠，社会上很多人将保险欺诈视作是一种可以原谅的过错，视作仅仅是取回多年来给付保险公司保险费的一种手段。这种社会舆论氛围，导致欺诈骗赔现象普遍发生。

3. 被保险人方面的原因

（1）对保险缺乏正确认识。虽然保险在现实生活中已不陌生，但大多数人对保险仍缺乏正确的认识。某些投保人或被保险人法制观念淡薄，他们对保险方面的法规不熟悉，分不清罪与非罪的界限，认为即使欺诈行为被识破，充其量不过是被拒赔而已，法制意识淡薄。

（2）自作聪明。这种人一般以为自己的骗赔手段诡秘，可以瞒天过海。

（3）补偿心理。不少投保人认为自己交付保险费后，如果在保险期限内没有发生保险事故而得不到赔偿，自己就等于白白地送钱给保险公司。因此，必须想办法从保险人手里把保险金要回来，于是，欺诈就成了他们最好的手段。

（4）利用保险发财心理。有的投保人、被保险人受市场经济中不良因素的影响，加上贪婪的本性，企图通过参加保险，以支付保险费的较小代价，达到"一本万利"的目的。在这种情况下，投保动机和进行欺诈的动机是一致的，即从投保时起，就蓄意欺诈。

（5）偶然因素诱发。这种人原来并没有想用欺诈手段骗取保险金，只是由于某种偶然因素的诱发，才产生了欺诈的念头。若无这种偶然因素，保险欺诈行为也不会产生。

4. 保险公司的原因

（1）保险人重视程度不够。保险欺诈对社会和保险人都具有极大的危害性，国外不少保险公司都有自己的侦探队伍，专门从事反欺诈活动。但在我国，保险人对如何有效的防止和制止保险欺诈给予重视的力度还不够，好多公司还没有成立自己的反欺诈组织。

（2）理赔程序不科学。理赔是保险人处理保险索赔案件的重要程序，必须科学的进行，严格执行各项规章制度。但是保险人在操作时，往往存在以下两个突出问题，客观上为保险欺诈开了方便之门。

第一，保险事故发生后，不去现场查勘定损，使得有些本来能够发现的欺诈案件也不能及时地识破和制止。

第二，确定赔付金额时，过分相信有关单位的证明，没有进行认真的复核，让欺诈者骗取了保险金。

（3）理赔人员素质偏低。保险理赔工作专业性很强，不仅需要较高的政治思想素质，更需要较强的专业性知识。目前我国保险公司普遍存在着"重承保、轻理赔"的现象，不少理赔人员的素质明显偏低，无法胜任本职工作。

（4）保险业信息交流不畅。很多保险公司视对方为竞争对手，很少互相通报骗保骗赔情况，使居心不良的欺诈行为屡屡得逞。一些保险公司被诈骗后，为顾及自己的信誉和影响，采取不张扬的做法，使保险欺诈者更有恃无恐。

（5）对欺诈者的处理过于宽松。保险人为了留住保户，即使发现投保人等欺诈，也往往委曲求全，仅满足于追回被骗取的保险金或不负赔偿责任，而不愿意追究他们的民事责任，更不愿意向有关部门揭发、检举，以追究他们的行政责任和刑事责任。保险人的这种做法，无异放纵了犯罪分子，从而助长了保险欺诈行为的发生。

6.9.2 保险欺诈表现形式分析

1. 谎报出险

本来没有出现事故，投保人或被保险人却无中生有，谎称发生了险情。这类情况往往投保人需要采用证人作伪证，制造虚假事故现场证明材料等手段。

2. 先险后保

实施先险后保的保险诈骗形式时，采用的手段有两种：一是伪造出险日期，二是伪造保险日期。伪造出险日期时，一般通过关系，由有关单位出具假证明，或伪造、变造事故证明，或单车事故肇事后保留现场，暂不报案，待投保后方按正常程序向保险人报案索赔。

此类案件的共同特点是投保时间与向保险公司报案的时间很接近，且险种一般均保全保足等。

这类案件保险人即使去现场复勘，若不深入调查了解很难察觉。另外，涉及人员伤亡，有时通过涂改病历、发票及医疗证明的日期，以达到欺诈的目的。此种手法较为低劣，易为保险人识破，故高明的欺诈者少采用之。伪造保险日期时，一般是投保人串通保险签单人员，内外勾结，利用"倒签单"的手法，将起保日期提前，瞒天过海，混水摸鱼。有的车辆在到期脱保后要求保险人按上年保单终止日续保也属此类。

3. 低险高赔

出险损失很小，被保险人却将机动车辆上未损坏的零部件通过用损坏的零部件进行替换获取高额赔偿。

4. 一险多赔

这是机动车保险理赔中最常见、最普遍的现象。常见的一险多赔诈骗案有三种类型，一种是一次事故向多个保险人索赔；再一种是一次事故多险索赔；还有一种是一次事故先由事故责任者给予赔偿，然后再向保险公司索赔。

一次事故向多个保险人索赔的类型属于重复投保的情况。待保险事故发生后，持各保险人签发的保单分别索赔，以获取多重保险赔款。由于重复保险多是蓄谋已久，且隐蔽性极高，再加上各保险公司之间信息不交流，所以欺诈的成功率较高。

一次事故多险索赔的现象也时有发生。如车辆造成货损后，投保人可在车上货物责任险和货物运输险项下同时索赔。因保险人内部横向信息沟通不畅，投保人鱼目混珠，轻而易举。

一次事故先由事故责任者给予赔偿然后再向保险公司索赔的骗案数额一般不大，但在日常生活中很常见。出险的原因都是被别人追尾或被别人所撞后他方负事故责任，他方已给予赔偿，然后再到保险公司谎称事故是倒车时撞的进行骗赔。所以对单方事故，尤其对车辆尾部损坏的单方事故进行现场查勘时要特别注意，可有效防止一险多赔现象出现。

5. 假险骗赔

某些骗赔者在经营亏损、标的物趋于报废的情况下，人为制造险情，伪造现场，进行骗赔。这类案件往往有低值高保以及出险的时间、地点精心选择的特点。如价值 3 万元的旧车装饰后以 10 万元投保，然后在偏僻地区将车推下山坡等。这类案件查处的难度较大，有时尽管你怀疑它可能是骗案，但很难找到证据。

6. 冒名顶替

有时出险受损人本没投保，出险后企图偷梁换柱，假借其他投保人的名义到保险公司索赔；有的无照驾驶肇事，而叫原驾驶员报案索赔；有的酒后驾车出险，却开具虚假证明谎称当时是别的驾驶员开车。有的单位投保时未将全部车辆参加保险，遇到未保险车辆发生事故时，为了减少损失，则将已保险但未出事故的同型号车辆牌照与未保险但发生事故的车辆牌照掉换，将已保险的车辆顶替未保险的车辆向保险公司索赔，企图骗取赔款。

6.9.3 保险欺诈防范措施分析

1. 加强政府监管，规范市场行为

完善的保险监管制度应由四个部分组成：保险公司内部的监控管理机制、同行业间的自律监管机制、国家政府部门的监管机制和社会公众的监督机制。努力完善并实施各种形式的监管机制能有效地减少保险欺诈的发生，尤其是国家政府监管部门，要实行规范化管理，加大监管和打击力度，坚决制止并惩治不正当行为，可极大降低保险欺诈骗赔的发生概率。

2. 保险公司加大反保险欺诈骗赔工作的投入

保险公司要提高对反保险欺诈工作的认识，适当加大对反保险欺诈骗赔工作的投入，为反保险欺诈骗赔工作配备必要的人力和物力。例如对理赔人员经常进行一些诸如医学、机动车辆、火灾等方面的专业知识培训。另外，对一些专门人才可采取请进来的方式，聘请一些刑侦及其他专业技术的专家来公司指导工作，以增加反保险欺诈的力量。从国外保险业的经验看，最初的反欺诈投入最终可得到 3~6 倍的回报。

3. 保险公司积极加强保险知识普及

保险欺诈的决定因素是公众意识，因此，保险公司应加大保险知识和相关法律、法规的宣传，增强公民的保险意识和法制意识。

加强宣传可通过和新闻媒体协作的方式实现。主要涉及两方面的内容：一是通过新闻媒体宣传保险知识及与保险有关的法律知识，普及社会的保险意识，让广大公民充分认识到保险不是福利事业，减少对保险认识的误区，从而在社会形成一个良好的经营环境；二是将被识破的保险欺诈骗赔案例及时曝光，充分揭露违法犯罪案件，并可对典型案例进行专题评析，以达到教育各界、提高公众辨别能力、积极遏制欺诈犯罪的目的。

4. 保险公司加强和有关部门的合作

（1）加强和政法部门合作。保险公司应依据法律，一抓到底，绝不姑息迁就。违反法律法规应负行政责任的，配合有关行政部门给予处理；构成犯罪的，与政法部门积极配合，将犯罪分子绳之以法。

（2）加强和警方合作。国外保险公司和警方的合作一般比较密切。如美国国家保险犯罪管理局为了对付性质恶劣的保险欺诈案件，成立了战略战术情报处；日本警方有自己的已侦破的保险欺诈案统计资料，并从中归纳出保险欺诈产生的主要具体动机。可见，加强和警方的合作，可有效识别保险欺诈案件。

（3）加强和司法鉴定部门合作。保险公司与鉴定部门合作，可以发挥各自特长，以期从科学证据上充分揭露保险欺诈。合作内容包括多个方面，如编辑保险欺诈骗赔案例、交流和传授保险欺诈骗赔案件的侦破方法、发现保险欺诈骗赔线索时所采取的措施、预防保险欺诈骗赔的经验、保险公司会同有关鉴定部门调查此类案件时利用的方法，以及对保险公司和有关鉴定部门协同侦破的具体案件进展情况的及时通报和沟通等。

（4）应加强行业合作。各保险公司应在不泄漏商业秘密的前提下，进行反欺诈合作。保险行业协会应成为各保险公司信息交流的纽带，尽快将各保险公司发生的骗保骗赔材料和存疑的赔案材料收集起来进行必要的处理，建立一个全行业的保险欺诈数据库，以便各保险公司能够信息共享。在投保阶段，可以以此来识别投保人是否有过保险欺诈行为，是否与多个保险人签订了欺诈性保险合同；在理赔阶段，可以以此来识别同一财产保险事故多次重复索赔的情况等。

5．建立高水平的理赔队伍，加强理赔管理

（1）建立高水平理赔队伍。建立专门的、高水平的理赔队伍是做好理赔工作、识别保险欺诈的基本条件。假如自身的理赔力量不足，还可求助社会上的专家理赔小组。经验表明，专家理赔小组更有利于保证理赔质量，提高工作效率，降低理赔成本。因为他们与保险公司相比，有充足的时间、丰富的资料和相应记录，可以进行更为深入的调查。例如，美国一个以年薪50万美元聘用了保险欺诈专家小组的保险公司，每年节省开支近400万美元。

（2）加强查勘定损工作。保险公司理赔人员必须加强对保险事故发生后的查勘定损工作，加快对索赔案件的反应速度，切实遵循"主动、迅速、准确、合理"的原则。即使损失数额很小的案件，理赔人员也应尽可能进行现场查勘。实践证明，几乎每一次查勘，都能有效减少赔款数额。

（3）建立核赔制度，实行理赔监督。各级理赔人员必须严格依照规定的程序和权限进行理赔，每一起理赔都必须经过主管领导或上级公司的审批，必要时还要经过专家论证；同时，要实行责任追究制度，一旦发现问题，不仅要追究当事人责任，还要追究有关领导的责任，切实做到有法必依、有章必循、从严治司。

6．建立举报制度，实行奖励措施

建立保险欺诈举报制度，全面收集信息，发挥全社会的力量，广泛接受监督，对揭发、检举欺诈行为的单位和个人，按挽回保险损失数额的一定比例给予奖励，使保险欺诈行为成为众矢之的。

本章小结

1．汽车保险理赔原则是"主动、迅速、准确、合理"。

2．汽车保险理赔流程：出险—报案—查勘—定损—核价—核损—核赔—赔付。

3. 现场查勘工作内容包括"询问、嗅闻、查看、丈量、摄影、收集、绘图、填写"八个环节的工作。

4. 损失确定包括车辆定损、人身伤亡费用、其他财产定损、施救费用确定、残值处理。

5. 车辆定损原则是修理范围仅限于本次事故中造成的车辆损失;能修不换;能局部修的不扩大到整体;能更换零部件的不换总成。

6. "先出险后投保;伪造单证,骗取赔款;小伤大养;搭车看病,冒名顶替;混淆险种;增加被扶养人,减少扶养义务人"等常见虚假人伤案件的特点与识别技巧。

7. 赔款理算分交强险的赔款计算、商业险的赔款计算,需要注意的是交强险只区分有责无责,而商业险则不仅区分有责无责,而且区分责任比例。

8. 核赔是对整个赔案处理过程所进行的一项控制,内容有核定保险责任、审核单证、核定车辆损失及赔款、核定人身伤亡损失与赔款、核定其他财产损失、核定施救费用、审核赔付计算。

9. 特殊案件主要有简易赔案、疑难案件、注销案件、拒赔案件、预付案件等。

10. 汽车保险的欺诈表现形式主要有谎报出险、先险后保、低险高赔、一险多赔、假险骗赔、冒名顶替。为应对保险欺诈,需要全社会共同努力,从舆论宣传、司法环境、保险公司管控、加强打击等多方面努力。

1. 填空题

(1) 汽车保险理赔的八字原则是_____、_____、_____、_____。

(2) 人保公司的报案电话是_____;太平洋公司的报案电话是_____;平安公司的报案电话是_____;中华联合公司的报案电话是_____;大地公司的报案电话是_____。

(3) 现场查勘应弄清七个问题,简称七何,分别是:_____、_____、_____、_____、_____、_____、_____。

(4) 事故现场分为_____、_____、_____三类。

(5) 事故现场定位有_____、_____、_____三种定位方法。

(6) 常见的现场摄影方式有_____、_____、_____、_____四种。

(7) 常见事故现场物证的类型有_____、_____、_____。

(8) 事故车辆的维修费用主要由三部分构成:_____、_____、_____。

(9) 常见的一险多赔诈骗案有三种类型,分别是:_____、_____、_____。

2. 简答题

(1) 汽车保险理赔有何特点?

(2) 汽车保险理赔需要遵循什么样的原则?

(3) 汽车保险理赔流程中,主要包括哪几个环节?

(4) 现场查勘需要实现哪"五定"?

(5) 现场查勘之前,需要进行哪些准备?

(6) 现场查勘包括哪八方面的工作内容?

（7）车辆定损需遵循哪几条原则？
（8）人身伤亡费用的主要赔偿项目有哪些？
（9）核赔主要核什么？
（10）保险欺诈的主要表现形式有哪些？各有什么特征？如何防范？

1. 一轿车，在停放中，后杠受损，具体如下图，请简单确定该车的事故损失。

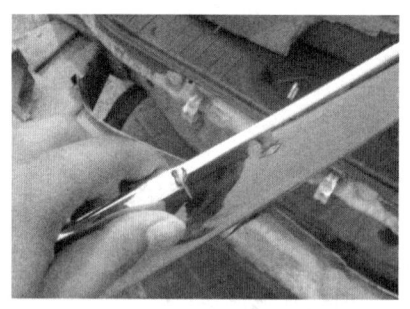

2. 王某将私家车在某保险公司购买了车辆保险，期限为 2008 年 6 月 11 日至 2009 年 6 月 10 日。2009 年 6 月 8 日晚上 11:30 保险公司接到王某的报案，称：王某现驾车在市区外环路行驶时与一外地的大型货车追尾，货车损失轻微，由于赶路货车已走。查勘员到现场后发现车辆前部损坏严重，地面干燥，无车辆散落物，经拍照、询问后又联系拖车将事故车拖到定损点，约定保户第二天到定损点一起拆解定损。拆解后发现：该轿车前部受损，需更换保险杠、左右大灯、左右转向灯、左右雾灯、散热器、冷凝器等部件；对该车作进一步拆检后发现，发动机因过热已严重损坏，需更换活塞、缸体、曲轴、连杆等部件。问：本案存在哪些疑点？

3. 2015 年 5 月，甲乙两车分别投保。甲车投保交强险、足额车损险、商业第三者责任险 20 万元，乙车投保交强险、足额车损险、商业第三者责任险 30 万元。没过几天，两车互撞，甲车承担 70% 责任，车损 5000 元，驾驶员受伤且医疗费用 3000 元，车上一乘员死亡且死亡费用 5 万元；乙车承担 30% 责任，车损 5000 元，车上货物损失 3500 元，驾驶员手机损失 1500 元。按商业险条款规定主要责任免赔率为 15%、次要责任免赔率为 5%，则甲、乙两车能获得多少保险赔款？

7 汽车保险防灾防损

知识目标

- 了解汽车防灾防损的主要内容及方法
- 掌握汽车道路交通事故的预防办法
- 熟悉汽车水灾事故的预防及人员救援
- 熟悉汽车火灾事故的预防与施救
- 熟悉汽车盗抢的主要形式及预防

能力目标

- 能利用汽车防灾防损知识开展防灾防损工作
- 能采取一定措施防范道路交通事故发生及损失扩大
- 能采取一定措施防范汽车水灾事故发生及损失扩大
- 能采取一定措施防范汽车火灾事故发生及损失扩大
- 能采取一定措施防范汽车盗抢发生

7.1 防灾防损概述

防灾防损是指保险人与被保险人对所承保的保险标的采取措施，减少或消除风险发生的因素，防止或减少灾害事故所造成的损失，从而降低保险成本，增加经济效益的一种经营活动。

7.1.1 防灾防损意义

无论从哪个角度来说，防灾防损都具有十分重大的意义。被保险人决不能因为将自己的汽车购买了相关保险，就对风险的潜在因素坐视不管，任其发生；保险公司也不能因为收缴了保费,就认为完成了自己的相关工作,不去指导客户的防灾防损。

(1)从社会角度而言,财富是由人类社会集体智慧创造的,应该给予共同关怀。汽车的生产,凝结了全社会许许多多人的智慧,是高度发达的现代工业的结晶。如果汽车没有履行自己在人类社会的使命就被无缘无故地报废了,这是社会财富的浪费,不利于人类社会的持续发展。因此,全社会应该共同关心、爱护为人类社会的发展曾经做出而且今天依然在继续做出杰出贡献的汽车。

(2)从车主角度而言,汽车是个人的一件高档消费品,应该倍加呵护。无论对谁来说,汽车都是全家人辛勤劳动、长期积累才购买得来的一件高档商品。因为汽车的购买,全家人高兴了很久;因为汽车的使用,方便了全家人出行。假如汽车被损,会在很大程度上影响家人的心情,制约家人的出行。因此,作为车主,应该充分做好针对汽车的防灾防损工作,维持汽车的良好技术状态,不要因为汽车的被毁而影响自己的心情及出行。

(3)从保险公司角度来看,做好防灾防损工作,会大幅度减少赔付。作为保险标的的汽车,具有极大的流动性,风险发生的概率较大,如果充分指导客户做好了防灾防损工作,就会在很大程度上减少承保标的的事故发生,从而减少保险赔付额度,提高了自身的经营效益。为此,保险公司应该通过自己的工作,让车主明确这样一个道理:自身的防灾防损,胜于向保险公司的索赔。

7.1.2 防灾防损内容及方法

防灾防损是投保人必须履行的义务。参加保险之后,许多被保险人存在这样一种错误认识:参加保险就等于入了保险箱,出险后保险公司都会赔偿。其实不然,被保险人投保后只是意味着保险合同关系的开始,投保人只有在履行了保险合同规定的义务后,出险方能获得赔偿。

《保险法》规定:第一,被保险人应当遵守国家有关消防、安全、生产操作、劳动保护等方面的规定,维护保险标的的安全;第二,保险人可以按照合同约定对保险标的的安全状况进行检查,及时向投保人、被保险人提出消除不安全因素和隐患的书面建议;第三,投保人、被保险人未按照约定履行其对保险标的的安全应尽责任的,保险人有权要求增加保险费或者解除合同;第四,保险人为维护保险标的的安全,经被保险人同意,可以采取安全预防措施;第五,保险事故发生时,被保险人应当尽力采取必要的措施,防止或者减少损失;第六,保险事故发生后,被保险人为防止或者减少保险标的的损失所支付的必要的、合理的费用,由保险人承担;保险人所承担的费用数额在保险标的的损失赔偿金额以外另行计算,最高不超过保险金额的数额。

对于车主来说,可以通过相关条款的约定(如约定驾驶人、约定行驶区域、约定免赔项目),相关服务提醒,来增加针对自己汽车的防灾防损,保持其良好的技术状态,按照交通法规的要求合理使用汽车,尽量减少事故的发生。毕竟,交通事故的发生,除了有可能给使用者造成人身伤害、精神损失之外,单从经济角度而言,也是一笔不少的损失。

【案例 7-1】车主因汽车被盗而损失巨大

车主刘某于 2008 年 10 月花费 18 万元购买了一辆卡罗拉作为自己的家庭用车,在新车使用的第一年,平安无事,也养成了他用车方面的粗心大意。第二年,刚刚续保 1 个月,令他没有想到的事情发生了:他在市区道路临时停车,拉开车门就去路边的商亭购物,而发动机依然在运转,车门当然也没有锁,车钥匙就插在锁孔中。就在他付钱购物时,一个盗车贼飞快地上车,就在他的眼皮底下将他的爱车开跑了。由于他购买了全车盗抢险,而且保险公司也根据出险情况及合同约定给予了赔付,但他发现自己依然损失巨大。

【案情分析】

1)车价损失:52210.8元,其保险公司的赔付计算结果为:

汽车现值(每月折旧6‰):180000×(1−6‰×13)=165960(元)

免赔额(免赔20%):165960×20%=33192(元)

因丢失一把车钥匙而增加的免赔(增加免赔3%):165960×3%=4978.8(元)

实际赔付:165960−33192−4978.8=127789.2(元)

所以,个人车价损失:180000−127789.2=52210.8(元)

2)其他损失:22067.1元,其中:

车辆购置税:180000×10%/1.17=15384.6(元)

第二年的保险费损失:6870×11/12=6297.5(元)

第二年的车船税损失:420×11/12=385(元)

3)车内物品及现金损失:约10000元

4)合计损失:52210.8+22067.1+10000=84277.5(元)

因此,无论是保险公司,还是车主个人,都应该做好防灾防损的具体工作,尽量减少因事故发生而造成的相关损失。作为保险公司,可以采用的具体防灾防损方法主要有以下几种:

1. 验车承保

作为保险公司,风险防范需要从承保抓起,充分提高承保的质量,以便防微杜渐。提高承保质量可从以下几个方面展开:

在验标与核保方面,当投保人提出投保申请后,应严格审查申请书中所填写的各项内容和与汽车有关的各种证明材料。必要时,应对标的进行详细调查,以避免保险欺诈的发生。

在实务操作上,应严格按照承保业务操作规程,对投保车辆进行风险评估。

在管理手段和技术手段上,坚决杜绝将保单起保日前提的现象。

2. 条款告知

目前,保险公司的条款都是采用格式条款,当双方在赔付过程中出险争议而诉诸法律时,法院一般会对模棱两可而又没有明确告知的条款解释按照有利于被保险人的解释方法做出判决。因此,展业过程中,一定要对一些有可能产生歧义的条款(如被盗有绝对免赔、转让需经保险公司批改等)做出明确告知,而且留下曾经做出了明确告知的痕迹(如要求被保险人亲自签名,不得代签;重要条款用彩笔划出甚至在其旁边要求被保险人签名等)。这样,一旦发生诉讼纠纷,保险公司就可以拿出曾经履行了告知义务的有利证据。

3. 指导客户正确使用汽车

早在1906年,英国就成立了汽车保险有限公司。为了最大限度减少损失,公司工程技术人员每年都为客户的保险车辆免费做一次检查,其防灾防损的意识领先于其他保险大国。

目前,中国的私家车用户大多是从2004年之后才开始买车的,他们对于汽车的使用经验尚且不多,关于汽车防灾防损的经验,则更是比较缺乏。面对这样的客户群体,需要保险公司大力指导他们针对汽车的防灾防损。为此,保险公司可以通过与4S店的合作,指导车主如何用车;可以通过向车主发放如何规避汽车使用风险手册的方式,或者举办定期讲座的方式指导客户的用车;可以通过对部分风险车型定期检测的方式,来消除事故隐患。

4. 尽量要求车主自行报案

汽车因保险责任事故致损之后,只要没有达到全损,都要通过汽车修理厂予以修复。汽车修理厂为了自身业务的需要,愿意开展代为客户索赔的业务;而保险公司为了展业的需要,也愿意让规模较大的汽车修理厂代为办理展业等。但是,这种看似双赢的合作关系,在一些不法修理厂那里却被充分利用起来作为获取非法所得的手段。他们往往利用客户前来进行例行维护的汽车或者维修轻微损失的汽车,故意进行二次碰撞,制造或者扩大车辆的损失程度,获取保险公司高额的保险赔款。

为了避免这种现象的发生,保险公司可以要求车主自行报案,并将以往赔款记录与以后的承保费率挂钩,这可有效减少故意行为导致的"损失"。

5. 合理制订保险事故车辆维修方案

发生了保险事故的车辆,总要通过维修恢复其性能,因而,保险事故车辆维修方案的制订相当重要。

制订保险事故车辆的维修方案时,虽然应该尽量贯彻"节约"的原则,但却绝对不能采用"糊弄"的办法。对于那些"在技术上可行,在经济上合算,在安全上允许"的受损零部件,当然应该通过维修而不是更换的方式去修复。但是,对于可能存在一定安全隐患的零部件,即使"在技术上可行,在经济上合算",也不能简单修复即可,要考虑这样的修复是否会对今后的使用产生安全隐患,造成更大损失。

具体说来,凡事故的发生涉及到了汽车的制动系统、转向系统、悬架系统的零部件,必须予以逐个地认真检查,在确认没有受损后,才能继续使用。

7.2 交通事故的控制与预防

7.2.1 道路交通事故的控制

1. 加强交通安全教育,减少道路交通违法行为

在预防道路交通事故的诸多因素中,人是最核心的。部分驾驶员和行人的交通安全意识和法制观念比较淡薄,违章现象比较严重,是造成交通事故频繁发生的最主要因素。国内外道路交通事故处理的实践证明,各类道路交通违法行为的存在是导致交通事故发生的根本原因。因此,要想预防和减少道路交通事故,最根本的就是要从预防和减少交通违法行为做起。

(1)针对驾驶员的教育。针对机动车驾驶员的教育内容主要有:学习机械理论;学习机动车新技术;学习操作技能;定期学习交通法规;对驾驶员定期进行理论考核、操纵考核。

对驾驶员的交通安全教育应长抓不懈且注重实效,坚决杜绝驾驶员超速行驶、占道行驶、无证驾驶、酒后驾驶和疲劳驾驶。从驾驶员自身来说,应该具有高度的责任感和安全意识,严格遵守交通法规,努力提高自身的技术水平,尽量减少和避免交通事故的发生。

(2)面向全社会的教育内容。面向社会民众的教育内容主要分为学校教育和社会教育。对于学校教育来说,教育部门要坚持道路交通安全教育从孩子抓起,将其作为九年制义务教育的必修课程,并在中考、高考中适当增加这方面的内容。对于社会教育来说,要利用一切新闻媒介和宣传手段对全社会进行交通安全教育和交通法规宣传,加强和提高人们的交通安全意识和交通法制观念。一个具有高度安全意识,自觉遵守交通法规的行人群体,可以大大减少交通

事故的发生。

2. 加强道路交通管理，优化道路交通安全环境

道路交通安全管理部门应按有关法规从严管理道路交通，运用高科技手段及时查处违章车辆。在一些超速现象严重的路段定点设岗，用雷达测速仪对超速车辆进行查处；用酒精测试仪对酒后驾车的嫌疑对象进行测试；做好交通标志、标线、交通信号及可变信息牌的设置工作，如有损坏及时更换补充；加强对施工、养护路段的安全管理，按规定设置安全警示标志，确保车辆在施工路段的安全畅通；在事故多发路段，以及在桥梁、急转弯、立交桥、匝道等路面复杂或积水地点设置警告牌；在雨、雪、雾、霜等不利于道路交通安全的气候条件下制定交通管制预案，合理控制交通流量，疏导好车辆通行；在城市道路，应实现人车分流，科学控制道路的进、出口；在交通流量超过道路通行能力的路段，可以通过限制交通流量的方法来保证交通安全；在路段流量调整阶段，及时向社会发布分流信息，提供最佳绕行路线。

交通事故是在一定条件下发生的动态过程，具有很大的随机性和偶然性。道路上发生的交通事故往往并不是人、车、路、环境等因素中某一因素单独所致，而是各因素相互作用的结果。预防道路交通事故，提高车辆运行的安全性是一项系统工程，必须从人的教育、车的性能、路的设施、环境的改善等多种渠道去建立预防道路交通事故的综合措施。

7.2.2 道路交通事故的预防

1. 加强车辆维护，提高汽车的安全性能

机动车良好的技术性能是保证道路交通安全的物质基础之一。为了实现这一点，除了要建立完善的汽车安全检测制度和基于检测的车辆维修制度外，驾驶员日常还应勤于保养、维护车辆，出车前彻底检查转向系、制动系、行驶系，认真做好车辆的日常修理工作，及时消除隐患，保证车况良好，杜绝带病车上路行驶，严把车辆技术性能关。

近年来，各汽车制造厂陆续推出了各种新型安全装置，如车载防撞系统、驾驶过程中打瞌睡或注意力不集中时的报警系统、轮胎气压过低时的报警系统、视觉警报系统等。这些安全装置的应用提高了车辆的智能化水平，能对驾驶员及乘客提供额外的安全保障。

2. 道路通行规定

自2004年5月1日起施行的《中华人民共和国道路交通安全法实施条例》对于道路通行做了许多规定。驾驶员应该遵守这些规定，安全驾驶，尽量减少交通事故的发生。

3. 驾车时的疲劳缓解

（1）用色彩艺术调节驾车情绪。在日常生活中，人们对颜色的反应有一定的规律。为此人们把每种颜色都赋予了特殊的感情意义。而颜色对于驾驶者来说，更具影响，与行车安全紧密相关。为了更平安地驾车，在驾车中讲究色彩艺术，防止不良色调对行车的干扰是很重要的。驾驶室色调要中性和谐最好不要将驾驶室装饰成暗灰色调，因为这种色调本身给人一种情绪低落的感觉，长时间在驾驶室工作的驾驶者容易被色调感染，产生郁闷情绪，对驾车产生厌烦感。相反，也不要将驾驶室装饰得五颜六色，在一时的兴奋后，容易被眼花缭乱的五彩激怒，变得烦躁不安。没有稳定的心态，如何保证驾车安全呢？因此，装饰驾驶室最好选用色调柔和的饰品，根据自己的喜好进行装饰。

（2）公路驾车多看蓝天绿树。公路大多呈深灰或浅灰色（见图7-1），对神经系统有一定抑制作用。长时间行驶，公路的单调颜色易产生疲劳感，可将视线短暂转移到蓝天、绿树以及

其他具有刺激作用的色彩鲜艳的物体上。别太忘情于蓝天白云，看路还是主要的。

图 7-1　高速公路

（3）缤纷城市注意黯淡目标。在都市行驶，色彩绚烂，虽不会因单调产生困倦情绪，却也隐藏着危险。在纷乱的色彩中，夹杂着不为人注意的黯淡颜色，很易让驾车人忽视。正是这些移动着的不醒目的人和车，形成了交通事故的隐患。因此，不是阳光特别强烈或直射的时候，驾车者最好不要戴有色眼镜，保持清晰的视线。

（4）傍晚提防车身颜色错觉。车身颜色也会对交通事故产生微妙的影响。蓝和绿色为收缩色，看起来比实际小。傍晚或阴雨天时，常会因视觉误差，产生量感错误，发生事故。而黄色则为膨胀色，耀眼夺目，在纷乱的大街上较引人注目。大多出租车选择明黄色，就是利用了它易于被发现的特点。当然，因显眼，有些事故便在不知不觉中避免了。

4. 规避驾驶过程中的操作误区

（1）ABS 可以缩短制动距离。ABS 最大优点是防止轮胎抱死，即使将制动踩死，转向盘也仍可操纵汽车的行驶方向。

（2）将座椅调得越靠近转向盘越有安全感。实际上越靠近转向盘越容易增加紧张情绪。一般在不影响操控的前提下，座椅应远离转向盘为好。这样一来，一是使视觉更广；二是可减轻因座椅靠转向盘太近而带来的曲腿疲劳；三是在出现紧急情况时，身子与转向盘间的缓冲余地大，安全系数高。

（3）除车窗反光镜不贴太阳膜外，其他地方大面积贴太阳膜不影响驾驶。驾驶者的视线范围包括前方、侧面、后方，影响其视线就增加了危险。

（4）行车时将车门全部锁死是安全的。一旦出现事故，会打不开车门，车内的人无法出来。为避免小偷抢夺车内物品，最好只在起步、堵车、等红绿灯时再将中央门锁锁死。

（5）遇到驾驶不熟练或违章者时，应通过喇叭或前照灯提示他。这样只会增加他的紧张，更加难以控制汽车。应尽快远离他，"惹不起，躲得起"。

（6）经常使用大加速踏板对发动机不好。挂挡后，发动机经常提到 4000r/min 以上是有一定好处的。经常空挡踩加速踏板或长时间在高转速运行才对发动机不好。

（7）习惯性踩离合器可减少麻烦。这样不仅对汽车不利，还影响安全。

（8）空挡行驶更省油。这没有任何科学根据。

（9）驾车时听音乐会分散注意力。好的音响设施和自己喜欢的音乐能进一步抑制疲劳，调整良好的心理状态。

（10）夜晚远光灯越强行驶越安全。灯光的照射角度越大越安全，而灯光照射得越高越亮越危险。

（11）晚上行驶将前后雾灯打开更安全。前雾灯的白光束非常强，影响对面车辆的行驶，同样会影响自己的安全。

（12）单向行驶路段如果有双道，压虚线行驶最安全。这样前后行驶的车辆都无法判断您的行驶意图，最易出事。

（13）高速拐弯时一边踩离合一边踩制动最安全。任何情况下，踩离合器行驶都会增加汽车惯性，应将挡位放低后再踩着制动行驶。

（14）拐弯或并道时应先看反光镜。应先看一下车后再看反光镜。有时反光镜会有死角，转向灯打开后会使已靠近的汽车提速或减速，仅从反光镜不能完全判断出来。

（15）行驶时只注意保持前后车距即可。除保持前后安全距离外，还应尽量避免与其他车辆并行。

（16）高速行驶时单边车轮突然压到积水路面很危险。此时如果盲目踩制动才危险，控制好转向盘比踩制动更重要、更安全。

（17）平坦路面要用驻车制动器和脚刹来控制行驶。用挡位控制才对。

（18）超车前应先观察和判断对面来车。首先应观察和判断车后，确定后面没有车辆欲超越自己的情况下再观察和判断前方情况。

（19）习惯开快车的人驾驶技术高。驾驶技术好的人判断准确和果断，不是一味高速。

（20）停车后只拉驻车制动器即可。在不平地段泊车后不但要拉上驻车制动器还要挂在挡上。

5. 正确应对制动失灵

（1）挂低挡制动。在控制好方向的前提下，换入低速挡，利用发动机的牵引阻力使车速迅速降低。

（2）使用驻车制动器。但驻车制动器不能拉紧不放，也不能拉得太慢。拉得太紧，容易使制动盘"抱死"，因损坏传动机件而丧失制动能力；拉得太慢，会使制动盘磨损烧蚀而失去制动作用。

（3）上坡时制动失灵的处置。适时减入中低挡，保持足够动力驶上坡顶停车。如需半坡停车，应保持前进低挡位，拉紧驻车制动器，随车人员及时用石块、垫木等卡住车轮。如有后滑现象，车尾应朝向山坡或安全的一面，并打开前照灯和紧急信号灯，提醒前后车辆注意。

（4）下坡制动失灵的处置。如果出现无法利用车辆本身控制车速时，驾驶员应果断地利用天然障碍物（如路旁岩石、大树或土坡等），给汽车以阻力。紧急情况下可将车身一侧向山边靠拢，摩擦增阻，逐渐降速。

（5）下坡前检验。下长坡、陡坡时不管有无情况都应事先踩一下制动踏板，既可检验制动性能，也可在发现制动失灵时赢得控制车速的时间。

7.3　汽车水灾事故的预防与控制

7.3.1　汽车的防水与涉水

当驾驶过程中遭遇暴雨或洪水时,如果驾驶员意识到有可能因此而影响到汽车的行驶安全,应选择停车避雨。如果情况紧急,必须行驶,则应采取必要的防护措施,并谨慎驾驶。

1. 高处停车

雨季停车、存车时要尽量选择地势较高的地方,不要存放在容易积水之处,以免随着时间的推移,低洼地带的积水越来越深,而周围停放的汽车又限制了自己汽车的移动,眼睁睁地看着被水淹没。

2. 涉水前的准备

如果汽车因故非要涉水,驾驶员应事先了解所驾汽车的允许涉水深度,并采取一系列防水措施。成功涉水的关键是正确选择涉水路线、防止发动机进水、防止电器设备受潮。

(1)允许涉水深度。重型货车100~120cm,普通货车45~80cm,越野吉普车60cm,小客车不超过40cm。

判定路面积水深度是否允许汽车涉水通过,有另外两个简单的指标:一是积水是否浸到车厢内的地板或排气管;二是积水是否超过轮胎中线。如果超过以上两个"刻度",就有可能对汽车的发动机系统、电脑零件等造成影响,不宜轻易驾车涉水。如果水深超过车轮或汽车的最大涉水深度,不能冒险涉水。

(2)涉水前的准备。汽车涉水之前,需要进行以下相关准备:

1)拆掉风扇皮带。如果是电动机式的可以拔下电机线插头,将线头挂在高处;有些车型还要关闭水箱的百叶窗。

2)用防水布或塑料袋将分电器、高压线、点火线圈等包好,并设法将电瓶位置升高。

3)要特别留意汽车排气管口位置的高度。如果有条件的话,可找一根软管套在排气管尾部,并向上弯起高出水面,防止水灌入排气管。

4)对油箱的加油口、机油尺孔和发动机、驱动桥上的其他通气孔都要用防水物包扎堵塞。

5)若水位接近最大涉水深度,应在前保险杠捆绑宽木板,用中速挡行驶,使汽车前方的水能被木板推开,从而在发动机部位形成一个浅水区,以防点火系统被水浸湿而丧失功能。

6)有可能时,适当加大汽车的重量,以减少水对车的浮力作用和增加车轮的附着力,从而保持汽车涉水行驶的稳定性。

7)汽车发动机运转正常,转向和制动机构灵敏可靠。

(3)涉水地点的选择。汽车涉水行驶时,必须仔细查看水的深度、流速和水底性质,以及进、出水域的宽窄和道路情况,由此来判断汽车是否能安全地通过。

判定路面是否允许汽车通过时,应仔细了解水的深浅、路况,注意暗坑和较大的石块以及路基软硬度。如果是不很深的流动的水面,通过观察可判断水底的大致情况。一般有浪花和旋涡的地方很可能有较大的石块和其他障碍物;而水面较平静的地方一般水较深;水面开阔且有较均匀的碎浪花处,一般水较浅且水底多为碎石,是驾车通过的较理想处。

在确认自己所驾汽车的结构能够通过眼前的路段时,一般应选择距离最短、水位最浅、水流缓慢及水底最坚实的路段通过。不要像图 7-2 所示那样贸然涉水，等汽车无法开动了才不得不打电话求教。

图 7-2　汽车入水图

3．汽车涉水时的操作方法及注意事项

（1）开到水边后，如发现轮胎和制动毂温度较高，应停车待其适当冷却后再下水。

（2）汽车涉水时，应保证发动机运转正常，挂低速挡平稳驶入水中，避免大轰油门或猛冲，防止水花溅入发动机而熄火。

（3）行驶中稳住油门，保持汽车有足够而稳定的动力，一气呵成通过积水，尽量避免中途停车、换挡或急转弯，尤其是水底路面为泥沙结构时，更要注意。行进中要看远顾近，双手握住方向盘正直前进，不能注视水流，以免晃乱视线产生错觉，使汽车偏离正常的涉水路线而发生意外。

（4）若遇水底有流沙、车轮打滑空转时，应立即停车，不可勉强进退，更不可半联动地猛踩油门踏板。应在保持发动机不熄火的情况下，组织人力或其他汽车将车推、拖出来，避免越陷越深。

（5）通过漫水路面或漫水桥时，不可中途换向行驶。若路面或桥面经洪水冲击后情况不明，应先探明是否损坏，形成塌陷、缺口或崩塌，否则极易造成翻车。

（6）驾驶小轿车涉水时，对于未知深浅的积水路段，最好下车巡查路况或静待货车、大客车等车经过，观察情况而定，不可盲目驶入水中，以免发动机入水熄火，欲速不达。

（7）多车涉水时，绝不可同时下水，应待前车到达彼岸后，后面的车才可下水，以防前车因故障停车，迫使后车也停在水中，导致进退两难。

（8）行驶过程中，应尽量避免水中会车。必要时可停车让对方汽车先行通过。以免对方来车拥起的水浪使自己的发动机进水。

（9）万一涉水时发动机突然熄火，千万不要再次启动发动机，这样很容易损害发动机。

（10）涉水成功后，要当心因制动蹄片湿透而导致制动失效。制动毂进水后，其水膜会使摩擦片和毂之间的摩擦力明显降低而无法发挥制动效果。这与慢慢磨耗摩擦片的情形不同，本来很有效的制动会因进水而突然失灵。如果涉深水后制动失灵，可先慢慢行驶，并用脚轻踩油门及制动，如此反复几次之后，由于摩擦片和制动毂的摩擦生热可将水膜蒸发。

4．涉水后的安全检查

（1）汽车涉水后，应选择宽阔安全的地点停车，拆除防水包扎物，查看发动机点火系统是否沾水，并用干布将其受潮的电器部件擦干净，以防发生短路等故障。

（2）安装好风扇皮带，将电瓶装回原位置，拆除排气管尾部的塑料软管和其他防水物。

（3）检查各齿轮箱有无浸水，水箱散热器片之间有无漂流物堵塞，轮胎有无损坏，注意清除散热器及车身上的漂流物、轮胎间的嵌石以及底盘上的水草杂物等，及时将汽车清理干净。

（4）启动发动机，空转数分钟，烘干水和潮气。确认汽车技术状况良好后，先低速行驶一段路程，并有意识地轻踩几次制动踏板，让制动蹄片与制动毂接触摩擦产生热能，以烘干和蒸发掉制动器中残留的水分，确保刹车性能良好，待制动效能恢复后，再转入正常行驶。

7.3.2　汽车落水后的人员自救

如果汽车不幸被水淹没甚至落入水中，要及时、准确地予以施救，避免损失的进一步扩大。如果汽车行驶中落入水中，驾驶员和乘客均不要大惊失色，更不要胡乱开窗、开门试图逃命，这样做往往是徒劳无功的，甚至会导致溺水死亡（见图7-3）。如何在最短的时间内自救呢？正确的逃生方法应该是：

图7-3　宝马车内溺水身亡的乘客

（1）及时提醒。如车上乘客发现起步时驾驶员误将油门当成刹车，汽车正在向危险的地方驶去时，坐在副驾驶位子的乘客可利用短暂时间采取措施。如：大喊"停车""抬脚""错了"等；直接将方向盘打向安全的其他方向；拉上手刹等。

（2）及时跳水。如果你没能在第一时间发现驾驶员的错误，或者你的提醒没有发挥作用，汽车正在向水中冲去时，不要被吓得只知道大喊，要迅速采取自救措施，解开安全带，打开车门锁，推开车门，跳离汽车（在车速不是太高的情况下），或在汽车冲入水中前的一刹那跳到水里去。

（3）及时开窗。如果没能来得及跳车，车门也没来得及打开，汽车就冲进水里了，此时的每一秒钟都非常珍贵，当事人千万不能慌张，尤其是不会水的人。首要的选择就是通过车窗逃生。此时汽车不会马上沉没（任何汽车完全没入水中的时间不少于5s），且电路仍能正常工作。车上乘员要保持冷静，利用驾驶室尚未进水的宝贵时间，迅速判断水面的方向（一般来说，有亮度的方向为水面方向），这时应迅速摇开车窗，从车窗爬向水面方向逃生。

（4）硬物砸窗。如果车进水很快，且迅速下沉，此时水给车门的压力也增大，车门将无法打开。你可以先将座椅靠背向后放倒，准备从车窗钻出去，并使用锤子之类的东西砸开车门或车窗。无论如何，一定要设法打开车窗，这样才有逃生的希望。即使你是一个不会游泳的人，只要浮出水面，就会有更多的获救希望。关闭车窗既不能阻挡车内进水，也会闭绝空气，打电话通报失事地点无益于求生。

（5）相互帮助。在水中被困车内后不能慌作一团，应利用短暂时间分工协作，寻机逃生。寻找可击碎玻璃的硬物，帮助还没有解开安全带的乘客解开安全带，协助其他人从车内逃出。如水已没及车窗，但还未没及车顶，切不可打开车窗。应耐心等待直至汽车几乎完全没入水中之后或已沉至水底时再行动。

（6）憋气潜水。在水中打开车窗或车门后，向外逃生的时候不能太急，要避免压强过大给身体造成的损伤。你可以深呼吸几次，做好憋气潜水的准备，从容地等待水将车厢和驾驶室灌满。当车里和车外水压基本相等或驾驶室里的水将要淹没头顶时，破窗或推开车门，再深吸一口气，全身紧缩，转身将后背对着打开的车窗，双手抓住车门的上框，钻出汽车，潜游而出。一般一个成年人肺内的空气足够用 60s，而整个行动过程有 20s 就足够了。如果有条件，可找大塑料袋套在头上，脖子匝紧，塑料袋内的空气可以提供给你上浮的氧气。

出水后应认准轿车落水处，以便打捞。

【案例7-2】某日暴雨，驾驶员王女士驾私家车回家，在离家还有不到1km的桥洞下，发动机进水而熄火。因着急回家，又担心汽车被淹，王女士急忙再次启动发动机，结果在听到发动机发出"咔嚓"一声响之后，再无动静。事后拆检发现，发动机的第三缸连杆折断，缸壁被搞坏。三缸所对应的连杆以及整个发动机中段彻底损坏，维修费用花了5万多元，而保险公司又以除外责任给予拒赔。

【案情分析】发动机进水之后，气缸内自然就进入了水。当活塞上行时，压缩遇到的就不仅仅是可以压缩的可燃混合气，还有不可压缩的水。由于活塞在惯性力下作用要继续上行，必然导致连杆的弯曲甚至折断，而折断的连杆又会打碎缸壁，造成较大的损坏。

根据车辆损失险保险条款的约定，汽车因进水导致的发动机内部损坏，属于责任免除范围，所以，此项损失无法获得保险公司的赔付，只能由车主个人承担。

7.4 汽车火灾事故的预防与控制

汽车火灾令人触目惊心，无论是什么原因导致的起火燃烧，都会使车主及周边之人措手不及。即使扑救及时，汽车也会被烧得面目全非。如扑救不及时，整个汽车转眼之间就会化为灰烬。若在行驶中起火，还会给驾乘者造成严重的人身伤害。如果被烧汽车已经投保，是否投保了自燃损失险对理赔过程和结果影响很大。因此，准确分析起火原因，掌握避免火灾的方法及扑救措施，无论对车主还是对保险公司的查勘定损人员，都具有十分积极的意义。

7.4.1 汽车火灾分类

1. 自燃

自燃（见图7-4）是指在没有外界火源的情况下，由于本车电器、线路、供油系统发生故障或所载货物自身原因起火燃烧。在汽车的自燃事故中，存在着行驶状态发生的火灾多发生于汽车使用了5年（或行驶了10万km）以上者多，火灾原因以漏油和导线短路者居多。

汽车自燃时，只有购买了自燃损失险，才能获得保险公司的赔付。

图 7-4　高速公路上正在自燃的大客车

2. 碰撞起火

碰撞起火是指车辆与外界物体直接撞击所引起的起火。这种损失包括在车辆损失险的理赔范围。

当汽车发生追尾或迎面撞击时,由于基本不具备起火条件,一般情况下不会起火。只有当撞击后导致易燃物(如汽油)泄露且与火源接触时,才会导致起火。如果一辆发动机前置的汽车发生了较为严重的正面碰撞,水箱的后移有可能使油管破裂。由于此时发动机尚处于运转状态,一旦高压线因脱落而引起跳火,发生火灾的可能性就很大。

当汽车因碰撞或其他原因导致翻滚倾覆时,极易发生油箱泄露事件,一旦遇上电火花或摩擦产生的火花,就会起火。

3. 机械故障引发的起火

机械故障引发的起火是指因为汽车自身存在某种缺陷,在一定条件下,引发了火灾。如:连杆折断导致捣缸,喷射而出的润滑油遇到高温的排气管或电火花,可能会导致起火;大型载重车后轴一般装有双轮,如果其中一个车轮的螺栓松动,与另外一个旋转的车轮不断接触,就有可能引发起火;超载且轮胎气压不足时,轮胎有可能起火;超载时,车厢底板与车轮接触,频繁摩擦导致起火。

机械故障引发的起火,属于保险条款的免责范围。

4. 爆炸起火

爆炸是指由车内所载物品或车体上安装的爆炸物本身发生爆炸所引发的汽车爆炸。

如果车内装载、搭载有易爆物品,或者被恐怖分子在车体上安装了爆炸物品,爆炸物品自身的爆炸肯定会引起汽车的起火,而且一般会导致油箱内的燃油参与燃烧。

5. 雷击起火

雷击起火是指在雷雨天气,露天停放的汽车因遭遇雷击而引发的击穿或燃烧。由于雷击电压非常高,可在流着雨水的车体与地面间构成回路,从而将汽车上的某些电气电子设备击穿(如车用电脑),严重者可以引起汽车起火。

6. 汽车停放不当引发的起火

汽车停放不当引发的起火是指汽车停放在易燃物品旁边,高温的排气管烤的周边易燃物品起火;或者驶过泄露的煤气、汽油旁边时,排气管的火星直接引发了起火。

7.4.2 汽车自燃原因

汽车起火,尽管原因可能及其复杂,但就其实质而言,始终离不开物体燃烧三要素,即:火源,即起火点;可燃烧的物体;充足的氧气(或空气)。

查勘人员在分析、判断起火原因时,实际上就是围绕这三大基本要素展开的。

由于其他类型的起火相对容易识别,保险赔付也大多包含在车损险的范围之内,因而,在此只讨论汽车自燃的原因。

(1)漏油。燃油的泄漏是汽车自燃的罪魁祸首,油箱中泄漏出来的汽油是汽车上最可怕的助燃物。漏油点大多集中在管件接头处、橡胶管接触体外易摩擦处、固定部位与非固定部位的结合处等薄弱地方。

无论行进还是停驶,汽车上都可能存在火源,如高压电火花、蓄电池外部短路产生的高温电弧、排气管排出的高温废气或喷出的火星等,当泄漏的燃油遇到电火花,就会起火。

在化油器式的汽车上,汽油滤清器一般安装于发动机舱内,距缸体及分电器很近,一旦因燃油泄漏而使混合气达到一定的浓度,只要有明火出现,自燃事故将不可避免。

(2)漏电。漏电包括高压漏电、低压漏电。

1)高压漏电。发动机工作时,点火线圈温度很高,有可能使高压线绝缘层软化、老化、龟裂,导致高压漏电。另外,高压线脱落引起跳火也是高压漏电的一种表现形式。由于高压漏电是对准某一特定部位持续进行的,必然引发漏电处的温度升高,引燃泄漏出来的汽油。

2)低压漏电。低压线路搭铁漏电是引发汽车自燃事故的另一主要原因。由于搭铁处会产生大量的热能,如果与易燃物接触,会导致起火。

低压线路搭铁漏电的主要原因有:导线老化、过载或磨损;导线断路搭铁;触电式控制开关因触点烧结而发生熔焊,使导线长时间通电而过载;冬季天气干燥,橡胶件及塑料件因老化、硬化龟裂而造成短路;某些私家车用户对刚刚购置的汽车疼爱有加,添加防盗器、换装高档音响、增加通讯设备、开设电动天窗、添加空调等,如果因为价格等原因未在专业的汽车维修店改装,未对整车线路布置进行分析及功率复核,难免导致个别线路用电负荷加大,长期工作后因热负荷过大而起火;在对整车进行线路维修或加接控制元件时,如果在导线易松动处未进行有效固定,有可能使导线绝缘层磨损,造成短路。

(3)接触电阻过大。线路接点不牢或触电式开关接触电阻过大等,会使局部电阻加大,长时间通电时发热。

局部电阻过大会产生热能,使导线接点发热引起可燃材料起火。造成这种情况的,大多是车辆在行驶中由于长时间振动或冷热变化,使线路接点松动而造成的。特别是当蓄电池表面或接线柱有杂质、油污时,它们的长时间腐蚀会造成连接点松动、发热、起火。车辆在装饰时,增加音响和通讯设备、自动报警装置、空调等,由于乱接电源和增大负载或接点不实,都有可能引发火灾。

(4)化油器回火。化油器式发动机的汽车,在行驶或起动过程中,有时会发生化油器回火的现象,有可能引发火灾。主要原因是可燃混合气的比例调节不当、点火过早或者点火顺序错乱等。

另外,当出现供油不良时,个别驾驶员为了省事,采用人工方法向化油器直流供油。此时一旦发生化油器回火,势必导致汽车起火。

（5）车载易燃物引发火灾。当车上装载的易燃物因泄漏、松动摩擦而起火时，导致汽车起火。

（6）汽车停放位置不当。如果驾驶员夏季将汽车长时间地停放在太阳下曝晒，会将车内习惯性放置在前窗玻璃下的一次性打火机晒爆，如果车内恰巧有火花（如吸烟、正在工作的电器设备产生的电火花、爆炸打破的仪表火线等），就会引燃车内的饰品。

7.4.3 汽车起火的预防措施

用车过程中，要维护、保养好车辆；经常检查并及时排除"漏电""漏油"故障，确保电路、油路安全；按照安全规程操作汽车；停车时远离"火源"或"自燃环境"，排除所有的自燃可能性。

1. 认真做好日常检查

定期检查用电设备的插接头是否松动、脱落。特别注意检查点火开关、蓄电池、起动继电器、电动机等大电流电器件的接线柱、导线的连接、绝缘是否可靠。

经常检查车架、油箱、化油器、坐垫等油漆件、易燃物周围的导线、插接头、开关、线夹等是否"破皮"，坚决杜绝各种形式的导线短路。

经常检查发动机、底盘是否漏油，特别注意燃油管、制动液油管和动力转向油管的密封性，如发现渗漏要及时处理。特别是夏季来临时，应对油路进行1~2次常规检测，如果发现有漏油问题一定要及时维修。油路中的胶管两头是最容易老化裂开的，如使用时间过长应当听从维修服务站的意见及时更换。

保持发动机舱整洁，避免在缸体、缸盖等处积聚大量油垢、油圬，导致高温挥发和形成火灾隐患。行车过程中密切注意是否有胶皮糊味或冒烟等异常现象，一旦发现立即停车处理。

2. 按章操作

为了避免汽车火灾，使用中应该严格按照规定的要求操作。

（1）在汽车后备箱中不要存放汽油、柴油等易燃危险品，避免汽车被追尾撞击时起火。

（2）驾驶室内尽量不要长时间置留打火机、香水、摩丝等容易诱发汽车火灾的危险物品，普通车辆更不要载放汽油、柴油等危险油品。

（3）在任何情况下不采用人工直流供油的方式向发动机供油，不用明火烘烤油箱。

（4）尽量不超载、超速行车；合理、牢靠、规范地装载、运输货物尤其是危险物品。

（5）如果在行车途中发生故障，要及时、合理地排除，驾驶员自己无法排除时，应靠边停车，等待专业人员的救援，切忌自己动手胡乱操作。

（6）保养汽油滤清器时不可用汽油去烧滤油器的内芯。

（7）不经常采用吊火的方法查验发动机点火系统的故障。

（8）避免汽车停驶后长时间地开启着点火开关。

（9）夏季长途行驶2~3h后休息0.5h左右，打开车舱盖，看看液面，让车原地散热。

3. 合理停车

夏秋季节，停车时要注意车底是否有易燃物（如干草），以免温度较高的三元催化器（300~500℃）容易引燃车辆。

夏季尽量不要长时间地停放在被太阳爆晒的地方。

尽可能远离装载有易燃、易爆物品的车辆停车。

4. 不要随意改装车辆

汽车设计时都是经过了严格的功率设计的，不能轻易增加电负荷，以免导致负荷过大而失火。如果一定要更改电路，一般应该注意以下几个要点：

（1）要选择专业的汽车维修厂家去进行适当改装。

（2）线路连接要正确，不能随意使用黑胶布缠绕接线处，不能虚接，并用锡焊焊接，可以防止接线处电阻过大导致线路过热，烧毁包装皮引起火灾。

（3）注意线材直径的选择，电器中都会标有正确线径的大小，否则同样会因电流变大导致线路过热烧毁外皮。

（4）注意线路的取源，应该严格执行从总电源处取电的原则，这样可以保证线路初端设有保险丝，防止恶性失火事件的发生。

（5）根据所选电器额定电流选择保险丝。

5. 随车携带灭火工具

为了应对可能的突发火灾，应该随车携带灭火器。驾驶员要掌握其使用方法，熟知其所在位置，以免错过和延迟最佳灭火时机。灭火器的正确存放位置应该是在驾驶员座椅的下面，一般驾驶员停车、下车、拿取灭火器的时间应该在2～3s之内。

灭火器容积最好在1L以上，否则很难扑灭较大火势。灭火器要定期更换。干粉灭火器最好每年检查一次，检查干粉粉剂是否结块、提供喷射动力的内置氮气瓶压力是否下降等。

6. 汽车漏油的应急策略

如果在汽车行驶之中，发现油箱漏油，可以采取一些应急的处理方法：

（1）油箱损伤。使用时，若发现油箱漏油，可将漏油处擦干净，用肥皂或泡泡糖涂在漏油处，暂时堵塞。

（2）油管破裂。油管破裂时可将破裂处擦干净，涂上肥皂，用布条或胶布缠绕在油管破裂处，并用铁丝捆紧，然后再涂上一层肥皂。

（3）油管折断。油管折断时可找一根与油管直径适应的胶皮或塑料管套接。如套接不够紧密，两端再用铁丝捆紧，防止漏油。

（4）油管接头漏油。如果油管接头处漏油，一般是油管喇叭口与油管螺母不密封所致。可用棉纱缠绕于喇叭口下缘，再将油管螺母与油管接头拧紧；还可将泡泡糖或麦芽糖嚼成糊状，涂在油管螺母座口，待其干凝后起密封作用；也可将人造革剪成型或放入孔中砸成型，安上即可；还可用一截塑料管剪开成型安上。

7. 购买车辆自燃损失险

目前，保险公司均推出了作为附加险的自燃损失险，这对规避汽车使用过程中的自燃风险，是十分有利的。尤其是对5年以上车龄的汽车，最好购买"自燃损失险"。

然而，令人遗憾的是，许多车主往往忽视了这一险种。据统计，上海只有不到5%的汽车车主投保了"自燃损失险"，私家车主投保"自燃险"险种的更是微乎其微。

7.4.4 汽车起火后的施救

1. 密切关注起火前兆

汽车自燃一般都有一个过程，如果是车前的发动机起火，开始时可能仪表台会冒黑烟、有焦糊味儿，并伴随有异响、串火苗等，但在车前部一般是看不到的。如果开着空调，在起火初期就可以闻到发动机舱内的焦糊味。如果是汽车尾部的行李舱起火,应该可以通过车窗及后视镜看到烟雾。当出现自燃征兆时,应熄火停车进行施救,避免产生更大损失。

2. 起火后的施救

(1)自行灭火。确认汽车起火以后,驾乘人员应头脑清醒,切忌惊慌失措。将车停靠路边后,取出灭火器,确认起火部位,实施扑灭作业。

准备灭火时,要记住切不可马上打开发动机上盖(罩),无论是前置发动机,还是后置发动机,无论是柴油机,还是汽油机。因为此时火势仍然控制在发动机盖(罩)下燃烧,没有形成热对流,可燃物也相对不多,火势燃烧较为缓慢,对扑救有利,这与"先控制、后消灭"的消防灭火作战原则异曲同工。如有可能,可用随车灭火器,由发动机盖(罩)缝隙处,对准起火部位喷射灭火,如果慌乱之中胡乱喷射,往往不容易将火扑灭。如果两人协同灭火,可由一人手持灭火器,另一人打开车盖,在车盖打开的一刹那,对准起火部位猛喷。如果只有驾驶员一人灭火,应该一手持灭火器,一手去开车盖,车盖打开后迅速喷射;或者将灭火器放在身边,待车盖打开后立即拿起来喷射。

有些发动机的舱盖开启时需要把手探到里面打开锁销,所以,失火时应戴好手套,免得烫伤;如果开启舱盖不熟练,建议平时多加练习。

如果火势较大,灭火器不够用时,可借用往来车辆上的灭火器或用沙土泼救。

若火势危及到车载易燃物,应先将其卸下,如果是车载货物着火,应先把货物卸下扑救。

油料着火时,严禁泼水扑救,但酒精、酒类着火时,可用水泼救。

救火时,要防止烧伤,不要在灭火的同时张口喊叫,以免烟火呛伤呼吸道。

(2)报警求救。如果火势很大,或初步施救仍无法将火扑灭,则应尽快远离现场并及时拨打119报警。

此时,不要急着抢救车内的财物,防止被意外烧伤。

7.4.5　汽车因火致损后的索赔

汽车起火后,车主在拨打119火险电话报警以后,应该拨打投保的保险公司的报案电话。在消防队灭火后,要及时索要出警证明,并让其开具起火原因的说明。在保险公司定损以后,根据其要求拖去相应的修理厂进行修复。

如果汽车自燃仅仅造成了电器、线路、供油系统的损失,保险公司是不予赔偿的。

7.5　汽车盗抢事故的预防与控制

7.5.1　汽车的被盗

1. 盗车形式

(1)偷窃汽车。用工具毁掉报警器,撬开车门,拆开点火开关,接线点火,将汽车开走,这是最常见的汽车盗窃形式。

(2)抢劫汽车。在车主准备上车或下车时,突然窜出,持刀、枪威胁,抢走车辆。

(3)拖走汽车。大胆的窃贼,雇来拖车,名正言顺地将车拖走。

(4)砸车窗玻璃。用特制弹弓和钢珠,专打驾驶座车窗玻璃,盗取车内财物。大多针对

停在往来行人较少的路边车。诱因可能是车主走时将财物遗留车内,也可能是将车乱停乱放。

(5) 撬后备箱盗窃。用万能钥匙打开后备箱盗窃。此手法作案有以下特点:

1) 发案地点:宾馆、饭店、广场、小区、银行门口、公园、商厦、娱乐场所及停车场。

2) 午餐(11:00 至 14:00)、晚餐(17:00 至 20:00)时间为主要作案时间,而大型浴场、夜总会门口发生的案件则以 21:00 以后居多。

3) 作案者驾面包车、轿车或摩托,使用专用工具撬后备箱。

4) 作案者 2~3 人自由组合结伙作案,且有连续作案习惯。

(6) 声东击西盗窃车内财物。两人结伙,趁车主等红灯或遇阻停车时,一人在驾驶员侧敲车门、示意车胎漏气等,转移被害人视线,另一同伙在副驾驶一侧趁机盗窃。

(7) 拉门抢。一般针对单身女性或老年车主,盗抢贼强行拉开车门,抢夺车上物品。

(8) 戳轮胎盗车内财物。作案者使用特制空芯钉,将轮胎戳破漏气,趁车主下车查看时盗窃。

(9) 趁车祸之机盗窃。车主途中遇到交通事故,往往急于观察车况,忙着交涉,而忽视了对车上财物的保护。由于现场混乱,即便车主站在门边,都有可能给犯罪分子可乘之机,轻易盗走车上财物。

(10) 盗窃汽车零部件。将汽车轮胎、备胎、油箱、灯具、蓄电池等外设装备盗走。

(11) 撬盗车牌敲诈。将停在僻静处的车辆牌照拆下,要求车主向指定账户汇款赎车牌。

2. 易盗车型

盗贼偷车是为了经济目的,再大胆的小偷也不想被抓住,因此他们更喜欢偷那些在滚滚车流中不易被认出来的车。故普通车更易被盗。另外,"盗车集团"可能需要某种汽车,如果你的车符合了要求,他们就会设法将它偷走。总而言之,虽然任何汽车都有被盗的可能,但那些市场流行的车型却更容易被盗。

3. 易盗情况

(1) 乱停乱放。无人看管车容易成为主要盗窃目标。据某市公安部门统计,在被盗汽车中,约有 59%是停在车主楼下被盗的;39%是停在路边被盗的;停车场失窃的仅占 2%。

(2) 车门没锁好。停车后,随便将门关上,没检查是否锁好,给小偷作案带来便利。

(3) 没装防盗器。小偷夜间下手时,如果发现车上没装任何防盗器,就会更加放肆。

(4) 车上有贵重物品。有时盗车者只是想偷车内贵重物品,撬开车门盗走目标后,顺手牵羊将车也开走了。

(5) 盗车时机。盗贼下手最多的时机,是在人多车多的白天或傍晚。选择目标多是一些上班停车、午休停车、晚餐停车或购物停车者,尤其是下午六七点钟时下手最多。

7.5.2 汽车的防盗

车主应掌握常规的防盗技术,尽量避免爱车或车上财产被盗。

1. 看管好车钥匙

当你不在车里时,务必熄火锁车,拿下钥匙。不要让车在你不在车内时起动着。据统计,失窃汽车有 13%是因驾驶员下车时将钥匙留在了点火开关上。

当开车去公众场所时,切勿将车交他人代泊;洗车时,把钥匙拿下来,不要插在车上,以免让别人乘机配制车钥匙。

2. 合理停车

停放汽车时应选择地势开阔、路线单一、行人众多的场地，停车时把车轮转过一定角度锁死方向盘。尽量避免将车停在没人看管的小区、偏僻小路边或者是银行、大卖场、餐饮场所周边、灯光昏暗或人迹稀少处，尽可能选择专门的停车场。万不得已必须把爱车停在隐蔽处时，最好把车倒进去而不是开进去，那样就使偷车贼很难在撬发动机时不引人注意。不要把车停放在违规处，否则无法在短时间内确定车是被盗还是被交警拖走。

离开车辆时要检查门窗是否关好、锁紧。不要把财物留在车内，它们往往会成为吸引小偷的诱因，不得不放在车内时，要把它们藏在看不见的地方，如座位下面或后备箱中。

如果因故需将车停放在外较长时间，最好取下分火头，或拆下几条高压线，这样即使车门遭人撬开，也不易将车盗走。

3. 行车时预防拉门抢

单独驾车时，上车后按下车门锁，防止不法分子故意制造交通事故假象或遇红灯停车时与驾驶员纠缠，趁人不备拉开车门抢夺财物。应把提包带绕在手刹或扣在安全带上。

格外注意走近你的可疑人，有人拍打车窗要保持警觉；不要把车窗放到最底位置，更不要轻易开窗回应；副驾驶座上不要放手提包等物品，不要让窗外人轻易拿到。

4. 设置防盗机关

防盗装置对偷车贼可形成一定障碍，减慢偷车速度。

（1）特殊车门和高级车锁。它们不但能阻拦抢劫汽车者，防偷车贼也很管用。特殊锁紧螺母，可保护车轮和轮胎，避免被盗。行李舱和前车盖也可安上特殊的锁。如果小型面包车、四轮驱动车外带备用轮胎，最好把它和车身锁在一起。

（2）防盗加固器。例如弯柄锁，这是两端带弯头通过一个锁相互连接的一对钢杆。你可将其一端钩住方向盘，另一端绕过离合器或制动踏板后锁住它们。这类防盗加固器使用非标准的专门对付撬锁贼的锁头。

（3）防止起动设施。可切断点火线路或供油管线。切断点火装置如同附加了一个点火开关。供油开关可将一个阀门关上从而切断燃料供应。

（4）警报器。它可被多种方法激活，防止汽车被拖动、破窗而入、发动汽车等。警报器的响声会使盗车贼惊恐有人来查看而不敢继续动作。

5. 保管好相关资料

为防止汽车被盗，平时就应注意保存下列信息，这样在车不幸被盗后，会对警察和保险公司有很大帮助。

（1）制造厂家和汽车型号。

（2）汽车的牌照号码、颜色。

（3）发动机类型，包括各种改动信息。

（4）车钥匙。

（5）行驶证。

（6）购车日期和地点。

（7）如果是分期付款买车或租车的话，相关财务公司名称。

（8）列出车的特殊标志，如肉眼看得见的凹痕、修理过的印记、在车的隐蔽处所做的特殊记号，及特殊的改动部分，如独特的车轮、特种喷漆等。因为车越特别，警察越容易寻找。

本章小结

1. 作为保险公司，可以从以下几个方面做好承保车辆的防灾防损：验车承保、条款告知、指导客户正确使用汽车、尽量要求车主自行报案、合理制定保险事故车辆维修方案。

2. 道路交通事故的预防与控制：针对道路交通事故的特点，进行安全教育、强化道路交通管理、加强车辆维护、遵守道路通行规定、掌握汽车使用技巧及应急处置方法。

3. 汽车水灾事故的预防与控制：涉水前，注意对路况的观察及对汽车的防护，掌握好正确的涉水驾驶操作方法，做好涉水后的安全检查。

4. 汽车火灾事故的预防与控制：在用车过程中，维护、保养好车辆；经常检查并及时排除"漏电""漏油"故障，确保电路、油路安全；按照安全规程操作汽车；停车时远离"火源"或"自燃环境"，排除所有的自燃可能性；万一不幸起火，要及时报警并积极施救。

5. 汽车盗抢事故的预防与控制：应从看管好车钥匙、合理停车、车内设置防盗机关、行车时预防拉门抢、保管好相关资料等方面入手，不给盗贼可乘之机或者便于事后索赔。

知识训练

1．填空题

（1）防灾防损是指_____。

（2）一般在不影响操控的前提下，座椅应_____转向盘为好。

（3）对车辆允许涉水深度，一般重型货车为_____，普通货车_____，越野吉普车_____，小客车不超过_____。

（4）选择涉水地点时，一般_____是驾车通过的较理想处。

（5）汽车落水后人员自救时的正确逃生方法包括_____、_____、_____、_____、_____、_____。

（6）通常把汽车火灾分为_____、_____、_____、_____、_____等几类。

（7）汽车起火有三要素，即_____、_____、_____。

（8）在没有外界火源的情况下，由于本车电器、线路、供油系统发生故障或所载货物自身原因起火燃烧，称为_____。

2．简答题

（1）保险公司如何做好承保车辆的防灾防损？
（2）汽车驾驶主要有哪些操作误区？
（3）如何应对制动失灵？
（4）汽车涉水前应该进行哪些准备？
（5）汽车落水后，乘员应该如何进行自救？
（6）不同类型的汽车火灾各有什么特点？
（7）如何预防汽车起火？

（8）汽车盗窃主要有哪些形式？

 能力训练

1. 一车辆在济南的"7.18 水灾"中被淹。为摆脱困境，司机王某打着发动机想将车开到地势较高的路面。岂料此时积水已较深，发动机起动过程中，有部分积水被吸入汽缸，导致曲轴连杆折断。该车已投保了车辆损失保险，于是被保险人向保险公司提出了索赔申请。问：作为保险公司的理赔人员，您应如何处理客户的索赔并说明理由？

2. 一轿车在超车时，不慎撞到了高速公路的护栏上，起火燃烧，车前部烧损严重。经保险公司查勘人员查勘发现：汽车运行中的碰撞，导致了车前部右侧的翼子板悬挂支撑座严重变形，将排气管挤压在起动机电源接线柱上，搭铁后产生了电火花；另外，汽油滤清器被其附近严重变形位移的悬挂支撑座挤破，漏洒的汽油与电火花接触后导致了起火。试问：该车的着火是否属于自燃？如果保险公司要赔偿车辆损失应从什么险种赔偿？依据是什么？

8 汽车保险法律法规

知识目标

- 掌握《保险法》对保险合同、保险业的规定
- 熟悉《道路交通安全法》等法律法规对车险查勘工作涉及事项的规定
- 了解《道路交通事故处理程序规定》对事故处理方面的规定
- 了解《最高人民法院关于审理人身损害赔偿案件适用法律若干问题的解释》对人员伤亡赔偿项目的规定

能力目标

- 能运用《保险法》规定解释保险合同纠纷
- 能根据《道路交通安全法》等法律法规顺利完成车险查勘工作
- 能依据《道路交通事故处理程序规定》合理处理保险案件
- 能依据《最高人民法院关于审理人身损害赔偿案件适用法律若干问题的解释》规定合理确定人身损害赔偿项目和赔偿额度

8.1 保险合同法律法规

保险合同是投保人与保险人约定保险权利义务关系的协议。《保险法》对汽车保险合同的规定主要在第 2 章的第 1 节和第 3 节。

《保险法》于 1995 年 6 月 30 日第八届全国人民代表大会常务委员会第 14 次会议通过，于 1995 年 10 月 1 日起施行；后根据第九届全国人民代表大会常务委员会第 30 次会议《关于修改〈中华人民共和国保险法〉的决定》修正，修订版于 2003 年 1 月 1 日起施行；2009 年 2 月 28 日第十一届全国人民代表大会常务委员会第 7 次会议对《保险法》进行了第二次修订，

并于 2009 年 10 月 1 日起施行。《保险法》是规范保险法律关系的根本法律，也是汽车保险法律体系的核心内容。

8.1.1 保险合同的成立与生效

合同的成立与生效是两个不同过程和范畴。保险合同是否成立是一个事实判断问题，保险合同是否生效是一个法律效力问题。

1. 保险合同的成立

《保险法》规定：

第 13 条 投保人提出保险要求，经保险人同意承保，保险合同成立。保险人应当及时向投保人签发保险单或者其他保险凭证。

依法成立的保险合同，自成立时生效。投保人和保险人可以对合同的效力约定附条件或者附期限。

2. 保险合同的生效

《保险法》规定：

第 14 条 保险合同成立后，投保人按照约定交付保险费，保险人按照约定的时间开始承担保险责任。

8.1.2 保险合同的变更与解除

保险合同双方当事人根据双方的真实意愿可以对已经成立的保险合同进行变动，保险合同变动的形式主要有保险合同的变更、保险合同的解除。

1. 保险合同的变更

《保险法》规定：

第 20 条 投保人和保险人可以协商变更合同内容。

变更保险合同的，应当由保险人在保险单或者其他保险凭证上批注或者附贴批单，或者由投保人和保险人订立变更的书面协议。

第 49 条 保险标的转让的，保险标的的受让人承继被保险人的权利和义务。

保险标的转让的，被保险人或者受让人应当及时通知保险人，但货物运输保险合同和另有约定的合同除外。

2. 保险合同的解除

《保险法》规定：

第 15 条 除本法另有规定或者保险合同另有约定外，保险合同成立后，投保人可以解除合同，保险人不得解除合同。

第 16 条 订立保险合同，保险人就保险标的或者被保险人的有关情况提出询问的，投保人应当如实告知。

投保人故意或者因重大过失未履行前款规定的如实告知义务，足以影响保险人决定是否同意承保或者提高保险费率的，保险人有权解除合同。

前款规定的合同解除权，自保险人知道有解除事由之日起，超过 30 日不行使而消灭。自合同成立之日起超过 2 年的，保险人不得解除合同；发生保险事故的，保险人应当承担赔偿或者给付保险金的责任。

保险人在合同订立时已经知道投保人未如实告知的情况的，保险人不得解除合同；发生保险事故的，保险人应当承担赔偿或者给付保险金的责任。

第 27 条　未发生保险事故，被保险人或者受益人谎称发生了保险事故，向保险人提出赔偿或者给付保险金请求的，保险人有权解除合同，并不退还保险费。

投保人、被保险人故意制造保险事故的，保险人有权解除合同，不承担赔偿或者给付保险金的责任。

第 50 条　货物运输保险合同和运输工具航程保险合同，保险责任开始后，合同当事人不得解除合同。

第 51 条　被保险人应当遵守国家有关消防、安全、生产操作、劳动保护等方面的规定，维护保险标的的安全。

投保人、被保险人未按照约定履行其对保险标的的安全应尽责任的，保险人有权要求增加保险费或者解除合同。

第 52 条　在合同有效期内，保险标的的危险程度显著增加的，被保险人应当按照合同约定及时通知保险人，保险人可以按照合同约定增加保险费或者解除合同。保险人解除合同的，应当将已收取的保险费，按照合同约定扣除自保险责任开始之日起至合同解除之日止应收的部分后，退还投保人。

8.1.3　保险合同的索赔与理赔

索赔与理赔是保险合同履行的重要环节。保险索赔是指享有保险金请求权的人在保险事故发生时，请求保险人赔偿损失或给付保险金的意思表示。保险理赔是指保险人应被保险人、受益人的请求，以保险合同为依据，核定保险责任并进行赔偿或给付保险金的行为。

《保险法》规定：

第 21 条　投保人、被保险人或者受益人知道保险事故发生后，应当及时通知保险人。故意或者因重大过失未及时通知，致使保险事故的性质、原因、损失程度等难以确定的，保险人对无法确定的部分，不承担赔偿或者给付保险金的责任，但保险人通过其他途径已经及时知道或者应当及时知道保险事故发生的除外。

第 22 条　保险事故发生后，按照保险合同请求保险人赔偿或者给付保险金时，投保人、被保险人或者受益人应当向保险人提供其所能提供的与确认保险事故的性质、原因、损失程度等有关的证明和资料。

保险人按照合同的约定，认为有关的证明和资料不完整的，应当及时一次性通知投保人、被保险人或者受益人补充提供。

第 23 条　保险人收到被保险人或者受益人的赔偿或者给付保险金的请求后，应当及时作出核定；情形复杂的，应当在 30 日内作出核定，但合同另有约定的除外。保险人应当将核定结果通知被保险人或者受益人；对属于保险责任的，在与被保险人或者受益人达成赔偿或者给付保险金的协议后 10 日内，履行赔偿或者给付保险金义务。保险合同对赔偿或者给付保险金的期限有约定的，保险人应当按照约定履行赔偿或者给付保险金义务。

保险人未及时履行前款规定义务的，除支付保险金外，应当赔偿被保险人或者受益人因此受到的损失。

任何单位和个人不得非法干预保险人履行赔偿或者给付保险金的义务，也不得限制被保险人或者受益人取得保险金的权利。

第24条　保险人依照本法第23条的规定作出核定后，对不属于保险责任的，应当自作出核定之日起3日内向被保险人或者受益人发出拒绝赔偿或者拒绝给付保险金通知书，并说明理由。

第25条　保险人自收到赔偿或者给付保险金的请求和有关证明、资料之日起60日内，对其赔偿或者给付保险金的数额不能确定的，应当根据已有证明和资料可以确定的数额先予支付；保险人最终确定赔偿或者给付保险金的数额后，应当支付相应的差额。

第26条　人寿保险以外的其他保险的被保险人或者受益人，向保险人请求赔偿或者给付保险金的诉讼时效期间为2年，自其知道或者应当知道保险事故发生之日起计算。

人寿保险的被保险人或者受益人向保险人请求给付保险金的诉讼时效期间为5年，自其知道或者应当知道保险事故发生之日起计算。

8.1.4 保险合同的解释与争议处理

保险合同在履行过程中，当事人对保险合同具体内容、语言表述、词句术语等往往会产生不同理解，要正确解决纠纷必须对保险合同做出合理解释。保险合同争议的处理途径有法院诉讼、机构仲裁等。

《保险法》规定：

第30条　采用保险人提供的格式条款订立的保险合同，保险人与投保人、被保险人或者受益人对合同条款有争议的，应当按照通常理解予以解释。对合同条款有两种以上解释的，人民法院或者仲裁机构应当作出有利于被保险人和受益人的解释。

8.2　保险业法律法规

保险法的基本内容包括保险业法和保险合同法。许多国家通常是分别制订保险业法、保险合同法，而我国的《保险法》是包含了保险业法与保险合同法两部分内容。

《保险法》对保险业监督管理的内容规定主要在第3、4、5、6、7章。

8.2.1 保险公司的设立

设立保险公司必须符合一定的条件，并领取营业执照后方可开展业务。

《保险法》规定：

第67条　设立保险公司应当经国务院保险监督管理机构批准。

国务院保险监督管理机构审查保险公司的设立申请时，应当考虑保险业的发展和公平竞争的需要。

第68条　设立保险公司应当具备下列条件：

①主要股东具有持续盈利能力，信誉良好，最近3年内无重大违法违规记录，净资产不低于人民币2亿元；

②有符合本法和《中华人民共和国公司法》规定的章程；

③有符合本法规定的注册资本；

④有具备任职专业知识和业务工作经验的董事、监事和高级管理人员；
⑤有健全的组织机构和管理制度；
⑥有符合要求的营业场所和与经营业务有关的其他设施；
⑦法律、行政法规和国务院保险监督管理机构规定的其他条件。

第69条　设立保险公司，其注册资本的最低限额为人民币2亿元。

国务院保险监督管理机构根据保险公司的业务范围、经营规模，可以调整其注册资本的最低限额，但不得低于本条第一款规定的限额。

保险公司的注册资本必须为实缴货币资本。

第77条　经批准设立的保险公司及其分支机构，凭经营保险业务许可证向工商行政管理机关办理登记，领取营业执照。

8.2.2　保险经营规则

规定了保险公司业务范围、资金运用、保险公司员工行为规范等内容。

1. 保险公司业务范围

《保险法》规定：

第95条　保险公司的业务范围：
①人身保险业务，包括人寿保险、健康保险、意外伤害保险等保险业务；
②财产保险业务，包括财产损失保险、责任保险、信用保险、保证保险等保险业务；
③国务院保险监督管理机构批准的与保险有关的其他业务。

保险人不得兼营人身保险业务和财产保险业务。但是，经营财产保险业务的保险公司经国务院保险监督管理机构批准，可以经营短期健康保险业务和意外伤害保险业务。

保险公司应当在国务院保险监督管理机构依法批准的业务范围内从事保险经营活动。

2. 资金运用

《保险法》规定：

第106条　保险公司的资金运用必须稳健，遵循安全性原则。

保险公司的资金运用限于下列形式：
①银行存款；
②买卖债券、股票、证券投资基金份额等有价证券；
③投资不动产；
④国务院规定的其他资金运用形式。

保险公司资金运用的具体管理办法，由国务院保险监督管理机构依照前两款的规定制定。

3. 保险公司员工行为规范

《保险法》规定：

第116条　保险公司及其工作人员在保险业务活动中不得有下列行为：
①欺骗投保人、被保险人或者受益人；
②对投保人隐瞒与保险合同有关的重要情况；
③阻碍投保人履行本法规定的如实告知义务，或者诱导其不履行本法规定的如实告知义务；
④给予或者承诺给予投保人、被保险人、受益人保险合同约定以外的保险费回扣或者其他利益；

⑤拒不依法履行保险合同约定的赔偿或者给付保险金义务;

⑥故意编造未曾发生的保险事故、虚构保险合同或者故意夸大已经发生的保险事故的损失程度进行虚假理赔，骗取保险金或者牟取其他不正当利益;

⑦挪用、截留、侵占保险费;

⑧委托未取得合法资格的机构或者个人从事保险销售活动;

⑨利用开展保险业务为其他机构或者个人牟取不正当利益;

⑩利用保险代理人、保险经纪人或者保险评估机构，从事以虚构保险中介业务或者编造退保等方式套取费用等违法活动;

⑪以捏造、散布虚假事实等方式损害竞争对手的商业信誉，或者以其他不正当竞争行为扰乱保险市场秩序;

⑫泄露在业务活动中知悉的投保人、被保险人的商业秘密;

⑬违反法律、行政法规和国务院保险监督管理机构规定的其他行为。

8.2.3 保险业的监督管理

规定了条款与费率的监管及对保险公司监管的方法等内容。

1. 对条款与费率的监管

《保险法》规定：

第 136 条 关系社会公众利益的保险险种、依法实行强制保险的险种和新开发的人寿保险险种等的保险条款和保险费率，应当报国务院保险监督管理机构批准。国务院保险监督管理机构审批时，应当遵循保护社会公众利益和防止不正当竞争的原则。其他保险险种的保险条款和保险费率，应当报保险监督管理机构备案。

2. 对保险公司监管的方法

《保险法》规定：

第 9 条 国务院保险监督管理机构依法对保险业实施监督管理。

国务院保险监督管理机构根据履行职责的需要设立派出机构。派出机构按照国务院保险监督管理机构的授权履行监督管理职责。

第 140 条 保险公司未依照本法规定提取或者结转各项责任准备金，或者未依照本法规定办理再保险，或者严重违反本法关于资金运用的规定的，由保险监督管理机构责令限期改正，并可以责令调整负责人及有关管理人员。

第 141 条 保险监督管理机构依照本法第 140 条的规定作出限期改正的决定后，保险公司逾期未改正的，国务院保险监督管理机构可以决定选派保险专业人员和指定该保险公司的有关人员组成整顿组，对公司进行整顿。

整顿决定应当载明被整顿公司的名称、整顿理由、整顿组成员和整顿期限，并予以公告。

第 145 条 保险公司有下列情形之一的，国务院保险监督管理机构可以对其实行接管：

①公司的偿付能力严重不足的;

②违反本法规定，损害社会公共利益，可能严重危及或者已经严重危及公司的偿付能力的。

被接管的保险公司的债权债务关系不因接管而变化。

第 149 条 被整顿、被接管的保险公司有《中华人民共和国企业破产法》第 2 条规定情形的，国务院保险监督管理机构可以依法向人民法院申请对该保险公司进行重整或者破产清算。

8.3 车险查勘相关法律法规

车险查勘工作涉及查明事故时间、地点、原因、驾驶人员、车辆状况、损失情况等内容，并据此判定该次事故是否属于保险责任。这个过程中，查勘人员必须依据国家或行业对车辆、驾驶人员、事故处理、人员伤亡等的相关规定进行开展工作，以做到赔偿有道理，拒赔有依据。查勘过程中，涉及到的法律法规包括：《道路交通安全法》《道路交通安全法实施条例》《机动车登记规定》《机动车驾驶证申领和使用规定》《拖拉机驾驶证申领和使用规定》《机动车维修管理规定》《机动车强制报废标准规定》等。

《道路交通安全法》于 2003 年 10 月 28 日第十届全国人民代表大会常务委员会第 5 次会议通过，2004 年 5 月 1 日起施行；于 2007 年 12 月 29 日、2011 年 4 月 22 日经全国人民代表大会常务委员会 2 次修订，修订内容自 2011 年 5 月 1 日起施行。

《道路交通安全法实施条例》于 2004 年 4 月 28 日国务院第 49 次常务会议通过，自 2004 年 5 月 1 日起施行。

《机动车登记规定》于 2008 年 5 月 27 日以中华人民共和国公安部令第 102 号发布，根据 2012 年 9 月 12 日中华人民共和国公安部令第 124 号公布的《公安部关于修改〈机动车登记规定〉的决定》修正。自 2008 年 10 月 1 日起施行。

《机动车驾驶证申领和使用规定》经 2006 年 12 月 20 日中华人民共和国公安部令第 91 号令发布，于 2009 年 12 月 7 日、2012 年 8 月 21 日经公安部部长办公会议两次修订，修订内容自 2013 年 1 月 1 日起施行，其中第五章第四节（即校车驾驶人管理）自发布之日（2012 年 9 月 12 日）起施行。

《拖拉机驾驶证申领和使用规定》于 2004 年 9 月 6 日农业部第 27 次常务会议审议通过，自 2004 年 10 月 1 日起施行。

《机动车维修管理规定》于 2005 年 6 月 3 日经交通部（现交通运输部）第 11 次部务会议通过，自 2005 年 8 月 1 日起施行。

《机动车强制报废标准规定》已经 2012 年 8 月 24 日商务部第 68 次部务会议审议通过，并经发展改革委、公安部、环境保护部同意，自 2013 年 5 月 1 日起施行。

8.3.1 车辆改装规定

《机动车登记规定》规定：

第 10 条 已注册登记的机动车有下列情形之一的，机动车所有人应当向登记地车辆管理所申请变更登记：

① 改变车身颜色的；
② 更换发动机的；
③ 更换车身或者车架的；
④ 因质量问题更换整车的；
⑤ 营运机动车改为非营运机动车或者非营运机动车改为营运机动车等使用性质改变的；
⑥ 机动车所有人的住所迁出或者迁入车辆管理所管辖区域的。

机动车所有人为两人以上，需要将登记的所有人姓名变更为其他所有人姓名的，可以向登记地车辆管理所申请变更登记。

属于本条第一款第①项、第②项和第③项规定的变更事项的，机动车所有人应当在变更后10日内向车辆管理所申请变更登记；属于本条第一款第⑥项规定的变更事项的，机动车所有人申请转出前，应当将涉及该车的道路交通安全违法行为和交通事故处理完毕。

第16条 有下列情形之一，在不影响安全和识别号牌的情况下，机动车所有人不需要办理变更登记：

①小型、微型载客汽车加装前后防撞装置；
②货运机动车加装防风罩、水箱、工具箱、备胎架等；
③增加机动车车内装饰。

8.3.2 对车辆驾驶员的规定

1. 驾驶证准驾车型

《机动车驾驶证申领和使用规定》规定：

第8条 机动车驾驶人准予驾驶的车型顺序依次分为：大型客车、牵引车、城市公交车、中型客车、大型货车、小型汽车、小型自动挡汽车、低速载货汽车、三轮汽车、残疾人专用小型自动挡载客汽车、普通三轮摩托车、普通二轮摩托车、轻便摩托车、轮式自行机械车、无轨电车和有轨电车。具体见表8-1。

表8-1 准驾车型及代号

准驾车型	代号	准驾的车辆	准予驾驶的其他准驾车型
大型客车	A1	大型载客汽车	A3、B1、B2、C1、C2、C3、C4、M
牵引车	A2	重型、中型全挂、半挂汽车列车	B1、B2、C1、C2、C3、C4、M
城市公交车	A3	核载10人以上的城市公共汽车	C1、C2、C3、C4
中型客车	B1	中型载客汽车（含核载10人以上、19人以下的城市公共汽车）	C1、C2、C3、C4、M
大型货车	B2	重型、中型载货汽车；大、重、中型专项作业车	C1、C2、C3、C4、M
小型汽车	C1	小型、微型载客汽车以及轻型、微型载货汽车；轻、小、微型专项作业车	C2、C3、C4
小型自动挡汽车	C2	小型、微型自动挡载客汽车以及轻型、微型自动挡载货汽车	
低速载货汽车	C3	低速载货汽车（原四轮农用运输车）	C4
三轮汽车	C4	三轮汽车（原三轮农用运输车）	
残疾人专用小型自动挡载客汽车	C5	残疾人专用小型、微型自动挡载客汽车（只允许右下肢或者双下肢残疾人驾驶）	
普通三轮摩托车	D	发动机排量大于50ml或者最大设计车速大于50km/h的三轮摩托车	E、F

续表

准驾车型	代号	准驾的车辆	准予驾驶的其他准驾车型
普通二轮摩托车	E	发动机排量大于 50ml 或者最大设计车速大于 50km/h 的二轮摩托车	F
轻便摩托车	F	发动机排量小于等于 50ml，最大设计车速小于等于 50km/h 的摩托车	
轮式自行机械车	M	轮式自行机械车	
无轨电车	N	无轨电车	
有轨电车	P	有轨电车	

《拖拉机驾驶证申领和使用规定》规定：

第 7 条 拖拉机驾驶人准予驾驶的机型分为：

①大中型拖拉机（发动机功率在 14.7 千瓦以上），驾驶证准驾机型代号为"G"；

②小型方向盘式拖拉机（发动机功率不足 14.7 千瓦），驾驶证准驾机型代号为"H"；

③手扶式拖拉机，驾驶证准驾机型代号为"K"。

【案例 8-1】无有效驾驶证事故遭保险公司拒赔

2008 年 12 月 18 日，张某驾宝来车沿清河乡到阳谷，由北向南行驶，由于对行车辆的前照灯刺眼，操作不当，不慎撞倒路边大树，并碰伤一行人，驶进路边沟中。

查勘员立即赶赴现场，展开查勘工作。核对车牌号、车架号、发动机号无误，确认保险标的；经查勘第一现场，以及事故车碰撞痕迹，确认被保险人所述事故经过属实。查验双证时，发现驾驶员张某的驾驶证准驾车型为 E，查勘员立即将驾驶证、行驶证拍摄留存，并对驾驶员作询问笔录。张某解释：我于 2002 年就取得了驾照，11 月份刚换证，可能打印错误。查勘员立即赶赴聊城市车管所查询，得知张某驾驶证的准驾车型为 E。在铁的事实面前，张某终于承认自己刚刚增驾 C 本，驾驶证还未发放。保险公司遂对该案拒赔。

【案情分析】 本案属于驾驶车辆与驾驶证准驾车型不相符合的驾驶员不合格情形。这属于车辆损失保险条款和第三者责任保险条款责任免除部分明确列明的内容，所以保险公司拒赔的做法正确。

本案的关键之处是查勘员及时准确地从交警的驾驶员信息系统查询到了本案被保险人的准驾车型、初次领证时间、年审时间等信息，对客户的拒赔，有了铁的证据。

2．驾驶证累计扣分

《道路交通安全法》规定：

第 24 条 公安机关交通管理部门对机动车驾驶人违反道路交通安全法律、法规的行为，除依法给予行政处罚外，实行累积记分制度。公安机关交通管理部门对累积记分达到规定分值的机动车驾驶人，扣留机动车驾驶证，对其进行道路交通安全法律、法规教育，重新考试；考试合格的，发还其机动车驾驶证。

对遵守道路交通安全法律、法规，在一年内无累积记分的机动车驾驶人，可以延长机动车驾驶证的审验期。具体办法由国务院公安部门规定。

《道路交通安全法实施条例》规定：

第28条　机动车驾驶人在机动车驾驶证丢失、损毁、超过有效期或者被依法扣留、暂扣期间以及记分达到12分的，不得驾驶机动车。

《机动车驾驶证申领和使用规定》规定：

第43条　道路交通安全违法行为累积记分周期（即记分周期）为12个月，满分为12分，从机动车驾驶证初次领取之日起计算。

依据道路交通安全违法行为的严重程度，一次记分的分值为12分、6分、3分、2分、1分五种。

3. 驾驶员体检

《机动车驾驶证申领和使用规定》规定：

第49条　年龄在60周岁以上的机动车驾驶人，应当每年进行一次身体检查，在记分周期结束后15日内，提交县级或者部队团级以上医疗机构出具的有关身体条件的证明。

持有准驾车型为大型客车、牵引车、城市公交车、中型客车、大型货车、无轨电车、有轨电车的机动车驾驶人，应当每两年进行一次身体检查，在记分周期结束后15日内，提交县级或者部队团级以上医疗机构出具的有关身体条件的证明。

持有准驾车型为残疾人专用小型自动挡载客汽车的机动车驾驶人，应当每3年进行一次身体检查，在记分周期结束后15日内，提交经省级卫生主管部门指定的专门医疗机构出具的有关身体条件的证明。

4. 驾驶证注销

《机动车驾驶证申领和使用规定》规定：

第42条　机动车驾驶人具有下列情形之一的，车辆管理所应当注销其机动车驾驶证：

①死亡的；

②身体条件不适合驾驶机动车的；

③提出注销申请的；

④丧失民事行为能力，监护人提出注销申请的；

⑤超过机动车驾驶证有效期一年以上未换证的；

⑥年龄在60周岁以上，在一个记分周期结束后一年内未提交身体条件证明的；或者持有大型客车、牵引车、城市公交车、中型客车、大型货车、无轨电车、有轨电车准驾车型，在两个记分周期结束后一年内未提交身体条件证明的；或者持有残疾人专用小型自动挡载客汽车准驾车型，在三个记分周期结束后一年内未提交身体条件证明的；

⑦年龄在60周岁以上，所持机动车驾驶证只具有无轨电车或者有轨电车准驾车型，或者年龄在70周岁以上，所持机动车驾驶证只具有低速载货汽车、三轮汽车、轮式自行机械车准驾车型的；

⑧机动车驾驶证依法被吊销或者驾驶许可依法被撤销的。

有第⑤项至第⑧项情形之一，未收回机动车驾驶证的，应当公告机动车驾驶证作废。

8.3.3　车辆装载规定

1. 车辆载物质量的限定

《道路交通安全法》规定：

第48条　机动车载物应当符合核定的载质量，严禁超载；载物的长、宽、高不得违反装载要求，不得遗洒、飘散载运物。

机动车运载超限的不可解体的物品，影响交通安全的，应当按照公安机关交通管理部门指定的时间、路线、速度行驶，悬挂明显标志。在公路上运载超限的不可解体的物品，并应当依照公路法的规定执行。

机动车载运爆炸物品、易燃易爆化学物品以及剧毒、放射性等危险物品，应当经公安机关批准后，按指定的时间、路线、速度行驶，悬挂警示标志并采取必要的安全措施。

2. 车辆载物高、宽、长度的限定

《道路交通安全法实施条例》规定：

第54条 机动车载物不得超过机动车行驶证上核定的载质量，装载长度、宽度不得超出车厢，并应当遵守下列规定：

①重型、中型载货汽车，半挂车载物，高度从地面起不得超过4米，载运集装箱的车辆不得超过4.2米；

②其他载货的机动车载物，高度从地面起不得超过2.5米；

③摩托车载物，高度从地面起不得超过1.5米，长度不得超出车身0.2米。两轮摩托车载物宽度左右各不得超出车把0.15米；三轮摩托车载物宽度不得超过车身。

载客汽车除车身外部的行李架和内置的行李箱外，不得载货。载客汽车行李架载货，从车顶起高度不得超过0.5米，从地面起高度不得超过4米。

【案例8-2】车辆挂断通信电缆案例

2008年1月11日，王某报案称自己驾驶大货在菏泽市某镇出险，将跨路通信电缆挂断，左侧线杆被拉断三根等，请求查勘。查勘人员到达出险地点后，看到出险车辆仍停在事故现场。经现场查勘，确认出险车辆为标的车，且事故经过属实。据驾驶员王某描述：该车空载，由南向北正常行驶中将跨路通信电缆挂断，左侧线杆被拉断三根，通信公司索赔1.5万元，案件已由派出所调解处理。

查勘员处理完相关手续后，再次确认客户王某车辆为空载且未曾离开现场。随后，查勘员用尺子现场测量车身高度，测得车身高3.68米。询问得知：标的车行驶路线为省道。据此，查勘人员向客户说明：标的车属于大型货运车，装载高度从地面起没有超过4米，完全符合法律规定，不应承担本次事故的责任，当然也不负任何赔偿责任。出现本次事故完全是由于跨路线缆过低造成的，通信公司负全部责任，所以，保险公司也不能承担本次事故的赔偿责任。

【案情分析】本案中标的车没有超高，事故的发生是由于通信电缆高度不够导致，责任在于通信电缆的管理部门，所以对事故所造成损失保险公司不负责赔偿。从本案也可看到，查勘人员要具备较宽的知识面，特别是掌握与事故处理密切相关的法律法规。

3. 车辆载人的规定

《道路交通安全法》规定：

第49条 机动车载人不得超过核定的人数，客运机动车不得违反规定载货。

《道路交通安全法实施条例》规定：

第55条 机动车载人应当遵守下列规定：

①公路载客汽车不得超过核定的载客人数，但按照规定免票的儿童除外，在载客人数已满的情况下，按照规定免票的儿童不得超过核定载客人数的10%；

②载货汽车车厢不得载客。在城市道路上，货运机动车在留有安全位置的情况下，车厢内可以附载临时作业人员1人至5人；载物高度超过车厢栏板时，货物上不得载人；

③摩托车后座不得乘坐未满12周岁的未成年人，轻便摩托车不得载人。

第83条 在高速公路上行驶的载货汽车车厢不得载人。两轮摩托车在高速公路行驶时不得载人。

8.3.4 车辆检验规定

《道路交通安全法实施条例》规定：

第16条 机动车应当从注册登记之日起，按照下列期限进行安全技术检验：

①营运载客汽车5年以内每年检验1次；超过5年的，每6个月检验1次；

②载货汽车和大型、中型非营运载客汽车10年以内每年检验1次；超过10年的，每6个月检验1次；

③小型、微型非营运载客汽车6年以内每2年检验1次；超过6年的，每年检验1次；超过15年的，每6个月检验1次；

④摩托车4年以内每2年检验1次；超过4年的，每年检验1次；

⑤拖拉机和其他机动车每年检验1次。

8.3.5 车辆维修质量规定

《机动车维修管理规定》规定：

第37条 机动车维修实行竣工出厂质量保证期制度。

汽车和危险货物运输车辆整车修理或总成修理质量保证期为车辆行驶20000公里或者100日；二级维护质量保证期为车辆行驶5000公里或者30日；一级维护、小修及专项修理质量保证期为车辆行驶2000公里或者10日。

摩托车整车修理或者总成修理质量保证期为摩托车行驶7000公里或者80日；维护、小修及专项修理质量保证期为摩托车行驶800公里或者10日。

其他机动车整车修理或者总成修理质量保证期为机动车行驶6000公里或者60日；维护、小修及专项修理质量保证期为机动车行驶700公里或者7日。

质量保证期中行驶里程和日期指标，以先达到者为准。

机动车维修质量保证期，从维修竣工出厂之日起计算。

8.3.6 汽车报废规定

1. 强制报废制度

根据机动车使用和安全技术、排放检验状况，国家对达到报废标准的机动车实施强制报废，其所有人应当将机动车交售给报废机动车回收拆解企业，由报废机动车回收拆解企业按规定进行登记、拆解、销毁等处理，并将报废机动车登记证书、号牌、行驶证交公安机关交通管理部门注销。

2. 报废年限规定

各类机动车使用年限见表8-2。机动车使用年限起始日期按照注册登记日期计算，但自出厂之日起超过2年未办理注册登记手续的，按照出厂日期计算。

表 8-2 机动车使用年限及行驶里程参考值汇总表

车辆类型与用途				使用年限（年）	行驶里程参考值（万千米）
汽车	载客	营运	出租客运 小、微型	8	60
			出租客运 中型	10	50
			出租客运 大型	12	60
			租赁	15	60
			教练 小型	10	50
			教练 中型	12	50
			教练 大型	15	60
			公交客运	13	40
			其他 小、微型	10	60
			其他 中型	15	50
			其他 大型	15	80
		专用校车		15	40
		非营运	小、微型客车、大型轿车*	无	60
			中型客车	20	50
			大型客车	20	60
	载货		微型	12	50
			中、轻型	15	60
			重型	15	70
			危险品运输	10	40
			三轮汽车、装用单缸发动机的低速货车	9	无
			装用多缸发动机的低速货车	12	30
	专项作业		有载货功能	15	50
			无载货功能	30	50
挂车		半挂车	集装箱	20	无
			危险品运输	10	无
			其他	15	无
		全挂车		10	无
摩托车		正三轮		12	10
		其他		13	12
轮式专用机械车				无	50

注：1. 表中机动车主要依据《机动车类型 术语和定义》（GA802-2008）进行分类；标注*车辆为乘用车。

2. 对小、微型出租客运汽车（纯电动汽车除外）和摩托车，省、自治区、直辖市人民政府有关部门可结合本地实际情况，制定严于表中使用年限的规定，但小、微型出租客运汽车不得低于 6 年，正三轮摩托车不得低于 10 年，其他摩托车不得低于 11 年。

3. 变更使用性质或者转移登记的机动车

《机动车强制报废标准规定》规定：

第六条 变更使用性质或者转移登记的机动车应当按照下列有关要求确定使用年限和报废：

（一）营运载客汽车与非营运载客汽车相互转换的，按照营运载客汽车的规定报废，但小、微型非营运载客汽车和大型非营运轿车转为营运载客汽车的，应按照本规定附件1所列公式（即公式8-1）核算累计使用年限，且不得超过15年；

（二）不同类型的营运载客汽车相互转换，按照使用年限较严的规定报废；

（三）小、微型出租客运汽车和摩托车需要转出登记所属地省、自治区、直辖市范围的，按照使用年限较严的规定报废；

（四）危险品运输载货汽车、半挂车与其他载货汽车、半挂车相互转换的，按照危险品运输载货车、半挂车的规定报废。

距本规定要求使用年限1年以内（含1年）的机动车，不得变更使用性质、转移所有权或者转出登记地所属地市级行政区域。

$$累计使用年限 = 原状态已使用年 + \left(1 + \frac{原状态已使用年}{原状态使用年限}\right) \times 状态改变后年限 \qquad (8-1)$$

4. 机动车引导报废里程规定

国家对达到表8-2所列行驶里程的机动车，其所有人可以将机动车交售给报废机动车回收拆解企业，由报废机动车回收拆解企业按规定进行登记、拆解、销毁等处理，并将报废的机动车登记证书、号牌、行驶证交公安机关交通管理部门注销。

5. 拖拉机报废标准规定

《机动车强制报废标准规定》规定：

第10条 上道路行驶拖拉机的报废标准规定另行制定。

8.4 事故处理相关法律法规

《道路交通事故处理程序规定》是事故处理的依据，于2008年7月11日公安部部长办公会议通过，自2009年1月1日起施行。

8.4.1 事故报警规定

1. 现场报警

《道路交通事故处理程序规定》规定：

第8条 道路交通事故有下列情形之一的，当事人应当保护现场并立即报警：

①造成人员死亡、受伤的；

②发生财产损失事故，当事人对事实或者成因有争议的，以及虽然对事实或者成因无争议，但协商损害赔偿未达成协议的；

③机动车无号牌、无检验合格标志、无保险标志的；

④载运爆炸物品、易燃易爆化学物品以及毒害性、放射性、腐蚀性、传染病病源体等危险物品车辆的；

⑤碰撞建筑物、公共设施或者其他设施的；

⑥驾驶人无有效机动车驾驶证的；
⑦驾驶人有饮酒、服用国家管制的精神药品或者麻醉药品嫌疑的；
⑧当事人不能自行移动车辆的。

发生财产损失事故，并具有前款第②项至第⑤项情形之一，车辆可以移动的，当事人可以在报警后，在确保安全的原则下对现场拍照或者标划停车位置，将车辆移至不妨碍交通的地点等候处理。

2. 事后报警

《道路交通事故处理程序规定》规定：

第 20 条　当事人未在道路交通事故现场报警，事后请求公安机关交通管理部门处理的，公安机关交通管理部门应当按照本规定第 10 条的规定予以记录，并在 3 日内作出是否受理的决定。经核查道路交通事故事实存在的，公安机关交通管理部门应当受理，并告知当事人；经核查无法证明道路交通事故事实存在，或者不属于公安机关交通管理部门管辖的，应当书面告知当事人，并说明理由。

8.4.2　事故的自行协商

《道路交通事故处理程序规定》规定：

第 13 条　机动车与机动车、机动车与非机动车发生财产损失事故，当事人对事实及成因无争议的，可以自行协商处理损害赔偿事宜。车辆可以移动的，当事人应当在确保安全的原则下对现场拍照或者标划事故车辆现场位置后，立即撤离现场，将车辆移至不妨碍交通的地点，再进行协商。

非机动车与非机动车或者行人发生财产损失事故，基本事实及成因清楚的，当事人应当先撤离现场，再协商处理损害赔偿事宜。

对应当自行撤离现场而未撤离的，交通警察应当责令当事人撤离现场；造成交通堵塞的，对驾驶人处以 200 元罚款；驾驶人有其他道路交通安全违法行为的，依法一并处罚。

第 14 条　具有本规定第 13 条规定情形，当事人自行协商达成协议的，填写道路交通事故损害赔偿协议书，并共同签名。损害赔偿协议书内容包括事故发生的时间、地点、天气、当事人姓名、机动车驾驶证号、联系方式、机动车种类和号牌、保险凭证号、事故形态、碰撞部位、赔偿责任等内容。

8.4.3　酒后肇事的血液检验

《道路交通事故处理程序规定》规定：

第 25 条　痕迹或者证据可能因时间、地点、气象等原因导致灭失的，交通警察应当及时固定、提取或者保全。

车辆驾驶人有饮酒或者服用国家管制的精神药品、麻醉药品嫌疑的，公安机关交通管理部门应当按照《道路交通安全违法行为处理程序规定》及时抽血或者提取尿样，送交有检验资格的机构进行检验；车辆驾驶人当场死亡的，应当及时抽血检验。

8.4.4　事故责任认定

《道路交通事故处理程序规定》规定：

第46条　公安机关交通管理部门应当根据当事人的行为对发生道路交通事故所起的作用以及过错的严重程度，确定当事人的责任。

①因一方当事人的过错导致道路交通事故的，承担全部责任；

②因两方或者两方以上当事人的过错发生道路交通事故的，根据其行为对事故发生的作用以及过错的严重程度，分别承担主要责任、同等责任和次要责任；

③各方均无导致道路交通事故的过错，属于交通意外事故的，各方均无责任。一方当事人故意造成道路交通事故的，他方无责任。

8.5　人身损害赔偿相关法律法规

8.5.1　人身损害赔偿项目

《最高人民法院关于审理人身损害赔偿案件适用法律若干问题的解释》（2004年5月1日起施行）规定了受害人遭受人身损害后可获得的赔偿项目包括四个方面：一是因就医治疗支出的各项费用以及因误工减少的收入；二是因伤致残的，其因增加生活上需要所支出的必要费用以及因丧失劳动能力导致的收入损失；三是受害人死亡的；四是精神损害抚慰金。

《最高人民法院关于审理人身损害赔偿案件适用法律若干问题的解释》规定：

第17条　受害人遭受人身损害，因就医治疗支出的各项费用以及因误工减少的收入，包括医疗费、误工费、护理费、交通费、住宿费、住院伙食补助费、必要的营养费，赔偿义务人应当予以赔偿。

受害人因伤致残的，其因增加生活上需要所支出的必要费用以及因丧失劳动能力导致的收入损失，包括残疾赔偿金、残疾辅助器具费、被扶养人生活费，以及因康复护理、继续治疗实际发生的必要的康复费、护理费、后续治疗费，赔偿义务人也应当予以赔偿。

受害人死亡的，赔偿义务人除应当根据抢救治疗情况赔偿本条第一款规定的相关费用外，还应当赔偿丧葬费、被扶养人生活费、死亡补偿费以及受害人亲属办理丧葬事宜支出的交通费、住宿费和误工损失等其他合理费用。

第18条　受害人或者死者近亲属遭受精神损害，赔偿权利人向人民法院请求赔偿精神损害抚慰金的，适用《最高人民法院关于确定民事侵权精神损害赔偿责任若干问题的解释》予以确定。

精神损害抚慰金的请求权，不得让与或者继承。但赔偿义务人已经以书面方式承诺给予金钱赔偿，或者赔偿权利人已经向人民法院起诉的除外。

8.5.2　伤残等级

根据道路交通事故受伤人员的伤残状况，《道路交通事故受伤人员伤残评定》（2002年3月11日发布）将受伤人员伤残程度划分为10级，从第Ⅰ级（100%）到第Ⅹ级（10%），每级相差10%。每级对伤残状况都做了详细规定。伤残等级划分的依据如表8-3所示。

表 8-3　伤残等级划分依据

等级	划分依据	等级	划分依据
Ⅰ	（1）日常生活完全不能自理； （2）意识消失； （3）各种活动均受到限制而卧床； （4）社会交往完全丧失	Ⅵ	（1）日常生活能力部分受限，但能部分代偿，部分日常生活需要帮助； （2）各种活动降低； （3）不能胜任原工作； （4）社会交往狭窄
Ⅱ	（1）日常生活需要随时有人帮助； （2）仅限于床上或椅上的活动； （3）不能工作； （4）社会交往极度困难	Ⅶ	（1）日常生活有关的活动能力严重受限； （2）短暂活动不受限，长时间活动受限； （3）不能从事复杂工作； （4）社会交往能力降低
Ⅲ	（1）不能完全独立生活，需经常有人监护； （2）仅限于室内的活动； （3）明显职业受限； （4）社会交往困难	Ⅷ	（1）日常生活有关的活动能力部分受限； （2）远距离活动受限； （3）能从事复杂工作，但效率明显降低； （4）社会交往受约束
Ⅳ	（1）日常生活能力严重受限，间或需要帮助； （2）仅限于居住范围内的活动； （3）职业种类受限； （4）社会交往严重受限	Ⅸ	（1）日常活动能力大部分受限； （2）工作和学习能力下降； （3）社会交往能力部分受限
Ⅴ	（1）日常生活能力部分受限，需要指导； （2）仅限于就近的活动； （3）需要明显减轻工作； （4）社会交往贫乏	Ⅹ	（1）日常活动能力轻度受限； （2）工作和学习能力有所下降； （3）社会交往能力轻度受限

本章小结

1．《保险法》于 1995 年 6 月 30 日第八届全国人民代表大会常务委员会第 14 次会议通过，于 1995 年 10 月 1 日起施行；后根据第九届全国人民代表大会常务委员会第 30 次会议修正，修订版于 2003 年 1 月 1 日起施行；2009 年 2 月 28 日第十一届全国人民代表大会常务委员会第 7 次会议对《保险法》进行了第二次修订，并于 2009 年 10 月 1 日起施行。

2．《道路交通安全法》于 2003 年 10 月 28 日第十届全国人民代表大会常务委员会第 5 次会议通过，2004 年 5 月 1 日起施行；2007 年 12 月 29 日、2011 年 4 月 22 日经全国人民代表大会常务委员会 2 次修订，修正版自 2011 年 5 月 1 日起施行。

3．《道路交通安全法实施条例》于 2004 年 4 月 28 日国务院第 49 次常务会议通过，自 2004 年 5 月 1 日起施行。

4．《机动车登记规定》于 2008 年 5 月 27 日以中华人民共和国公安部令第 102 号发布，根据 2012 年 9 月 12 日中华人民共和国公安部令第 124 号公布的《公安部关于修改〈机动车登记规定〉的决定》修正。自 2008 年 10 月 1 日起施行。

5．《机动车驾驶证申领和使用规定》经 2006 年 12 月 20 日中华人民共和国公安部令第 91 号令发布，于 2009 年 12 月 7 日、2012 年 8 月 21 日经公安部部长办公会议两次修订，修订内容自 2013 年 1 月 1 日起施行，其中第五章第四节（即校车驾驶人管理）自发布之日（2012 年 9 月 12 日）起施行。

6.《拖拉机驾驶证申领和使用规定》于 2004 年 9 月 6 日农业部第 27 次常务会议审议通过，自 2004 年 10 月 1 日起施行。

7.《机动车维修管理规定》于 2005 年 6 月 3 日经交通部（现交通运输部）第 11 次部务会议通过，自 2005 年 8 月 1 日起施行。

8.《机动车强制报废标准规定》已经 2012 年 8 月 24 日商务部第 68 次部务会议审议通过，并经发展改革委、公安部、环境保护部同意，自 2013 年 5 月 1 日起施行。

9.《最高人民法院关于审理人身损害赔偿案件适用法律若干问题的解释》自 2004 年 5 月 1 日起施行。

10.《道路交通事故受伤人员伤残评定》2002 年 3 月 11 日发布并实施。

知识训练

1. 填空题

（1）《保险法》规定设立保险公司，其注册资本的最低限额为_____。

（2）《保险法》规定_____险种、_____险种和_____险种等的保险条款和保险费率，应当报国务院保险监督管理机构批准，其他的应当备案。

（3）《道路交通安全法实施条例》规定：在载客人数已满的情况下，按照规定免票的儿童不得超过核定载客人数的_____。

（4）《机动车维修管理规定》规定：汽车总成修理质量保证期为_____；二级维护质量保证期为_____；一级维护、小修及专项修理质量保证期为_____。

（5）根据道路交通事故受伤人员的伤残状况，《道路交通事故受伤人员伤残评定》将受伤人员伤残程度划分为_____级，每级相差_____。

（6）《机动车驾驶证申领和使用规定》规定：道路交通安全违法行为累积记分周期（即记分周期）为_____个月，满分为_____分，从机动车驾驶证初次领取之日起计算。

（7）《道路交通事故处理程序规定》是事故处理的依据，于 2008 年 7 月 11 日公安部部长办公会议通过，自_____起施行。

（8）《拖拉机驾驶证申领和使用规定》规定：大中型拖拉机驾驶证准驾机型代号为_____；小型方向盘式拖拉机驾驶证准驾机型代号为_____。

2. 简答题

（1）《保险法》规定设立保险公司应该具备哪些条件？

（2）《保险法》对保险公司的业务范围是如何规定的？

（3）《道路交通安全法实施条例》对车辆检验周期是如何规定的？

（4）《道路交通事故处理程序规定》对事故的自行协商是如何规定的？

（5）《最高人民法院关于审理人身损害赔偿案件适用法律若干问题的解释》规定受害人遭受人身损害后可获得的赔偿项目包括哪些？

（6）《道路交通安全法实施条例》对车辆载物高、宽、长度的限定是如何规定的？

（7）《机动车驾驶证申领和使用规定》对驾驶员体检周期是如何规定的？

（8）《机动车登记规定》规定已注册登记的机动车应申请变更登记的情形和不需申请变更登记的情形分别有哪些？

能力训练

1．一轿车2007年5月4日上午10时左右在京沪高速上行驶时，因散热器的出水管突然爆裂造成发动机的气缸损坏。该车发动机于2007年4月27日在奔腾汽车修理厂更换散热器出水管、散热器风扇电机总成等部件。经对损坏的出水管检查距接散热器端头约20cm位置处有一道空调皮带旋转造成的划痕，长约为10mm，最大宽约为5mm，深为出水管壁厚。自划痕至接散热器端头已爆裂长度约为170mm。发动机散热器的出水管正常装配的状况下，距空调皮带距离约为20～30mm。由于更换出水管时装配不当，造成与空调皮带接触拉伤，在循环水压的作用下，造成水管自拉伤处至散热器接口处产生爆裂。试问：对此次事故的损失谁应负责任？依据是什么？

2．2005年9月5日23:00，蔡某驾车行至山东某市时，由于对方来车灯光晃眼，不慎将行人刘某轧死。受害人家属状告蔡某，要求赔偿人身损害等相关费用。其中：受害人死亡时40周岁，系城镇居民户口，共有兄弟2人；受害人妻子1964年8月6日出生，城镇居民户口；受害人儿子1988年11月8日出生，城镇居民户口；受害人父亲1937年11月11日出生，城镇居民户口；受害人母亲1939年12月9日出生，城镇居民户口。试问：本案中被扶养人生活费如何计算？

参考文献

[1] 赵长利，李景芝主编．汽车保险与理赔（第3版）．北京：国防工业出版社，2015．
[2] 李景芝，赵长利主编．汽车保险理赔（第3版）．北京：机械工业出版社，2015．
[3] 李景芝，赵长利主编．汽车碰撞事故查勘与定损实务．北京：人民交通出版社，2009．
[4] 张晓明，欧阳鲁生主编．机动车辆保险定损员培训教程．北京：首都经济贸易大学出版社，2007．
[5] 王云鹏，鹿应荣主编．车辆保险与理赔（第2版）．北京：机械工业出版社，2010．
[6] 王灵犀，王伟主编．机动车辆保险与理赔实务．北京：人民交通出版社，2004．
[7] 王永盛主编．车险理赔查勘与定损（第3版）．北京：机械工业出版社，2014．
[8] 张勇，李红松，屈翔，陈宝主编．汽车保险与理赔．重庆：重庆大学出版社，2006．
[9] 池小萍主编．保险学．北京：对外经济贸易大学出版社，2006．
[10] 李洁主编．保险概论．北京：清华大学出版社，2005．
[11] 魏华林，林宝清主编．保险学（第3版）．北京：高等教育出版社，2011．
[12] 刘子操，刘波主编．保险概论．北京：中国金融出版社，2005．
[13] 魏巧琴编著．保险公司经营管理（第4版）．上海：上海财经大学出版社，2012．
[14] 温世扬主编．保险法．北京：法律出版社，2003．
[15] 徐文虎，陈冬梅主编．保险学（第2版）．上海：上海人民出版社，2014．
[16] 曾娟主编．机动车辆保险与理赔．北京：电子工业出版社，2005．
[17] 张庆洪，何清垫编著．机动车辆保险．北京：机械工业出版社，2006．
[18] 祁翠琴主编．汽车保险与理赔（第2版）．北京：机械工业出版社，2012．
[19] 梁军主编．汽车保险与理赔．北京：人民交通出版社，2005．
[20] 周延礼主编．机动车辆保险理论与实务．北京：中国金融出版社，2001．
[21] 龙玉国，龙卫洋，胡波涌编著．汽车保险创新和发展．上海：复旦大学出版社，2005．
[22] 柯良栋主编．道路交通安全法及相关规定．北京：中国人事出版社，2003．
[23] 李建华，王立主编．中华人民共和国道路交通安全法实施条例适用指南．北京：中国法制出版社，2004．
[24] 国务院法制办政法司编著．中华人民共和国道路交通安全法释义．北京：人民交通出版社，2003．
[25] 中国人民财产保险股份有限公司．机动车辆保险条款．
[26] 中国太平洋财产保险股份有限公司．机动车辆保险条款．
[27] 中国平安财产保险股份有限公司．机动车辆保险条款．
[28] 中国平安财产保险股份有限公司．车险行销手册．
[29] 中国保险行业协会．中保协机动车辆商业保险示范条款（2014版）．